周蓓 主編

專題史叢書

(英)塞夫頓·德爾默 著　林惠元 譯

河南人民出版社

英國文學史

本書敘述了自公元8世紀英國史詩至現代英國文學的發展演變過程，將英國文學分爲三個時期：古代英文或盎格魯撒遜時期(449–1154)、中古英文時期(1150–1533)和現代時期(1533–)，對英國戲劇、散文、小說等文學題材以及各時期的文學流派和創作特點作了詳細介紹

圖書在版編目(CIP)數據

英國文學史 / (英) 塞夫頓·德爾默著; 林惠元譯. —
鄭州 : 河南人民出版社, 2016. 10(2017. 7 重印)
(專題史叢書 / 周蓓主編)
ISBN 978-7-215-10472-3

Ⅰ. ①英… Ⅱ. ①塞… ②林… Ⅲ. ①英國文學-文學史 Ⅳ. ①I561.09

中國版本圖書館 CIP 數據核字(2016)第 256656 號

河南人民出版社出版發行
(地址 : 鄭州市經五路 66 號 郵政編碼 : 450002 電話 : 65788063)
新華書店經銷 河南新華印刷集團有限公司印刷
開本 710 毫米×1000 毫米 1/16 印張 32
字數 200 千字
2016 年 10 月第 1 版 2017 年 7 月第 2 次印刷

定價 : 210.00 圓

出版前言

中國現代學術體系是在晚清西學東漸的大潮中逐步形成的。至民國初建，中央政治權威進一步分散和削弱，加之新文化運動帶給國人思想上的空前解放，新學的啓蒙，新知識分子的産生，民國學術如草長鶯飛，進入一個自由而蓬勃的時代。中國傳統學科乃中國學術之根基與菁華所在，民國學人采用“取今復古，别立新宗”之方法，引入西方的學術觀念，積極改造，使史學、文學等學科向現代學術方向轉型。此外，大力推介西方社會科學的新學科和自然科學，在學習、借鑒乃至移植西方現代學術話語和研究範式的過程中，逐漸建立中國現代學科，使中國的學科門類迅速擴展。一時間，新舊更迭，中西交流，百花齊放，萬壑争流，開創了中國現代學術的源頭。

伴隨知識轉型和研究範式轉换而來的，還有學術著作撰寫方式的創新。中國古代的著作向來以單篇流傳，經後人整理匯編後，方以成册成集的面目出現并持續傳播。直到十九世紀末，東西方的歷史編撰體裁不外乎多卷本的編年體、紀傳體和紀事本末體等，章節體的出現標志着近代西方學術規範的産生和新史學的興起。章節體具有依時間順序，按章節編排；因事立題，分篇綜論；既分門别類，又綜合通貫的特點。以章、節搭建起論述之框架，結構分明，邏輯清晰，較傳統的撰寫體裁容量大、系統性强。它的傳入，使中國現代學術體系從内容到形式被納入了全球化的軌道。民國時期專題史的研究、譯介、編纂、出版恰恰是在這樣的背景下欣欣而發，是學術的實驗場，也是歷史的記録儀。編選“民國專題史”叢書的初衷正是爲了從一個側面展示中國學術從傳統向現代過渡的歷史進程。

專題史是對一個學科歷史的總結，是學科入門的必備和學科研究的基礎，也是對一個時代艱深新鋭問題的解答，是學術研究的高點。民國專題史著作中，既包含通論某一學科全部或一時代（區域、國别）的變化過程的，又囊括對一時代或一問題作特殊研究的，還有少部分是對某一專題的史料進行收集的。原創與翻譯并重，翻譯的底本大多選擇該學科的代表著作或歐美大學普及教本，兼顧權威性和流行性，其中日本學者的論著占據了相當比重。日本與中國同屬東亞儒家文化圈，他們在接納西方學術思想和研究模式時，已作了某種消化與調適，從思維轉换的角度看，更便于中國借鑒和利用，他們的著作因而被時人廣泛引進。

與當代學術研究日趨專業化、專門化、專家化的“窄化”道路迥乎不同的是，中國傳統學術崇尚“學問主通不主專，貴通人不尚專家”的通識型治學門徑，處于過渡轉型期的民國學術在不同程度上保留了這種特徵。民國學術大師諸學科貫通一脉、上千年縱横捭闔之功力自不待冗言，外交家著倫理政治史、文學家著哲學史、化學家著戰争史等亦不乏其人，民國專題史研究呈現出開放、融通、跨界撰述的特點。與此同時必須看到，自晚清以來，中國的命運就在外侮屢犯、内亂頻仍的窘境中跌宕彷徨，民族存亡彷若命懸一綫。這股以創建學科、總結經驗、解决問題爲指歸的專題史出版風潮背後，包裹着民國學人企望以西學爲工具拯民族于衰微的探索精神，及以學術救亡的愛國之心。梁任公曾言：“史學者，學問之最博大而最切要者也，國民之明鏡也，愛國心之源泉也。”這種位卑未敢忘憂國的歷史使命感和國民意識是今人無法漠視和遺忘的。

“民國專題史”叢書收録的範圍包括現代各個學科，不僅限于人文社會科學，學科分類以“民國總書目”的分科爲標準，計有哲學、宗教、社會、政治、法律、軍事、經濟、文化、藝術、教育、語言文字、中國文學、外國文學、中國歷史、西方史、自然科學、醫學、工業、交通共19個學科門類。本叢書分輯整理出版，内不分科，單本發行，方便讀者按需索驥。既可作爲大專院校圖書館、學術研究機構館藏之必備資源，也可滿足個人研讀或興趣之收藏。

與目前市場已有的一些專題史叢書相比，“民國專題史”叢書具有規模大、學科全、選本精、原版影印的特點。本叢書選目首重作者的首創、權威和著作影響力，尤其注重選本的稀見性。所謂稀見，即建國後没有再版，且多數圖書館没有收藏，或即便有收藏，也是歸于非公開的珍本之列予以保存，普通讀者難以借閲。部分圖書雖有電子版，但作爲學術研究的經典原著讀本，紙質版本更利于記憶和研究之用。本叢書精揀版本最早、品相最佳的原版圖書作爲底本，因而還具有很高的版本收藏價值。

“民國專題史”的著作是民國學者對于那個時代諸問題之探究，往往有獨到之處，無論其資料、觀點短長得失如何，要之在中國現代學術史的構建與發展進程中，自有其開宗立論之地位。

目　　錄

第一章

盎格羅撒遜的文學

1.

英國文學是很老的。實際上可算是歐洲現代文學最早的一種。開始遠在西曆七世紀的時候。

最早的載籍是用現在已成廢話的盎格羅撒遜文（Anglo-Saxon）寫出。這是日耳曼系字形變化非常複雜（highly infkcted）的文字，現在的英國人如果沒有特別研究絕對不能通曉他。

英國文學和英國語言一樣地在進化的行程

中經過很多的變遷和受過很多的影響。但是，始終沒有拋棄日耳曼語（Germanic）的原性，并且在他們最初的著述中，就常常表現出古時日耳曼民族的粗糙的忠實，深刻的情感和愛好生活的品性。同時顯出一種奇異的能力，能受到外國影響的裨益而不失掉自己的獨立。

2.

英國文學可分三大時期：

a, 古代英文或盎格羅撒遜時期（The Old English or Anglo-Saxon Period），從盎格羅人（Angles）和撒遜人（Saxons, 西曆449年）侵入英格蘭（England），大約到1154年，紀年錄者和謄寫者的盎格羅撒遜派文學崩潰的時期為止；

b, 中古英文時期（Middle English Period），從1150年到1533年，Henry VIII 和羅馬教會決裂，開始英國的宗教改革（English Reformation）止。在這宗教改革的時期中，幾種文體如傳奇和宗教劇突然消滅，同時他種文體如以前未有的諷諷散文（Prose

Satire）和歷史戲劇（Historical Drama）却湧現出來了；

c, 現代時期（Modern Period），從 1533 年到現代。

3.

在羅馬統轄下的古代不列顛國*（Britain）。

羅馬人在西曆紀元前第一世紀發現和侵佔不列顛國。他們發現那些土著的語言和風俗都跟隔海，法國那一邊未屬耶教的高爾人（Pagan Gauls）相似。

誰也不知道 Julius Caesar 爲甚麼侵襲不列顛。但是我們知道他和跟他的羅馬人漸漸把南不列顛變爲拉丁化的色勒特（Latin-Celtic）國。不久也有了圍牆的城，避暑處，圓戲台，宮廟，鄉村別墅和軍用的大路，正像羅馬治下的高爾國。這些羅馬路，有幾條像瓦忒林路（Watling Street）和益克非爾特路（Ickfield Street）現在還

*（註：盎格羅族未侵入英國時，那地的土着稱爲不列顛族（Britons），其國稱爲 Britain）。

在通行。'Street'這一字就是從拉丁的'via strata'變來的，意思是平坦的(strata)大路(via)。

到西曆 140 年羅馬的衞戍兵撤回，這拉丁化的不列顛人就無以自衞了。正像海上漂泊的船，不久在北海(North Sea)彼岸，非耶教的侵掠者就發現這富裕的采物，開始蜂擁地襲入。經過這些連年苦戰之後，幾乎把拉丁化的色勒特族的文明的遺跡掃滅凈盡。

4.

盎格羅撒遜人(The Anglo-Saxons)。 西曆 449 年到 580 年的中間，英格蘭自威地島(Isle of Wight)到太因河(River Tyne)一帶漸漸變成日耳曼的殖民地。英吉利人(English)逐漸的佔據了泰姆士河(Thames)，西門河(Severn)，恆伯河(Humber)和福特河(Forth)等肥沃的流域。這些英國的侵掠者稱那舊時的色勒特居民為維爾司人(Welsh，'外國人'的意思)，并且虐待他們。這色勒特居民因此或死於戰亂，或逃避山野，或被迫為奴隸。只剩在康窩爾(Cornwall)的荒野和山寨，以及在維爾司(Welsh)和蘇格蘭高原（Scotch Highlands）這些地方，色勒特人和他們的語言尙得保存。現代的維爾司人，愛爾蘭人和多山的蘇格蘭等地的居民還在說色勒特話。

說來也奇怪，那些戰勝的撒遜人竟一句也沒說到這些戰爭中的偉績。反是那些失敗的色勒特人到現在還不斷地說起King Arthur 英勇的故事，說他是怎地中了致命傷和還到 Avalon 的仙境去醫治，并且將有一日再回來拯救他的人民。這些故事直到很久以後，才由一個拉丁的紀年錄者 Geoffrey of Monmouth 手中復興起來(1134年)，而成了King Arthur 神話的基礎，在英國文學上佔一個極重要的位置。

我們要記得，盎格羅撒遜的征服并不是一次或由一個首領指揮完成的。英國的史家Beda告訴我們，他們是間隔地一部落一部落侵入的，而且各自掌管一地。泩忒族(Jutes)佔据 Kent（譯者註：英國的東南）；撒遜人的各部落分佔泰姆士河的流域；盎格羅人佔東部和北部的郡縣。

各小國因守一種堅實的獨立精神互相對

峙。這在歷史上，或語言上，或進化上都有很顯明的影響，因此使他們的國和語言經過很久還不爲那一國所倂吞。

所以，盎格羅撒遜這一種語言不能說是全國普通一致的語言。在八世紀的時候首要的方言一共有哪斷庵嘞咧亞語（Northumbrian），麥西亞語（Mercian），西撒遜語（West Saxon）和肯忒語（Kentish）四種。西撒遜到維色司王（Wessex King）Alfred 的時代，政治上和文學上都佔優勢，他的首都 Winchester 就一時成爲英國的文化中心。但是到了經過哪曼人（Norman）征服之後，各方面漸漸以倫敦爲袖領，到了十四世紀英吉利語復興，偉大的作家們，尤其是 Chaucer 逐用倫敦的英語著作。于是倫敦的英語變成用在文學上的英語標準，換一句話說，就是倫敦語變成皇家的英語（King's English）或標準英語（Standard English）。

4a

英語。　古時英語是屬于印度日耳曼語言（Indo-Germanic）的北日耳曼系語言。在他的輔音的系統可以看出他們與荷蘭語（Dutch）之與德國北方的方音(Platt-Deutsch)相同的音變，這就是說，那些輔音是在同一位置發出。但是南日耳曼語 (High German) 就不同了——[好比說：英語 tide，北德語 tid，南德語 zeit；pipe——pipe——pfeife，等。（按卽t變z；p變f)]。

古時英語幾乎純粹是日耳曼語。但是，經過幾世紀之後，採用許多的外國語，漸漸從純一的語言變成複雜的語言，幷且從變易語（inflected language)變成不變易語。這些字形變易所以能夠那麼快就減少，甚至完全丟失，第一是因爲九世紀至十世紀間，與丹麥人接觸；第二是因爲十一，十二，和十三世紀受哪曼地的法文有力的影響，——這時期就是中古英文的初葉（Early Middle English）。十四世紀，Chaucer的時候，倫敦已經通用這半哪曼化的英語。到字形變化更加削減之後，十五世紀的倫敦英語因遂定爲英國文言。現代英語就是從那裏產生出來。這是併合盎格羅撒遜語，哪曼族的法語和學者的拉丁語 (Scholar's Latin) 鍛成的一種語言，因此比較三種組成他的語源更美妙而善于達意。

雖然英文的字彙多半是從法文採用的，却不能因此說他是拉丁系語言。語言的眞實根本——文法和一切最平常或最常用的字——還不離條頓語性(Teutonic，按即日耳曼)。當Caxton初定文學上的專用語時，英文的寫法和讀法大半相同。以後發音雖然有極大的變遷，但是拼音幾乎完全不變。所以我們寫"Knight"還和古時一樣，但是我們却讀做[nait]而不是[knixt](按：X即後齶h音)。

雖然他們在古代有從法文間接採用過來的許多拉丁文，在文藝復興時代這些字又重新由拉丁傳入，(例如：Potion，Poison；Rational，Reasonable)。所以英文極多意義分別得極細的同義字。(比如blessing，benison，benediction皆言祝福；almighty，all-powerful，omnipotent皆言全能；shorten，abridge，abbreviate皆言删削。)

5.

原始的盎格羅撒遜的詩詞。 盎格羅人和

撒遜人初入不列顛的時候，完全沒有寫下來的文學，自然，他們也有一種粗創字母叫做露因(Runes)，這字母是用來刻短語，格言，符咒和同類文詞于他們的劍刃，石上和裝飾品上的。

他們的戰歌和古代傳說（Sagas）都是從遊歌者的記憶一代一代傳說下來的。在鄙野的節會常有彈唱者（古稱為"Scop"）歌唱他們。遊歌者也帶他們的豎琴（稱"gleewood"）到處對聽衆吟唱或誦述那有詩體的故事。這種風習我們可以從"Beowulf"一詩中讀到。在他們所有的戰詩中，只有這篇壯麗的古詩還留下來。這詩的創作是在未有基督教以前，然而，寫定却在英格蘭奉基督教之後。這我們可以猜出，因為我們可以看出許多地方基督教徒曾經略為更變和改編。可是那偉大的非基督教時的輪廓却還存留着。這是一首史詩敘述一個英雄的生死。上部可以叫做"Beowulf的勝利"，下部可以叫做"Beowulf的死。"

這偉大的詩是盎格羅撒遜文及其詩律的極寶貴的材料，也是代表日耳曼各族于未離大陸以前所愛好的口傳故事的精神和性質的無價的遺著。

她是眞有詩的天才的著作，非常緊嚴地恰合于盎格羅撒遜的詩律。

6.

盎格羅撒遜詩的構造。 只要從Beowulf研究兩三行，就可以看出古時的英文和作詩法與現代是多麽不同：

Ae'fter thāēm wo'rdum We'der-Geata le'od
後 這些 話 衞特額啊族 族長
e'fste mid e'lne; nalas o'ndswa're
前往 帶着 勇氣 無 答
bi'dan wo'lde; bri'm-wylm onfe'ng
等候 願意 海濤 接受
hi'lde-ri'nce. (註一)
戰士 人

從這個例我們可以看出 (1) 古英文的字形有複雜的變易；(2) 愛用複合的詞字；(3) 每行間斷爲兩小行，中間停頓；(4) 用雙聲 (註二) 做根本法式而兼用重音；(5) 每半行有兩個重讀的音組，這重讀的音組可有雙聲（後半行的頭一個重音定全行的雙聲，而第二個重音普通不協雙聲）；(6) 沒有韻脚或句尾韻；(7) 非重音的音節沒有一定的數目。

雙聲的詩體在英國一直用到 Chaucer 的時候。Chaucer，他不像 Langland，他嘲弄這種詩體。這種詩在不習練的讀者看起來，似乎是單

*(註一) 摩喇斯 (Morris) 譯爲：

So after these words the Weder Geats' Chieftain
With might of heart hasten'd; nor for answer then would he
Aught tarry; the sea-welter straightway took hold on
The warrior of men.

"說這些話之後，這衛特額喇族的酋長
毅然就道；也不爲着等回答
而稍微逗留；這海濤卽刻接受
這些戰士。"

(註二) 雙聲不僅是詩的裝飾，同時也有綜結詩節的作用。那是指用同聲的輔音 (聲母) 或母音(母音不一定相同) 放在重音的音節之前。

調的。但是我們可以猜到，當那遊歌者和着他的豎琴的絃聲吟誦的時候，那是多麼激越動人。

7.

基督教與文化之輸入。 在西曆五九七年Augustine統率下的一班羅馬教士由肯忒(Kent)上陸，開始教導盎格羅撒遜人入基督教。四十年以後，愛爾蘭教會（註一）的修道者又在Northumbria做一樣的工作。英格蘭從此與拉丁基督教國和意大利國文化接觸，有寫着的文學就從這個年代開始。

宗教和學術在Northumbria非常興盛。不久這領域裏的大寺院遂名著西歐，稱爲學術薈萃之區。

（註一）愛爾蘭的迦勒特人從St. Patrick已改信基督教。這St. Patrick死於西歷465年。他的生日是三月十四日，這一天已經成爲愛爾蘭全國重要的節日，凡愛爾蘭人，雖然在美國或澳洲，這一天還是戴插酢漿花（按：這種花就是愛爾蘭的國花）。

Beda（生于西曆673——735年）。近 Jarrow 的地方住一個黑衣派和尙（Benedictine monk），因爲他的虔誠和學問漸漸聞名，人家就叫他可敬的Beda（Venerable Beda）。他的聲望傳徧了西歐，各處都有學徒來找他。他的著作都是用拉丁文寫的，但有一部已經遺失。這些著作成爲一種當代科學和哲學的總匯。他的書比較著名的是一部“英國人的宗敎史”（Ecclesiastical History of English People，即 Historia Ecclesiastica gentis Anglorum），如果要寫英國歷史的人斷不能缺少這一部書。

8.

Northumbria 的詩詞。在 Whitby，另外一個北方的僧院，住個人被稱爲‘盎格羅撒遜宗敎詩的鼻祖’（The father of A. S. religious poetry）。他的名字叫 Caedmon，Beda 稱他做 ‘neat-herd’，意思就是‘牧牛羊者’。又在他的“歷史”一書中告訴我們，Caedmon 因聽他的同僚歌誦戰功（非宗敎題目）而受感動，使他也用盎格羅撒遜文來歌誦上帝的創造宇宙。Whitby 的女寺長 Hild 一聽見這少年的奇才的時候，她就勸他入這僧寺，一生專心將聖經的故事編成盎格羅撒遜詩。

因此 Caedmon 遂成了聖經許多部份的詩譯（verse Paraphrases）的創作者。而特別著名的就是他關于（耶穌）投胎，復活與末日審判的幾段描寫。

Caedmon 有許多模仿者，于是他成爲一派宗敎史詩 (religious epic poetry) 的開創者。他是第一人證明聖經的材料可以用來做詩。他的詩譯實開創一新類文學。這樣一半爲着新宗敎的侵入，一半又爲着政治上的紛爭，古英文遂于英雄史詩 (heroic epic) 這一類文學不曾進達。以後在日耳曼再也未嘗發見過將非耶敎的英雄史蹟寫成英雄史詩的文章，像"Beowulf"詩中所表現的那樣。到 King Alfred 時代，文學已經衰微而剩下敎會的紀年錄和講道文的形體。

一位 Caedmon 的承繼者，英雄史詩家 Cynewulf，做了兩篇特別卓越的，有希望的聖詩叫做"基督"(Christ) 和"Elene"。前者歌頌基督做人的醫治者，和新約的英雄；後者敘寫 Helena

皇后怎樣冒了許多險才覓得眞的十字架（True Cross，古代叫做 Holy Rood）。

9.

丹麥的侵略者 The Danish Raiders。 但是盎格羅撒遜文化并不能繼續進步下去。在九世紀中葉發生丹麥人的恐怖時代(the Danish ferror)。一切的大寺院，圖書館和美術的收藏都毀滅在哪思（Norse 北歐）蠻族之手。Northumbria 和東盎格羅地——此中包括 Croydon 和濕地的富裕的僧院，Peterborough 和 Ely ——都被兵災毀滅，Northumbria 的詩文時代也從此告終。

在南方阻禦這非耶教侵略者的前進的，只有英勇的 King Alfred。他和他勇敢的西撒遜人設法制止這些外敵，并且把他們（指哪思人）趕回中省的北部（Northern Midland）。

在這些戰爭中，Northumbria 文學寶貴的文稿都被毀滅。所有遺傳下來的儘是用後來的西撒遜語繙譯的。那些詩的原文我們無從知道。

10.

Winchester 與英國的散文。 King Alfred 已

掃平他的領土之後，立刻就設法使他的領土裏的學術文藝復興。他創設學校和僧院，聘請外國的學者來教導他們。他自己雖然年逾四十，還是學習拉丁文，并且將他所以爲有益于教育文化的許多拉丁文著作譯成英文。他不只是個繙譯者，他的目的是在乎普及他的國民的智識。在他加入這些譯文中的評註和解釋中，以及他編纂和改造的譯文裏，表現出眞正文藝的工夫。

他已不是教士，而且又是一位國王，竟能做了這樣的工作，眞是一件新奇的事。在Chaucer以前，自己能夠在文學上造出一個聲響的，除了教士以外只有他一人。他被稱爲"英國散文的鼻祖"是合該的；因爲他，Winchester遂成爲英國當時的文化中心。

他譯爲盎格羅撒遜文的書有(1) Orosius的"世界歷史"(Universal History)；(2) Boethius的"哲學的慰安"(Consolation of Philosophy)；(3) Gregory的"牧師的職守"(Pastoral Care)；和(或者)(4) Beda的"宗教歷史"。

盎格羅撒遜的年錄（Anglo-Saxon Chronicles）的按年編記，也是始于 King Alfred 年間。這些年錄（Annals，叫 Chronicles 是錯的）現在還保存的稿本有七種，稱爲 A.B.C.D.E.F.G.本；中間 A 本最近原本。牠們是那些僧人逐年記錄下來的，而是現在保存盎格羅撒遜散文最重要的材料。一種烏思忒年錄（Worcester Annals）一直記到 1154 年 Stephen 死的時候才止。

在這些舊年錄我們發見牠們裏頭包藏着兩首很好的戰詩，"Brunanburh 之役的詩"（The song of Brunanburh，937 年事）和"Maldon 之役"（The battle of Maldon，991 年事），這兩次都是與丹麥作戰的。前一首已由 Tennyson 譯爲現代的英文了。

11.

King Alfred 死後文學又衰退下來。十世紀時，只有一個黑衣敎的僧寺長（Benedictine abbot）叫 AElfric 是知名的作家。和丹麥人連年不斷的戰爭蹂躏了全國而許多寺院遂成廢墟。但是這'Vikings'（按卽丹麥人）的入寇漸成移殖性質逐漸遷居英國。很奇怪的，後來漸漸與本來的英人混合而被視爲同國人。

1066 年竟又發生一種比丹麥人更可怕的仇敵哪曼人。在 Hastings 役的戰場上，盎格羅撒遜王 Harold 和他貴族的才華都被殲沒，而盎格羅撒遜文化與文學遂被這殘酷征服的潮流所淹沒。此後這哪曼人遂做了英格蘭的主人翁。所有本地的僧院院長都換了哪曼族人，兩百年後盎格羅撒遜文字也漸漸廢置，而換用羅羅化的拉丁字母 (Gallo Latin alphabet)。

第一章 撮要 (盎格羅撒遜時期)

英文的起源是純日耳曼語。最早的一體叫做盎格羅撒遜。

在早代英格蘭的各種方音中，結果佔勝的是倫敦和東部的內地（East Midlands）所說的一種，我們現在的標準（或皇家）英文 (Standard or King's English)，就是由這種方音演化出來。

英文可以分做古代，中古，和現代三個大

時期。

不列顛歷史上最早的居民是迦勒特族；他們在西曆初期受羅馬人之征服。

羅馬衛戍撤回之後，盎格羅撒遜的部落漸漸移殖國內。他們都不是基督敎徒，直到了六世紀末才改信基督敎。這些和尙始用文字。最先三步是 (1) 拉丁散文（代表者：Beda）；(2) 盎格羅撒遜的詩（代表者：Caedmon，Cynewulf）；(3) 盎格羅撒遜的散文（代表者：King Alfred)。盎格羅撒遜文學開始是詩詞 (1) 非宗敎和未奉耶敎以前的材料 (2) 聖經的材料。

未有耶敎以前，盎格羅撒遜偉大的故事還保留下來的只有最壯麗的史詩 "Beowulf"。

宗敎詩家以 Caedmon 和 Cynewulf 爲最著名。他們都住于英格蘭北部已經耶敎化的地方。

九世紀跟丹麥人多次的戰爭，Northumbria 的文化忽然消滅，以後一切的文學都出于英格蘭南部。北部的詩還留的只是南部的譯文。——Alfred 王雖非敎士，但是一位學者，在當時造成英國散文的一派。以後這 Winchester 散文的還緒由 AElfric 承繼，他是十世紀時一個有學問的黑衣敎的僧院長。

經過 Hastings 一役之後，盎格羅撒遜文漸漸廢置不用，于是這種文學遂以沉沒。

第二章

過渡時代

12.

哪曼人在戰爭中常是唱Chanson de Roland的歌。但他們雖然唱的是法國歌，說的是法國話，甚而至做事也是法國式，可是他們與法國只有膚淺的關係。他們實際上是出于日耳曼北部人種（Norsemen），也就是屬于日耳曼族的一系，而後來幾次經過拉丁化吧。後兩百年間，他們不覺中就被他們所征服的另一種日耳曼人所同化了。

這哪曼人征入之初，非常輕蔑本來的英人

和英語（註），這初生的英國文學因受極大的損傷和阻礙。但是結果對于散文和詩歌都有極明顯的利益：

a. 使英國文學由法國文學輸入許多新的體裁和題材。

b. 使沉重的盎格羅撒遜語音變成輕臞放逸。

c. 詩律因此完全變更，把重音（accent）和雙聲（alliteration）的舊體改用押韻（end-rhymes）和在每行都有一定音數的體式。

d. 使英語拋棄古盎格羅撒遜文法上多數笨重繁劇的語尾變化。

e. 得到許多拉丁系語言的幫助，使英語

（註）ox（牛），calf（犢），swine（猪）和sheep（羊）都是眞正的撒遜語，但是放在席上屬於這些獸類的食品就叫做beef（牛肉），veal（犢肉），pork（猪肉）和mutton（羊肉）等法語了。撒遜人肥之，哪曼廚房烹調之，而他們的哪曼主人食之。

對于表情形容上加倍豐富。

13.

英國三種語言。 英國在從哪曼侵伐至Chaucer時期中間的過渡時代，在流行的語言不下三種。

朝廷上，社會上，和哪曼遊歌者(Minstrel)背誦他們的詩歌都應用法語。基督教士（即當時的讀書人）應用拉丁文寫作。十分之九的英格蘭居民應用英語，這是普通民衆的語言。

14.

拉丁作家中最著名的是 Geoffrey of Monmouth。 他是把維爾司人（Welsh）所傳說的不列顛人(Britons)的傳奇故事寫成拉丁文的第一作者。他的"不列顛歷史"(History of Britons)在1135年出版。與他所搜集在這書裏關于神話中的英雄Arthur王和妖術者 Merlin 的同類故事還是長久地在英格蘭西部流行。到了西曆 1422年這樣晚的時代，我們還聽見在 Cornwall 地方有一次暴動，原因是有些僧侶譏評 Arthur 王還活着，和將要回來救衞他的百姓的觀念。

因為 Geoffrey 副主教說他的故事是根據可靠的加勒特的記載，曾受同時代的人所指摘，說他是僞造的。但是他的書却轟動一時，正像七世紀後的Ossian一樣（按：亦被指摘爲僞造)。

他的許多故事，如像"Cymbeline" "Gorboduc"，"King Lear" 和 "King Arthur" 後來都被認爲英國創作文學中的幾種名著。從 Chaucer 到 Swinburne ，所有的詩家都引用他，并且使這位作者的盛名不朽。

Layamon 的 Brut。 Geoffrey of Monmouth 的書落到哪曼敎士 Wace 的手裏，遂經他一度改造；後來這意譯本傳到一位認識法文的英國敎士 Layamon，他讀了這不列顛人和侵略者戰爭的故事，愛國心一時大爲衝動，于是他又把牠譯成普通的英語（西曆1205年）。

Layamon 還用英國古代的雙聲詩的方式；但是，受了法文原本的影響，漸漸地增用押韻。在那 Wace 的譯本我們頭一次看到 King Arthur 的圓席 Table Round（按：King Arthur的各位勇士都驍勇善戰，難分上下，故會議時圍坐圓席，以免尊卑有所不同。）的故事的陳述。

Layamon 的詩之所以重要，原因有幾種，他替英文開了色勒特故事的寶藏，于這個島上的古代歷史有深切的關係，并且指示了哪曼法蘭西的小說和傳奇的體裁可以適用于英國本地的文學。

16.

在英國的法蘭西文學。 我們不要忘記，當1205年，英格蘭和法蘭西北部同是哪曼王所管轄的領土的一部分。所以法國的作家和遊歌者可以說是同時屬于兩國的。

當時那偉大，詩體的法國武俠傳奇詩（The great French metrical Romances of Chivalry）描寫 Alexander 和 Arthur 這些大將的故事傳徧歐洲。那些遊歌者也就隨便譯爲英文在英格蘭歌唱。這些粗糙的口述故事（rude oral tales or gestes）在 Chaucer 的以前和他健在的時候大大地影響英人的想像力。此外，法國寓言和普通生活的敘事詩（French allegories and fabliaux）也這樣地英譯。有一首長篇的道德的與宗教的的詩叫"世界的沿革"（"Cursor Mundi"，1320年），歷敘世界上的歷史，足以證明那些故事是多麽受民衆歡迎。牠的開首有幾行說：

Men lyken gest?s for to hear,
大家喜歡聽這些民歌，
And romans read in divers manère,
及各種各樣的故事，
Of Alexandre the conqueroure.
關于亞力山大勇將。
Of Julius Caesar the emperoure
及該撒大帝，
of Greece and Troy the strongë stryf,
及希臘與Troy的劇戰，
There many a man lost his lif
多少人喪身于這戰役，
…… Many songs of divers rhime
……各種語言的詩歌，
As English, French and Latyne.)
如英文，法文，及拉丁。

17.

法國中世紀的小說屬于描寫大將的，照他們的材料範圍可以分爲三大系 (cycles)。

I. 查理大帝，或法蘭西系 (The Carlovingian, or French, Cycle.), 關于查理大帝(Charlemagne) 和他的十二個武士，其中包括勇士 Roland 和 Oliver (註)；

II. 阿塞王系或不列顛系 (The Arthurian, or British, Cycle.), 關于阿塞王，'王之花' (the flower of Kings), 和他的圓席的勇士。(後來又拼合包括本來獨立的 Tristram 和'甜美的' Iseult 的傳說)；

III. 亞力山大帝系或希臘系 (The Alexandrian or Grecian Cycle)，關于亞力山大帝和 Troy 城的英雄 (Trojan heroes)。Chaucer 說：'個個人知道亞力山大帝的故事' ('Every wight knows the storie of Alexandre', 這是他在"和尙們的故事" Monkes Tale" 的書中說的)。

(註) 到現在還有 "He gave him a Roland for his Oliver" 這句俗語 (指 'tit for tat'，意即'以其人之道還治其人之身')。蓋二人勇智齊名幷稱故云。

（"世界的沿革"一書中郎分為'羅馬的事件 matter of Rome'［包括古代全部］，'不列顛的事件 matter of Britain'和'法蘭西的事件 matter of France'.)

在阿塞王系和查理大帝系的中間我們可以找出許多的共同點。例如各系都是表現他們的王在他的勇士的同僚中，恰像在世界上的基督教的首領。各系的勇士首領，英格蘭的 Lancelot, 或法蘭西的 Orlando 都經過長時間的瘋狂。兩王的終局都極神祕。甚至于阿塞王的魔棒 Excalibur 跟查理大帝的寶劍 Joyeuse 也是一對相伯仲的東西。并且這兩首史詩都是代表同一類的道德觀念。同是講義俠道德的。這些道德在野蠻時代是極有用的，——如尊重女性的貞操和男性的堅忍不拔，忠于職守的丈夫氣概。

18.

法蘭西的寓言。 中古時代的詩最著名的代表作品是一首"玫瑰的故事"（Romance of Rose)。詩中極多代表人的長處和缺點的人物，如懶夫人（Dame Idleness)，虛僞（Fair Seeming)，理智（Reason），誹謗（Slander）等等。這首詩的創作者是 Guillaume de Lorris（約在西曆1256年。按：Guillaume 卽今之 William）和 Jean de Meung. 前者構寫這首詩 22,000 節的前四千節。他是個溫文爾雅的遊歌詩人（A gentle troubadour），他歌誦愛情，和愛人想得‘玫瑰’（卽指完善的美人）所應守的規則。但 De Lorris 的同事繼續著作這首詩時，就輕忽和撇開這戀愛問題，而敘說他認爲比這個問題重要得多的事情，如物理，機械學，博物等，——總之，他採取當時幼稚的自然科學的事跡做詩的材料。

Jean 根本是個譏諷詩人，他苛刻地說出婦女們的意志薄弱，痛責教士們的腐敗。

這“玫瑰的故事”是要向讀者講道勸善的，所以可算是一種講道的寓言。

第二章撮要（過渡時期）

英國文學的進展雖然受到第一次的挫折，但是和法國的接觸，終于使他獲益不少。他的著作範圍和辭彙都豐富起來；文氣變成活潑爽逸；文字擯棄笨重的字形變化而漸趨于簡易的文法。

關于十二世紀的拉丁著作，Geoffrey of Monmouth 的"不列顛歷史"最重要。造起中古時代阿塞王系的詩的小說的一派。

Layamon 的"Brut"是一本把阿塞王和Merlin的故事譯爲英國雙聲詩的書。這是Wace的工作的增擴。雖然這首詩算不得工巧，但有許多地方的確是有魄力的，能動人的。

十三至十四世紀很多哪曼法蘭西詩歌流行于英格蘭。而特別通俗的是用粗糙的英語，用詩體所譯成的'大戰的故事'；這些東西就替後來居上的Chaucer做開路先鋒。那中世紀的長寓言"玫瑰的故事"在十四世紀還很著名于英格蘭。Chaucer極受牠的影響。

西曆一年	盎格羅法蘭西時代的重要時期	英格蘭王	西曆一年
1066	Normandy的William征服英國(The Conquest). 1085年編一本英國輿圖全書(Domesday Book).	William I William Rufus Henry I Stephen	1066 1087 1100 1135
1154	[英格蘭，哪曼地，安如(Anjou)和波托(Poitou)是同一個國王所管轄.]	Henry II Richard I	1154 1189
1205	Layamon的"Brut". [哪曼地失陷]	John, Lackland	1199
1215	[英國的大憲法(Magna Charta)簽字。]		
1321	Dante的"神曲"Divina Commedia 在意大利出版。	Henry III	1216
1341	Petrarch 在羅馬受封爲意大利的桂冠詩人。		

第三章

Chaucer 的時代

19.

英國國語的產生。 十四世紀半，英語與法語的長久的爭勝期終。到底還是英語佔勝。漸漸成為國中正式承認的語言，恢復他古時的權位（註）。

（註） 在1350年，學校裏就教英語；在1362年又通過一條法律，凡法庭上所有的訴訟都應採用英語。但英國法律上的術語到現在還滿是襲用哪曼法蘭西語的樣式，例如 feme sole (經濟財產獨立的婦女)；chattels (動產)；oyez (法庭上肅靜口號)。

說也奇怪，這件事是發生于一位說法語的王 Edward III 的統治下，他曾于著名的 Windsor 的跳舞會裏說過這句法國俗語 Honi soit qui mal y pense (意思是'一想到這件事就難爲情'.)。

1204年英格蘭失掉 Normandy 的地方，在多數的英國人看來都以爲是國家極大的不幸。但是，究其竟是禍中之福。因爲從這個時候起，英格蘭就脫離歐洲大陸而獨立。這一獨立逐漸使哪曼人和英吉利人溶合做一個國族，而互視爲一國的同胞。這新愛國精神就是構成這新時代的主要原動力。

在 Wicklif 和 Chaucer 這兩位偉大人物的身上，就預見後來宗敎改革 (Reformation) 和 Shakespeare 的偉大時期的前兆了，所以這新時期遂爲十六世紀，英格蘭擺脫了中古道學的束縛的開化時代的先導。

Chaucer 時代那些尼庵的學校和許多地方都還在說法語。但那是像現時的加拿大的法語 (Canadian French) 之爲法語中特殊的一種，與外界隔絕演化出來的。

Chaucer 自己固然是個好天主教徒，但是他已經打破了舊僧道的世界觀。他已不是和尚也不是道學者，所以他能自由地教人們以自己的眼光去觀察及應付世界。他是第一個寫實者，比 Shakespeare 還早些的第一個現代詩人。因爲他的描寫人物正依他的眼光所看見的，解釋人生及其奇異正依他所感覺的。所以 Chaucer 打出一條脫離中古因襲文學的出路而達到現代的寫實主義和個人主義。

20.

Chaucer 時英國的社會情形。 在研究當時的作家的作品的時候，我們應該記淸當時的英格蘭和現在的是怎樣的大不相同。

西曆 1380 年，英格蘭的人口只有二百五十萬，比現在的柏林 (Berlin) 還少。從 1337 年起的長期的與法蘭西之戰 (French war)，和連年頻起的瘟疫使戶口的數目大大地減少（註）。勞工變成稀貴，佃戶和地主常常因爲租稅問題發生很多的糾紛。1348 年'大疫' (Great Plague) 時，多半的'農奴' (villeins) 已經變成自由的佃農。從此以後，納租改用金錢，而代替用勞工抵還租價的制度。傭農也都要求金錢的工價。

京城倫敦在Chaucer時僅有四萬人口。雖然富饒，但和當時別的英國城一樣的骯髒和失于管理。一個十九世紀的詩家，Chaucer 的信徒William Morris夢想着，'倫敦是小巧，皎潔，——清秀的泰姆士河邊儘是綠葺葺的園地'(London small, and white, and clean, —— Thomes bordered by its gardens green). 其實呢，那時候倫敦的街路是編狹，崎嶇，和黝暗，并且有許多的猪在那裏穿走，遊玩，儼然如清道夫。但是在那沒有煤煙的空氣裏，居民們華麗的衣服和美秀的Gothic（按即尖頂的，教堂式的）房屋應該也很怡人

（註）多數成年的居民專事農業。但當時的農藝非常幼稚，平常的田地每英畝只出四至五 bushels (一bushel = 中國3.91 斗)的穀。"農夫 Piers"一詩中表現一個小農夫用木犂耕田，而他的妻牽牛。他們除種麥類之外，又以牧羊爲他們最重要的副業；因此英國羊毛的產量足以供給全歐洲的需要。

悅目的。

那些城與城間的公路上儘是泥濘，鄰近郊野的樹林常有罪犯和强盜騷擾。此外又有很多橫蠻粗壯的乞丐在那裏出沒。所以，旅客們爲安全起見，來往普通都結隊成羣，假如有錢的就騎馬，像Chaucer所敍述的香客那樣。

自然，那時候英國人還是誠心的天主教徒。遊僧 (friars), 赦罪者 (pardoners), 和香客 (pilgrims) 滿街上，簡直和雨後春筍一樣的多。只有鄉村的窮教士是好人，高級的教士都非常腐敗。那些行乞的遊僧的名譽都壞極，Langland和Chaucer就常提到他們。他們的一部分叫做'Limitours', 意思是'有劃定區域的遊僧'，因爲他們只許行乞于一個指定的地域。赦罪者則常常帶着他們的皮篋，裝滿赦免書分給求赦罪的人，可是這些赦免書常是沒有經過羅馬的核准。香客中有的是跋涉長途去對遠地的聖人 (ferne halwes) 懺悔的。他們都掛着標記以表示他是從那兒回來的——假使從耶路撒冷 (Jerusalen) 回來就掛一張欖葉；假如從西班牙的Compostella 回來就掛一個蛤殼；假如從羅馬回來就掛一個耶穌的小肖像，據說這肖像是在 Calvary 的路上，由神蹟留在 St. Veronica 的紗上的影所縮小的。

至于那些專門階級（按即指醫生，律師，和教士等），平常都不比走方郎中高明。那是爲着對于物質還沒有精確的學識，換一句話說，還沒有發達到科學時代。例如，那些醫生大半還靠着符咒醫人。

顯然的，這種時代很可以供給社會改革家（如 Wicklif），譏諷家（如 Langland），和幽默家（如 Chaucer）很多的材料。至于這些作家態度的不同都由于各人的觀察人生的見地而別。

21.

William Langland 生于西曆 1332 —— 1400年

他是這時代的慈善詩人，深深感慨他周圍的社會的不良，用他狂熱的誠意宣傳改革。他的詩寫出無產階級的窮苦，資本家的不公平，和教會腐敗的慘狀。告訴我們那些貴族和教士們浮華的生活；同時那些窮苦的農民是如何的受種種苛稅的壓迫。他的"農夫 Piers"一詩直接感動民衆，當時就極盛行，恰如後代 Dickens 的社會改革小說一樣的受民衆歡迎。這首詩（與 Dickens 相同）特別敍述倫敦窮民的社會情狀。在西曆 1391 年前有兩次增訂再板，大可以證明這詩的風行一時。

關於這許多黑暗的社會問題，和 Langland 同時的 Chaucer 却放置不理；因爲他只注重於站在幽默家和藝術家的位置來批評世界。

Langland 的生活我們不大曉得。他好像是 Shropshire 人。在倫敦時，他是在一個教堂裏當小書記和在行 masses（建醮）時替人歌唱，以養給他自己和他的太太。在他的詩裏，他描寫他自己住在倫敦時的狀況——'體高，臉瘦，穿着一件黑禮服，爲着幾個辨士（pence），在富翁的葬禮唱詩；在 Strand 他深恨要向那些坐馬車經過的貴族男女脫帽，露出他剃光的頭'。他是個十四世紀平民主義的詩人。一生不曾離了窮苦。

他的詩"農夫 Piers"（The Vision of William concerning Piers the Plowman, 1362 年），他托言有一次夢見一個世界，這世界是在乎一邊是'憂慮

城堡' (Castle of Care) 一邊是'眞理之塔' (Tower of Truth) 之間，一'士女擁擠的美麗的田野' (faire field full of folk). 安置着許多有寓言的人物，如褒賞夫人 Lady Meed (賄賂 Bribery 或金錢 Mammon), 虛僞 (Falsehood), 教會 (Holy Church), 良知 (Conscience), 理智 (Reason) 等等，來描寫他所看見的人們的行爲和舉動。他對于假奉耶穌教的社會誠摯地痛下指斥。并表現那不誠和遊移者的將得惡報，及眞實和安分守己的工作的光榮。

當時的詩家如果要攻擊種種的惡習，而不使危及生命，大家都喜歡採用'夢' (Dream)或'幻想' (Vision) 這一種文體。

Langland 的"農夫 Piers"就是這樣的一種尖刻的譏諷寓言。他極多深切的道德宗旨正和 Carlyle 一樣。攻擊和尚，遊僧，隱居的修道者，商人，國王和別種人的汚穢的工作，并且說到如果多數的民衆要會得到快樂，對于教會和國家須有澈底的改革。

他所描寫的 Piers 是個誠實而坦直的農夫，

他在全世界沉溺歧途的時候獨自抱守眞道。在這首詩的第二部叫做'爲善，爲較善，和爲最善的生活' (Life of Do-well, Do-bet, and Do-best), Piers 變成處于與耶穌相同的地位。

這首詩的文字是用極平常的英文寫的，而稍爲參進百份之十二的哪曼地方的法語，因爲那是寫給普通民衆看的。

22.

Wicklif 的聖經。另一個英國偉大的改革家，與 Langland 同時並立的是 John Wicklif, 他生于西曆1324年至 1384年，爲十四世紀最有影響于知識界者之一。

他受敎育于 Oxford, 而終成那裏一個著名的學者。他的工作適以增補 Langland 之所不足。

他反對還在納貢稅于羅馬敎皇 Pope, 遂以愛國聞名。他的意見受當時的敎會猛烈的反對，所以他寫了許多小册子爲自己辯護。起先他只向和他同志的敎士陳述，因而單用拉丁文，但是過後他決心要求英國平常人（指不是敎士的）和國家較大的援助，以支撐他和敎皇相衝突的位置，遂開始以英文叙寫。這正如後一世紀 Luther 在德國所做的，他撇開教皇而求决于聖經。這造成他終于與羅馬决裂。

拉丁文聖經(Latin Bible，或叫做 Vulgate，按即指四世紀末 St. Jerome 以拉丁文所譯的一種聖經)，當時是多數英人所無從問津的一部書。所以 Wicklif 和幾個助手遂着手譯爲英文。這從事違逆教會的意旨的工作是很危險的。他的主要助手 Nicholas of Hereford 就因此亡命國外。Wicklif 自己因爲 Edward III 的太子 John of Gaunt 竭力的保護，才得于教會的盛怒之下獨全。雖然如此，末後他的英文聖經全譯本還是能夠發表（西曆 1380 年）。但這裏頭有許多的缺點，不久以後才由他的信徒 John Purvey 訂正之。這樣，這種聖經就通行于英格蘭各地。但非常貴，每部約值現在的三十金磅，因爲裏頭各字都是手抄的。

Wicklif 的偉大的國文著作，如像他的講道集，小册和短論，都用極有力而樸素的英國散文寫的。他的聖經譯本不久就非常獲得民心。

他因爲直接以聖經爲歸依，遂造成英國宗教改革的基礎，同時因爲他的陳述係用本國文，遂成英文散文的鼻祖。也是第一個英國有建設天才的基督新敎徒。

他的暮年的歲月消耗于 Leicestershire 郡的 Lutterworth，在那裏受 John of Gaunt 的保護。敎練他的一班貧窮敎士，使他們做敎會虔誠的工作。個個都像 Chaucer 所描寫的窮牧師，'宣傳基督的話和他的十二個聖徒——而第一呢，還是他自己能夠實踐之'。(to preach Christ's word and his apostles twelve —— But first he was follow it himself.)

23.

平民主義的故事 Democratic tales。 正在這個時期，"Gamelyn 的故事"和與此相連的"Robin Hood 歌謠" 也極通俗，而一樣地表現當時民主觀念的不滿意于社會的不公平。Gamelyn 是個勇士的幼子，被他多詐的長兄 John 騙奪了他的財產，于是遂流爲一班匪徒的首領；因爲那些匪徒的幫助，結果他痛懲他殘惡的長兄 John，雖然 John 是當地的法官。至此 Gamelyn 就對國王自承一切，國王不但赦宥他并且任他爲森林司長。

Robin Hood 是個 Sherwood 森木裏心慈體健的匪徒，和 Gamelyn 一樣的。他刦富助貧，而且特地喜歡設法剝奪富僧院長不義的資財。Langland 曾這樣的惋惜着：'Robin Hood 的詩比'聖詩更通行于市井。幾世紀後，Walter Scott爵士在他的歷史小說'Ivanhoe" 重使這個故事傳佈人間。

24.

Mandeville. "Mandeville 爵士旅行記"（The Travels of Sir John Mandeville）是當時著名的散文作品。描寫作者在 Holy Land, Chaldea 和 Amazon'a 等處冒險，并自謂係要去 Jerusalen 的人的旅行指南，這 Jerusalen 從十字軍（Crusades）之後就被稱爲世界的中心'（The heart and middle of the world）。書中用聖經上，東方諸國遠地異鄉的名詞，使 Chaucer 時代像孩子一般幼稚的英格蘭人的心迷醉。雖然只是一種法國作品的譯本（西曆 1356 年），可是不但告訴我們當時的智識情形，又是很有趣的一種早代英國的叙事散文的文獻。

25.

John Gower（生于西曆 1325—1408 年）是個鄉紳，是當時著作最豐富的詩人，所以幾世紀的人都把他的名和 Chaucer 雙提並論，如像我們稱 Schiller 和 Goethe 一樣。但是現在卽除了好奇的研究者已沒有誰讀他了。

他用三種文字著作："一個冥想者之鏡"（"Speculum Meditantis", 卽英文的 "Mirror of One Meditating"）用法文寫。"一個叫喊者之聲"（"Vox Clamantis" 英文爲 "The Voice of One Crying"）用拉丁文寫。這是採用夢的文體，描寫和責斥西曆 1381 年間跟着 Wat Tyler 和 Jack Straw 叛亂的農民。他的第三個最好的著作 "愛人的懺悔"（"Confessio Amantis" 或 "The Lover's Confession"）用英文寫，但是他因爲用英文寫作過後又自己很小胆地謝罪。

然而，這時代的大詩家應該是一位能大胆

取用英語的倫敦人，他就是Chaucer.

26. Geoffrey Chaucer（生于1340——1400年）已不是像Gower一樣的道學家，也不是像Langland一樣的改革家，他是個極有趣的敘事詩人。并且是英國元首的偉大的幽默家(Humourist)，也是第一個純粹以故事本身爲目標的英人。

不但如此，他在英國文學上已是第一個工于詩藝的名家，也是第一個有自覺的文人和有所建樹的批評家。所有的後輩詩人都頌贊他，所以稱他爲英國詩的鼻祖及創始者，并不算形容過度。

我們決不能找出比Chaucer和Langland更相反的人，後者是瘦弱，失望的改革家；前者是名冠一時（Edward III 和 Richard II 時即稱爲Chaucer時代），文雅的幽默家。Langland 代表道學的人生觀；而 Chaucer 卽代表文藝復興時代的縱慾觀念。

26a. Chaucer的生活。 Chaucer, Spenser和Tennyson 這兩人都親熱地稱他爲 Dan Chaucer（註），他是個倫敦富裕的酒商之子。所以他出身的階級正和 Shakespeare 一樣。他的母親是個世家女。或者就是從她的朋友介紹，他十六歲時就做 Lionel 太子家屬的一種侍童。西曆 1359 年他和這太子之父 Edward III 在法國被捕入獄，直到 Bretigny 協約（Treaty of Bretigny）簽定後才贖回，此後又在宮庭裏服職，并升爲皇族的侍臣（valettus）。

在拉丁的記載，以後他常被稱爲 Galfredus Chaucer, armiger（按拉丁文 Galfredus Chaucer=Geoffrey Chaucer; armiger=esquire=候補勇士）。雖然他以後曾得很有權力的 John of Gaunt 的顧愛，可是勇士的三等級——侍童 Page，候補勇士 Esquire，勇士 Knight——他似乎未嘗升過第二

（註） Dan Chaucer 意即 Chaucer 夫子。Dan 即拉丁文的 Dominus（老師，夫子）。參照西班牙文 Don（先生）。Chaucer 的姓是英格羅娜曼語（Anglo-Norman）。古作 Chaucier=Calceareus=襪匠。

級。他恰如很久以後的Burns（按卽Robert Burns，蘇格蘭十七世紀的詩家），深感自己的才幹和地位太不相稱。他一切的著作都把個人的特長看得比門第的高貴爲重要。

西曆 1370 至 1380 年間，他有幾次因爲外交的差使到外國去。于 1372 年第一次去意大利。

有些人猜想他曾于Padus會着 Petrarcho 有些人并且推測他當Boccaccio在 Florence 作關于Dante的演講之後，他也拜訪過他。但是有一樣是一定的，這一次意大利的旅行使他有個可驚的轉機，并且大大地影響到英國文學。從Chaucer到現在，Dante 和別的意大利文學家深永的影響英國的思想和藝術，不僅輸進新的故事，新的理想和新穎的故事人物于英國文學，而且啓示英國那藝術體裁的重要。

西曆 1374 年他被任爲倫敦港口羊毛，獸皮和熟皮的稅局局長，并且多年以後這還是他主要的職務。到西曆 1378 他又因公重赴意大利。

他常是個勤懇的官吏和辦事人。讀書和著作的時間是從他在倫敦港口向航海者徵收國稅的職務的空隙中抽出的。

西曆1384年，他得到不必工作而領全俸的假期，使他有閒做詩。

然而，不到兩年，朝裏的反對派就褫奪了他的位置。直到1399年Henry IV援濟他的時候，他這幾年中，他常常沒有錢用。他獻給國王當做一種明顯的暗示的一首幽默詩"贈給他的空囊"(To His Empty Purse)，足以證明他的窮困和他處于窮困中寬大的幽默。

但是他在世的日子已經不多了，西曆1400年，他還沒有寫完他計劃要寫的長詩"Canterbury的故事"(Canterbury tales)就死了。恰巧他是屬于Westminster教會的教徒，于是就葬在那裏(註：許多年以後，那裏才變成國中英雄的葬地)。

關于Chaucer的家庭生活我們知道得很少，他的妻Philippa死于西曆1387年，有個幼小的兒子叫做Lewis，他非常寵愛他并且為他繙譯一本"論觀測儀"(Treatise on the Astrolabe)。這部書不但足以證明那時代Chaucer的天文學識，并且顯出他所能寫的散文體裁是多麼壞。

27.

Chaucer的三時期。 Chaucer的詩的創作普通分做三個發育時期。第一期是文學的習練時期，大部分受法國的影響；第二期他的研究範圍已經包括意大利諸詩人了；第三期或稱爲英文時期，這時期他已經自立和成熟了。

Chaucer起先是個法國體的短情歌，循環句詩和寓言的模仿者。他這少年人生長時代的文學界是深受法國情詩因襲派(Conventional School of French Love Poetry）的支配，尤其是受 Guillaume de Lorris和他的"玫瑰的故事"(參見18節)莫大的影響。這一類詩的故事開頭一定是描寫着五月的早晨；鳥兒欣欣然吟叫；花正在盛開；詩人正在做夢，以及詩人的幻想和蘇醒。Chaucer首先就也照這種格調寫。而且，他當時是替朝庭寫詩的時期，這種朝庭上的詩應該使詩中的人物的思念和舉動都合于正律。所以Chaucer在這時候所寫的"贈與矜憐的訴詞" (Compleynt to Pity) 和"Blanche之死" (Dethe of Blanche, 或稱爲"公爵夫人之書" Booke of Duchesse）這兩首詩都是屬于那因襲的寓言派。後者一首是爲他的保護者 John of Gaunt 亡妻所寫的輓歌。這些作品除了他的技術出人頭地之外，并未顯出眞正的 Chaucer 將要如何成就的徵象。

他的繙譯"玫瑰的故事"也許就在這個時期。從他的著作中可以找出他一生受這首詩，特別滑稽譏諷的第二部的影響的痕跡。

28.

Chaucer 的意大利化時期（Italian Period）意大利使 Chaucer 明白所謂 'Form' 的意義，這就是指藝術較高深的和合。

在意大利詩和 Petrarca 與 Dante 這兩人的'高尙的格調'（Chaucer 叫做 'heigh style'）中，Chaucer 發見一種觀察人生比較深刻的途徑。并且進而接近文藝復興時代的作風，開始感覺 Ovid 的魔力，從此以後 Ovid 遂成爲他最敬愛的詩人。他和 B.ccaccio 的性格最相近，所以他從 Boccac io 不但得到寫"Troylus and Creseide"和"勇士的故事"（Knight's tales）這兩篇最重要的文章的材料，并且對于敘寫故事的藝術得到較新穎和較高深的觀念。尤最者，從他才研究出文藝復興時代的男女們的趣味是在乎各人的個性，而并不在乎死板的分類(Types)的。(例如：Langland就是死板分類的詩人)因此Chaucer遂大與他以前的人不同，自成爲英國大戲劇家和十八世紀小說家的先驅者。

Chaucer 在這時期中，最偉大的詩之一是"Troylus and Creseide",它是根據Boccac.io的"Filostrato"的。中古時代他們不曉得有Homer,而以Troy Town的神話爲滿足。"Troylus and Creseide"就是中古時代這Troy故事所演成的譏諷體的戀愛喜劇(註：Creseide的重音是在第二音組。按即Cresei'de)。

在"Troylus and Creseide"這詩中他譏笑'愛',同這個時代所做的另一首詩"名譽之堂"(House of Fame)他又一樣的譏笑文壇上的光榮。他說，他喜歡做個沉想人生的旁觀者比較沽名釣利爲善。

英文時期。 這個時期的開始他做了一篇"好婦人的稗史"(Legend of Good Women),這篇作品可以當做Chaucer最好,最自然的作品"Canterbury的故事"的預備試驗。

這"Canterbury的故事"的小引(The Prologue)是在說那二十九個香客在春天的時候,怎樣在Southwark地方的Tabard小旅館會合(註一);他們怎樣地要去Canterbury地方的St. Thomas龕廟禮拜;他們怎樣地贊同小旅館主Henry Baily的主張,每個香客得要于來回的路上各說四個故事,而說得最好的就可以做一頓晚餐的上客;以及這小旅館主是怎樣的倨傲自信,約定須要他自己做裁判員判給這個獎賞。

Chaucer計劃使這個作品是個連環故事(link and frame story)(註二),其中包含種種莊嚴和豔麗的故事,而以那小旅館主的述說,詩人本身的評

(註一)或者是因爲旅館的招牌像Tabard (Herald's coat,一種武士的外套)所以這樣命名。現在倫敦的Bermondsey還有一條街道叫做Tabard Street。

語和那些旅行者的談論爲連結的線索。

從 London 到 Canterbury 的路程，共五十五英里，平常騎馬只要四天，固定的夜宿的地方是 Dartford, Rochester 和 Ospringe 三處；第四天的路程極短，只剩十英里就到了。那些路非常的壞，不能行車，所以雖然這樣短的路而那些騎馬的香客已經夠疲倦了。但是，我們眞想不出他們騎馬于這種情形之下，要說多麼大聲才能夠使三十個旅客都聽見一個人所說的話，如像 Chaucer 所描寫的。

Chaucer 的旅行隊啓程于四月十三日的早晨，和尙的馬鈴交響于微風中，磨粉匠 (Miller) 用他的管笛吹一闋很偉壯的曲調。他們遂抽籤以決定誰應該說第一個故事。結果是'勇士'抽着，于是他遂說出那 "Palamon and Arcite" 的武俠故事。其中敘述兩個貴族靑年同戀一個女

(註二) 所以 Chaucer 自身也加入那些香客裏頭，這種組織是爲着要綜合全部的故事。

這種連環故事最著名的是 Boccaccio 的"十日記"所謂"天方夜譚"一大集，和比較現代的 Moore 的 'Lalla Rookh" 及 W. Morris 公然模仿 Chaucer 的 "The Earthly Paradise"

子，雖然他們已是親戚又是朋友，但終于結成死仇（註）。接着他們又間間續續說別的故事。但是到了他們已經看到 Canterbury 大教堂的尖頂，這首詩就中斷了。因爲Chaucer忽地死了，所以沒有時間寫他們回程中所說的故事。

但那約定要說故事的三十個香客只有二十二人履約。并且除了Chaucer自己說了兩個之外其餘的只各說一個。Chaucer所說的一個是"Sir Thopas的詩"（The Rime of Sir Thopas），另一個卽係令人討厭的散文故事。

這樣，這首詩只有二十四個故事。然而這零碎組成的故事已經包括了中古時代各種類的詩了。

她的'小引'實在地寫出十四世紀社會的縮小情狀，敍述各種階級的生活，如下表所示：

a, 上等階級——勇士（一個英國慈心而勇毅的舊軍官）；一個和藹有禮的少年勇

（註）Elizabeth女王時代的一齣戲劇名爲"兩個同族的貴胄"（The Two Noble Kinsmen），有人說是Shakespeare所著，也是敘述同此故事。

士侍從(Squire)，他就是勇士的兒子，騎馬于勇士的身傍。

b, 教士和尼姑——一位嚴謹而尊貴的女寺長Eglantyne夫人；一位好樂而肥胖的和尙；——一位自大的遊乞僧；和三個普通教士。

c, 市民——一個誇張和自尊的商人；一個文雅和好書的 Oxford 學生，他穿着襤褸的舊大衣和騎着一匹瘦馬；一個狡猾奸巧的律師；一個鬍鬚蒼白的鄉紳Franklin,他非常愛好優美的生活；一個鄙吝而無顧忌的醫生，他曾于瘟疫的時候發財；一個中年，庸俗，多旅行而好空談的主婦，他是'Bath的婦人'('The wife of Bath'),從Bath來的。

d, 下等階級——五個穿號衣的人，他們是商業公會的會員：一個賣什貨者，一個木匠，一個布商，一個紡織者，和一個染匠；又有一個一望作嘔的廚房和一個不善騎馬的航海者。

其他：——一個不甚忠厚的磨粉匠；一個狡猾，脚部長而瘦的執事（Reeve，財產管理員）；一個很尖銳的 maunciple（替僧寺購備糧食者）；一個窮牧師（指十四世紀的'Vicar of Wakefield'，即 Goldsmith 的小說所述的）和他的兄弟，他是個敬畏上帝，誠實的農夫。一個臉紅，聲尖的 Sompnour（傳案的衙役）；一個鑽錢和好歌曲的赦罪者（Pardoner），他新從羅馬回來，并帶回了許多赦免書（indulgences）和赦罪書（pardons）要出賣；此外就是那很重要的 Tabard 小旅館的豪逸的主人。

Chaucer 能在這篇'小引'裏描寫那麼多的人物是他最大的成功，因此他的聲譽大定。

這'小引'的開首還是因襲舊例的，平平常常地描寫春天。續後就用清巧動人的文辭一一介紹各位香客。這些人物是從眞正生活中描繪出來的，都能令人難忘。

在這些香客中，勇士是最受尊崇的人物，并開始說第一個故事。但是以後，那些人的彼選并不在乎他的階級，只以他的戲劇的哄托反襯原則（principle of dramatic contrast）爲主。如此那些莊重的，不莊重的，譏諷的或遊戲的的故事才能各各相間。

那些故事并不是同時所編寫的，他們的價値也大爲不同；有的是極濡滯之味和幾乎全無價値，有的却是敘述精當，文辭雅順的傑作，例如"Griseeda"的故事和"Prioress故事"（講little clergeon，即學童的故事）。

Chaucer的優點是極顯而易見的。他的乖巧的幽默，寬大開拓的心懷，時時刻刻的明澈事理，深刻的觀察，慈心，寫實的本事，以及敘述故事的巧妙終于使他成爲偉大而有建設的幽默家。另一方面，他因爲不小心，時或也很猥褻不雅，這些缺點他自己知道，因爲他說這是寫實所難免的。他又喜歡誇大自己的學問于不合時的註解中，并且常常和當時別的著作家一樣，把中古時代的，古典的，和聖經的的事件混爲一談。但是，那是很値得諒解的，因爲這些作家站着的是手抄時代，學術時代和印刷時代都還沒有破曉呢。

Chaucer曾被批評爲毫不關心于社會問題和宗教問題。但實際上可并不如此，他的喜劇處處使我們窺見人生結果悲劇的强烈感覺。

他的愛好自然正和愛好別的各種事物一樣，常是很眞誠的；然而他的喜歡自然，于實質上和精神上之間，比較偏重實質。他的描寫自然是用做人類行動的配景，并不在乎自然的本身；也沒有對于自然發生深而神祕的感覺，如像後來十九世紀的詩人所感到的。他有眞的詩人的天才，雖然他是封建時代和學究時代的人，但他能夠從普通生活，普通人，和普通事情中看出詩意來。

31.

Chaucer的立足要點。 如果我們試要統計Chnucer何以能夠在英國文學上佔一個很重要的位置的主因，那麼我們可以找到以下所記出的幾點：

a, 他是個平常人（指非敎士）。因爲這樣自由，所以從宗敎和和尙的積習中得以解脫出來；他使詩脫離形而上學，寓言和道學；并且使與生活和自然接近。

b, 他是個社會上有經歷的人——個中官，軍士，外交官，海關辦事員，旅行者。所以他不致陷入少見孤陋寡聞和拘泥學理這兩大險劫。對于人類無論賢不肖都極愛好。

c, 他可當做一個著作家也可以當做個藝術家論，他擺脫當時文學上的因襲慣例。他善于用字，能選擇適合的文詞，格調和詩律來供給個人主義和寫實派的需要，而創造英文詩。

第三章撮要 (Chaucer時代)

因爲 Edward III 累次爲要恢復法境的領土的戰爭，鼓起一種新國家精神，而且幫助使英吉利族和哪曼族的成分治爲一爐，成一新國族。現代英文因以產生。Chaucer 就是這個時代第一個偉大的代表人物。

但是，這些戰爭令人對于敎會和國家的種

種惡習積弊的不滿借機發洩。在 Langland 的作品“農夫Piers”中我們可以讀到那些平民憤慨的呼聲。Wicklif 是英國當時的第一個改革家，他要實際救濟這種惡習 (1) 翻譯聖經和 (2) 鍛練一班誠實的教士使百姓們明白他的教訓。

那“Robin Hood 歌謠”和“Gamelyn 故事”，以及 John Gower 的拉丁詩“一個叫喊者之聲”等都同樣的表現了貧富的衝突和對于善良官吏的願望。這 Gower 同時也寫法文和英文的長詩。Chaucer 是 Spenser 以前最偉大的英國詩豪，獨自勇敢地採用英文以為寫詩的工具。他是倫敦一個葡萄酒商之子，和 Shakespeare 出身于同一種社會階級。他的生活使他明白各方面和各階級的人。所以他成為心地最寬宏大度的詩人之一。他是個幽默家，而 Langland 是個譏諷家。他的著作可分三時期，他的習練時期 (1) 模倣法國，和 (2) 模倣意大利，而 (3) 他的成熟時期或英文時期。他的主要作品，是“Canterbury Tales”，這些故事的小引是他最大的成功，而成為他的聲名所寄托。

他是第一個使英文詩升爲藝術的人，被稱爲英文詩的鼻祖是該當的。

重要時日		國王	
1340	Chaucer 生。		1272
1350	Boccaccio 的"十日記"(Decameron) 出版。	Edward I	1307
		,, II	1327
1362	英國法庭訟訴許用英語。	,, III	
1362	Langland 作"農夫Piers"。	Richard II	
1372—8	Chaucer兩次到意大利旅行。		1377
1380	Wicklif 的聖經(後來修正)		
1385—9	"Canterbury的故事"的大半.		
1400	Chaucer 死	Henry IV	1399

第四章

荒蕪時代 (The Barren Age)

32.

十五世紀的英國。 Chaucer死後的一百年間，是英國處于戰爭暴動的一世紀；是政治，文學正在變遷，紛擾，醞釀的時期。在這時間中簡直沒有出過一位大著作家。

國中 Lancaster與York 這兩個相抗衡的政府發生所謂'玫瑰之戰'(The Wars of the Roses)的長期爭鬥，因而永遠打破了男爵貴族的威權。据Bulwer Lytton 的小說"男爵的末運"(The Last of the Barons；見 152 節）所說的，這權力從此歸入國王及中等社會的手中。

同時，歐洲大陸出現一樁大事，它就是印刷藝術的發明。照 Victor Hugo 說，這發明'將人心由中世紀的黑窖裏引導出來'。西曆 1477 年英國印刷家 Caxton 出版在英國印行的第一本英文書"哲學家的名言"（The Dictes and Sayings of Philosophers)。這是翻譯一本法文書的。

素來只有一些富翁才買得起書。連偉大的詩家 Chaucer 也僅有很少數的藏書。從此以後書籍流佈四方，所以政治當局不得不制定很嚴密的審查法律，以箝制出版界率直的批評。

Caxton 共刊印六十八本書，其中頭幾本是 Chaucer, Gower, Lydgate, 和Mandeville這些人的作品。總而言之，從他所印出的書的性質可以表明當時的讀者的智識程度的粗淺。所謂'新學'(New Learning) 須等下世紀才能傳到各大學。

當時英國敎育的衰落，思想停滯，大半是誤在'詭辯派學者'(Schoolmen）的手裏。那些'詭辯派學者'的思想系統是憑信幾個威權者的話為準繩，并沒有先考查這援據原理的是非就拏他來推出巧妙而辨別入徵的結論，比如他們費了好幾年的氣力來爭辯天使聚談的方法。'詭辯派學者'與其'詭辯派哲學'(Scholastic philosophy)的影響一直到了Bacon宣布新的哲學方法才完全破滅。

Chaucer觀察事物的新頴和自由，是他獨到的地方。他以後的一個時代，各地（至少在英格蘭）只是一個摹仿者的時代，完全沒有創新及脫離傳統的能力。

33.

Chaucer在英格蘭的摹仿者。 Chaucer有很多的信徒，但是沒有眞能繼續他的遺緒者，在英格蘭有Thomas Occleve和John Lydgate步其後塵。前者崇愛Chaucer，最特色的是他贈Chaucer的詩"王侯之統轄者"(Gouvernail of Princes)。

John Lydgate（死于1430年）稱號為'麥哩的詩僧'（the poet monk of Bury）聲名遠傳于寺院之外。他著作等身，曾著二百五十種Chaucer體的壞詩。他的"地比斯城的故事"(Storie of The bes）是想要再續"Canterbury的故事"，來繼承'不列顛大詩豪，我們的先生Chaucer'的工作。Lydgate是假定由他自身在囘來倫敦的旅行敘述這些故事。然而，論到Chaucer的音調，幽默，及感人的魔力，在他的作品中是無從找到的。

他那冗長的詩"王侯的敗亡"(Falls of Princes)，敘述'國王死亡的悲史'一直從Adam時談到法國王John在Poictiers被捕時（1346年）才止。

34.

Chaucer影響蘇格蘭的詩。但Chaucer影響於蘇格蘭文學却是極明顯的。蘇格蘭沿岸北至Aberdeen都是說一種叫做Scots（或北方英語Northern English）的英國方言，在那裏文學發達很遲。到十四世紀，蘇格蘭文學遂顯然有強烈的國家觀念的傾向。這傾向起源于Edward I和Edward II當國，蘇格蘭人抵抗英格蘭人的企圖侵略時。自從他們頭一個詩人Barbour寫了那愛國史詩'Bruce"(1377年)歌頌蘇格蘭爲自由而戰爭起，一直到Burns止，這抵制英文的情緒，在蘇格蘭的詩歌中處處都可以看到。

Chaucer在蘇格蘭中所有的信徒，最顯著的是King James I（生于1394——1437年）。當他年青還在做太子的時候，于將赴法國的途中被Henry IV 捕往軟禁于 Windsor Castle 十九年之久。在那裏他念的書也有Chaucer的。有一天他從獄窗中看見了Lady Jane Beaufort，登時就覺得愛她——跟Chaucer的"勇士的故事"(Knight's Tale)中的Arcite之于Emilie一樣的。因此開始寫了他那巧妙動人的情詩"王的書"(King's Quair, Quair 即 cahier '書'，參照quire)一字，共成六卷，題獻Chaucer和Gower。這本書有許多使我們回憶Chaucer的地方，而且是用Chaucer的詩體(即七行一節)寫的。這種詩體後來稱爲'皇家韻'(rhyme royal)，因爲經過這位王用過。

King James回蘇格蘭後十三年被弑。這悲劇的情節在Rossetti的歌謠"王的悲劇"(The King's Tragedy，見182a節)曾經詳細敘述。

William Dunbar（1460年——1520年？）是一位幽默家兼譏諷家。是Burns以前蘇格蘭最偉大的詩豪，他的詩歌跟Burns一樣含有粗鄙的滑稽，村野的圖畫和奇異的幻想。

Dunbar是遊乞僧，是James IV最信任的律師（James IV于1513年死在Flodden Field），所以他對于人生惡劣一方面很有閱歷經驗。

他的詩品可分四類：（1）贊頌詩（Panegyrics，例如他紀述James IV與Margaret Tudor的結婚，夢體的寓言"荆棘與玫瑰"（The Thistle and the Rose）；（2）諧謔詩（Burlesques）；（3）譏諷詩（Satires）；（4）思憶詩（Reflective poems，例如他爲弔Chaucer, Gower等詩人而作的"弔作者" The Lament for the Makers）。

他的一篇最有力的論文叫做"七大惡在地獄的跳舞"（The Dance of the Seven Deadly Sins through Hell），文中含有粗野的幽默，怖懼的點綴，頗近Dante的作風。

還有兩位詩人是Henryson和Gavin Douglas。前者譯一本蘇格蘭文的"伊索寓言"

後者把Virgil的著作譯成仿Chaucer體的蘇格蘭文。在這兩位的譯作中可以看見他們同時受英文老師（即Chaucer）和'新學'的影響（'新學'即New Learning=New Humanism, Humanism是出于拉丁文的Humanitas, 意即Culture=文化）。

Sir David Lyndsay也是個Chaucer的信徒，他寫了一篇道德戲劇"三階級"(Three Estates), 毫無顧忌的諷刺嘲笑那些寺僧和寵臣。他生于蘇格蘭大改革家John Knox的時代。

我們可以證明當十五世紀時，英格蘭與蘇格蘭交界以北的詩文比較交界以南爲新穎獨創。但是蘇格蘭的詩人中沒有一位有Chaucer的雅秀大度。他們詩文中最特色之處就是他們粗糙活潑的幽默，及他們新奇美麗純出天眞的描寫自然——這些都是受迦勒特族的（Celtic）影響（見130節）。

36. 歌謠(Ballad poetry), 還有比摹仿Chaucer更重要的，這就是十五世紀無名氏的歌謠。這些歌謠中的平易自然而善于形容的文字，猛烈率眞的情緒，對于人生悲劇驚奇深刻的感覺，都顯明創作者的能力和詩人的興感。

這種歌謠可分五類：（1）關于戀愛與嫉妬的——搶親，私奔，忠貞的情人的冒險，棄婦的感嘆，險惡的母親及婆婆的殘虐；（2）關于仙女，妖魔，女巫，和能把美女化爲獸形的異能；（3）關于敎會的遺傳，基督和聖徒的傳述；（4）綠林匪徒的歌謠（如 Robin Hood)；（5）世界歌謠，敘述戰爭，刼掠和住在世界的英格蘭人與蘇格蘭人的種姓的械鬥。

那些邊界歌謠中最著名的是"Chevy Chase"，她描寫 Percies 和 Douglases 兩族姓在蘇格蘭邊界的戰爭，詞字間充滿爭戰殺戮的音調。Sir Philip Sidney 說：'我從沒聽見過這 Percy 和 Douglas 的古詩而心不比聽喇叭更利害的激動'。另一首著名的歌謠"栗色女郎" (The Nut-brown Maid) 是用抒情的問答（Lyrical dialogue）式寫的。敘述一個閨女對待她一位似是卑賤的情人始終不渝初志，到末了才發現這位情人實是一位化裝爲匪徒的貴族。她始終跟他，後來就成了他的妻子，還有一首叫 "Sir Patrick Spencer", 裏邊講到 Sir Patrick 有一個冬天被差出國，歷過風險的水路去帶囘哪威國王的女公子。囘來的時候那船半路遇風沉滅。最後還有一首歌謠描寫一位女子獨自坐一隻寶船去找'眞愛情'(true love)。那隻船的船桅是包金的，燦爛地照射海面，船帆是綵綢做的，繩子是一種絹縊編就的。這些重要的詩歌及"兩隻烏鴉"（The Two Corbies)和"乞丐"（The Gaberlunzie Man）等後來都收入于 Percy 主敎所刊行的有名的'古代歌謠錄'(Reliques of Ancient Poetry 見127節)。

37. 散文文學。 十五世紀所產生的一種很精緻卓絕的散文作品，就是 Sir Thomas Malory 於1470年所著的散文傳奇 "Arther 之死" (Le Morte d'Arthur) 。這書的作者的履歷沒人曉得。他重新給我們講那古時 Arthur 王與其圓席武士，Launcelot 與 Guinevere 女王以及 Sir Galahad 探訪聖杯 (Holy Grail, 卽指耶穌最後與其門徒會餐所用的酒杯）的故事。

第十一至十七卷所記'聖杯的故事'(The story of the Grail)是最能引起後人構思寫作的題材(Milton 有一回想要將他做成一篇英雄史詩)。

據這個傳說,當魔王 Satan 背叛上帝之時,他的頭盔上有一顆極大的紅寶石。這顆寶石被天使 St. Michael 的劍砍下來,墜入地球上的一個海洋裏。後來 Solomon 王用妖術把它從海裏搜來製成一個酒杯。這個杯就是耶穌最最後的'晚餐'所用的。末尾耶穌的身屍也就是用這個杯盛油塗抹。這遺寶由 Arimathea 人 St. Joseph 帶到美國來,從此不見了。所以尋求這靈寶也就成爲當時許多勇士的理想。過了很久的時間才被 Sir Galahad 純潔無邪的慧眼尋出,雖然他的父親 Sir Lancelot 的帶罪俗眼始終看不見。因此這'聖杯'爲 Galahad 所有,到他死時,天使把它帶回天國去,以後再沒人看見了。據 1200 年由 Wolfram von Eschenbach 所寫的美妙的德國傳說和古代法國的說法,這尋得聖杯的人是叫做 Parzifal' 而不稱 Galahad.

這書到二十一卷就不論到關于 Arthur 王和

他的將士的故事了。因爲許多勇士犯過了罪，圓席的團體逐漸分崩離散，到在西部大戰時，Arthur 王中傷移去一個很遠的地方叫做 Arilon（註）的山谷就醫；將來有一天總要回來找他的百姓（參照第四節）。他的不忠心的王后後來在尼庵中懺悔以度晚年，Lancelot 自己死葬于 Joyous Gard.

Malory 的"Arthur 王之死"雖然只是編纂古代的傳說，但是在十五世紀可算是絕大的幻想文學的成功。這華麗的義俠故事係 William Caxton 在 Westminster 的印刷所中，1485 年所印書之一。後來感動 Spencer, Tennyson, Swinburne 和 Morris 這些人，使他們去寫作以下將要討論的偉大的詩歌，這些詩豪的英雄詩的共同缺點，我們也可以追溯到 Malory 的故事本身—— 毛病在乎關于 Arthur 王的故事沒有縝密貫串的布局。

38. Caxton 不但是印刷家和商人，而且是一位值得稱道的翻譯家，他的工作是極其重要的。他以印刷家而深好書籍，恰好來在這個時候，在全英國造成一種嗜好新發現的希臘及拉丁學術的空氣。他過後的一代，十六世紀的上半，遂成翻譯與研究希臘羅馬文學的時代。

不但如此，他的工作融合英國方言的異點，規定英文文字寫法及標準語的永遠的形式。

他所著的書都是用 Chaucer 的中部方言（Midland English）寫的，促成她成為英文的文言。

由他的刊印使英人得以容易讀到的書有多種，如Chaucer的"Canlerbury的故事"，Gower 的"愛人的懺悔"（Confessio Amantis），Malory 的"Arthur 王之死"和Virgil 的"Aeneid"的譯文。

他雖身居亂世，但他酷好文學，一生的光陰安然度過于書籍上面。

荒蕪時代撮要

（助記：此係男爵權位衰退的時期）

在十五世紀，英國的文學界沒有人能步Chaucer 的後塵。英國還是受詭辯派哲學的影響支配，這種哲學壓迫思想與觀察的獨立創見。

在英格蘭雖有Occleve和Lydgate這兩位Chaucer的模仿者，但自己却未嘗開闢甚麼新途徑。

十五世紀的蘇格蘭詩歌比英格蘭詩歌較有生氣而具有個性。Barbour是一位跟Chaucer同時的愛國詩家，他寫了一篇史詩"Bruce"敍述Bannockburn戰役的勝利者，及蘇格蘭自由爭戰中的英雄。蘇格蘭作家此外還有James I, Henryson, Douglas, Lyndsay和Dunbar等。他們都是Chaucer的信徒，尤其是在初期時代。James王用Chaucer體的詩節寫成一篇"王的書"，從此這種詩律就稱爲'皇家韻'，(Rhyme Royal)。從他們的譏評當日的社會及敎會的惡端，可以使我們看到這些詩家逐漸萌芽的民治觀念。

此外還有兩種比模仿Chaucer體文字尤其重要的文學作品，(1)這時候的英國古歌謠；(2) Malory的大著"Arthur王之死"，爲英國宗敎改革前的散文中唯一重要的作品。說也奇怪，在這爭戰的亂世中，倒會因爲英國第一個印刷家Caxton的語言天才，產生出英國文言文字的固定形式。

重要時期		國王	
1400	Chaucer死。	Henry IV	1399
1425—34	Lydgate作"王侯的敗亡"	Henry V	1413
	(Fall of Princes).	Henry VI	1424
1422	蘇格蘭的James I作	Edward IV	1461
	"王的書"(King's Quair)	Edward V }	1483
1450	印刷術發明於Mainz.	Richard III }	
1453	Constantinople失陷，希臘	(Tudor王族)	
	學者亡命意大利。	Henry VII	1485
1470	Sir Thomas Malory作		
	"Arthur王之死"。		
1477	Caxton印成"哲學家的名		
	言"(The Dictes and Sayings of the Philosophers),		
	爲在英格蘭印出的第一部		
	書。	Henry VIII	1509

第五章

Tudor 朝代的復興

39. 新學 New Learning. Constantinople 失陷之後，十五世紀的文壇上最重要的事情是希臘文學復興。自從十三世紀一直到十四世紀，拉丁文化復興的薰陶治化的影響展佈南歐。那些欽仰贊助這種勢力的人叫做古典文學家（Humanists）。這拉丁古典文學在當時最著名的是Dante和Petrarch.

但這希臘文學的影響尤堪驚奇。

西曆1453年，當土耳其人Turks攻陷Bosporus的希臘古城（按即Constantinophe）時，住在那裏的希臘學者都逃亡出來。把久被忘記的古羅馬希臘文學的珍藏帶進意大利去。所以Plato, Homer, Sophocles和Theocritus諸人的作品的聲望遂與Cicero, Ovid和Virgil等並聞于世。他們來得像開闢一個新天地。一種生活和美的新理想因以初現于人們的心上。這可驚異的所謂"新學"的新時代從此開始。這希臘和Homer的舊世界的新發現正如幾年後發現美洲新大陸一樣地叫人驚魂動魄。世界上得到一種新旨趣，充滿着新希望，異彩，愉快。理想力蘇醒，大家都

（註）一本當時著名的譏諷文"Epistolae Virorum Obscurorum"，敘述一個和尚寫信去求他的老師替他解決下面所說的進退兩難的事件。當大齋期間內他在一間小旅館裏晚餐時，吃下一個雞蛋和一隻小雞。但他騙了那店主，不讓那小雞也算在賬裏。過後他的良心被兩個疑團所苦楚：他應該爲欺騙小旅館主而懺悔呢？或者應該爲他破壞他的齋誡的規例！

拋棄了中古遺風的因襲。詩人如 Ulrich von Hutten，學者如 Reuchlin 與 Erasmus 等都開始嘲謔譏笑詭辯派哲學家的見解，使他們無立足之地。

但這比較新，比較自由的精神不久就和基督教會的教條相衝突；成爲一個宗教窘迫的時期。Savonarola, John Huss, Tyndale Giordano Bruno 等都爲爭信仰自由而死。同時 Martin Luther 在德國也做了同樣的爭鬥，在僧侶的威權下爭奪思想自由。所以 Carlyle 稱 Worms 會議（The Diet of Worms, 1521 年）爲'歐洲歷史上最偉大的一幕'是很恰合的。這就是現代文學的始原。

在英格蘭這新學的影響由他們的熱烈的要求教讀希臘文，許多大學到這時候都開始研究他，這一點就可見一斑了。Sir Thomas More（生于 1478——1535 年）和偉大的 Erasmus（生于 1466——1536 年）的著名，不但是代表英格蘭的古羅馬希臘學識，也是充滿新學的精神最初的作品的作家——自由主義而非過趨偏激，批評而非炫弄學問，雅馴而非懦弱。他們兩人都以拉丁文著作。

More 的"Utopia"(像Plato 的"Republic")(註)表現一種理想的共和政體，暗中表示他自己對于結婚，教育，政府，武備，軍務和同類的事項的高見。內中許多是現代改革理想的先驅。這本書1516年就用拉丁文出版，直到1551年才譯成英文。牠是許多英國的同類著作的首創：例如後來Bacon的教訓小說"新 Atlantis 島"(New Atlantis出版于1627年)。

More 的"Utopia"是由德國大肖像畫家Holbein插畫的，他當時正住在英格蘭。

40.

宗敎改革 Reformation。 同時另一些學者即移他們的視線于繙譯聖經，并開始那德國詩人Heine用滑稽而半輕蔑的態度所說的'希伯來

(註) "Utopia" 係從 out Topos 兩字不合法的拼成，等于Not＋Place，意思是無有的地方(島)，是因爲發見美洲而聯想出來的。現在形容字'Utopian'係指奇幻的，純粹空想的的意義。(按："Utopia" 我國嚴復譯爲"烏托邦"當係譯音兼譯意的。)

文復興'(Hebrew Renaissance)，這就是說，宗教改革。

比較舊的拉丁學術是中古道學的忠僕；新學却是耶穌新教的原動力，這新教主張舉凡教中的事變應取决于聖經，而代替教皇的權威。因爲有了新學者的幫助，他們遂試要確解聖經的意義，并爲着要使平民容易接近，遂把聖經譯爲普通的語言。

William Tyndale的新約聖經的英譯本因爲不敢在英國印行，所以在西曆1525年拏到Worms去出版。這佳好的譯本爲後來所有的編者的根据。她是用純粹和簡明的英文寫的，是英國語言歷史上的一個大要點，而也是英國宗教改革的一個重要文件。作者Tyndale抛棄自己安穩的職業而置身危險。雖然屢次于困境中逃脫，但結局還是被教皇的暗探捉到，定了一個散佈邪說之罪，于1536年把他絞死焚滅在Antwerp地方的火刑架上。

41.

聖經和他的譯本。 沒有一本書能像英文

聖經那樣深永地影響英國人的語言，思想，意象，品性和文學。

舊約聖經的極難得的寫實方法，和他的混雜品性的人物（常是一會兒極英雄可欽，而一會兒變成平凡卑鄙得可憐）的寫法都是很能動人的。

從第八世紀的時候，聖經的幾部分已經有譯成英文的，他的故事都是充滿着古代的的想像。

西曆1382年，Wicklif的第一次聖經全譯本就出來了。但當時沒有印刷，手抄本又少又貴。所以一直遷延到印刷術發明之後才激起宗敎改革。

William Tyndale的新約聖經是爲應一班求脫離羅馬敎管轄者的要求而繙譯的。這一下聖經才普遍起來。

Tyndale的工作是由他的朋友和助手 Miles Coverdale繼續，他在Zurich也出版一種他自己的全譯本(1535年)。并且"大聖經" Great Bible(1539年)和"Granmer's Bible"(1540年)也是他編的。

當被流放去 Geneva 地方時，他又幫助那裏的人做成"Genevan Bible"，這種聖經後來淸敎徒 Puritans 和長老會徒 Presbyterians 多用之。敎蘇格蘭人以標準英文比任何別本書更有效力。

Hampton Court 會議 (1604——1611年) 又根据 Tyndale 和 Coverdale 的譯本編一個壯麗嚴密的新譯本。這一種 Tudor 朝代顯赫的散文成績，被稱爲"鑒定的聖經譯本"(Authorised Version).

雖然在 1881——1885 年又出版一種"訂正本"(Revised Version)，但這"鑒定本"到現在還通用于英國所有的敎會。

這"鑒定的聖經譯本"之于英國正如 Luther 的聖經之于德國，同是國家的名書。他的影響是層層滲透英國的語言和文學。在羅馬天主敎的國中，拉丁文的聖經是遏止着不使普遍，所以聖經並不這樣的影響國中的文學。

這裏我們應該記淸，1611 年的聖經中的語言和造句法是屬于十六世紀的，是 Tudor 朝的；並不是 James I 在位時的英文。曾經有人說過，1611 年的聖經是拏 Tyndale 以下所有的譯本精校纂著而成，而且他的風格筆調是故意摹古的。

42.

Roger Ascham 是另一位古典文學者。是英格蘭第一位討論教育的作家。他的一本書"校長"(The Schoolmaster) 表現出一種新人道精神，迫切陳述那'教導兒童，愛是比恐嚇爲妥當，溫存比楚撻合宜'。書中第一部敘述說他的學理，特別要求那受教的兒童應當是他所稱爲 'Euphues'的，意思就是'體格精神都健全'的。第二部敘述學生要怎様才能夠容容易易地學會拉丁文。

他教 Elizabeth 女王的古典語言，并且說'她讀一天的希臘文比天主教堂的會長讀一星期的拉丁文多'。

他是堅决的不列顛人，在他的"Toxophilus"(關于射藝運動的書)一書中他抗議當時那些意大利化的英人，——模仿意大利人的態度，意大利詩律，和說意大利話的英人。他稱讚英國的習慣，反對人家對英國散文的輕蔑。

43.

詩藝。　在文藝復興時代英文詩也惹起

一種可驚的變化。這變化的起始是因爲Thomas Wyatt (1503——1542年) 和Earl of Surrey (1517——1547年) 去意大利遊歷，從那里導入新的詩律和較爲文雅的詩的構造。雖然他們只是低能的詩人，但可算是寫新體的十四行詩的領導者，特別是仿Petrarch的一體的十四行詩套，這一層尤其值得紀念。所有同套的十四行詩是題贈同一個人，並且是步意大利的情詩家Amorettists的態度，來敘愛情和哲學。後來這一類詩體變成非常普遍，到Shakespeare和十九世紀的十四行詩的詩人的手裏遂臻完善了。

Wyatt和Surrey在1557年合刊一本"Tottel文集" (Tottel's Mis cellany)。其中也有別種詩。這是現代英文詩的第一本印刷書，并且導領Elizabeth女王的抒情詩時代。

Earl of Surrey又開闢一個新的園地，他用每行十音節的無韻詩 (Unrhymed decasyllabics 或 Blank verse) 譯"Aeneid"的第二和第四册，這在英文中是第一次首創的。這種詩律不久就被英國詩人所了解，半世紀間這種詩法已經非常完善了。

Alexander Barclay 雖然是沒有天資的人，但他也算得是早時的古典學者。他繙譯 Sebastian Brandt 的"癡人之船"（Narrenschiff, 發表于 1509 年），和寫作拉丁文的田野詩（eclogues 或 bucolics, 見 53a 節幷註）。

Tudor 朝代復興撮要

在 Henry VIII 健全政府的時候，貴族衰退而中等階級興盛。英國人很努力的研究新學（重復發見的希臘文學），生起一種最有刺戟性和促進文明的影響。

當時的三位偉大的古典學者是 Era mus, Sir Thomas More 和 Ascham。簡單來說，Wolsey 是個粗淺的古典學者和譏諷家。Barclay 學 Virgil 體寫拉丁文的田野歌。

Ovid, Seneca 和 Virgil 的作品都有繙譯本，幷且讀者極多。

W) att 和 Surrey 介紹意大利詩的文雅的詩律入英格蘭。前者介紹十四行詩的構造，後者第一次以每行十音節的無韻詩譯 Virgil 的 "Aeneid"。

在這時期又發生Henry VIII與羅馬教决裂，和開始宗教改革。偉大的聖經譯者 Tyndale（被殺于 Antwerp, 時在西曆 1536 年）和 Miles Coverdale 爲耶穌新教的先驅。

	重要時期	國王	
1453	Constantinople 失陷。	（Tudor 朝代）	
1492	發現美洲。	Henry VII	1485
1516	More 作 "Utopia"（用拉丁文）。	Henry VIII	1509
1527	Tyndale 譯 "新約聖經"。		
1533	Henry VIII 與羅馬决裂。	Adward VI	1547
1543	Copernicus 出版他的 "De Revolutionibus Orbium Caelestium" 確定宇宙的中心是太陽而不是地球之說。	Mary	553
		Elizabeth	1558

第六章

英國戲劇的起源

44.

戲劇演化的過程。 英國文學上沒有一件東西比那從毫無精彩，長久的初期到 Elizabeth 女王時代突臻完善的戲劇進展更可驚奇。

如果我們回顧他的歷史，那末我們可以看出他的發展大部份是受着三種大影響，表示三個醞釀時期。雖然這三種影響各于英國戲劇中印下痕跡，但都不能長久壟斷制服他。這些影響是：

a, 教會（神跡戲，從十二世紀起）。

b, 中古哲學（寓言劇和道德劇，十五世紀）。

c, 復興的古代學術（模仿拉丁戲劇家，十六世紀)。到這時候戲劇已經再不受聖經或寓言的裁制了。

這些過程也可以用別種方法來概論之。(1)最先粗糙的戲劇構造是以天使與魔鬼來表現善惡的衝突。(2)到十五世紀遂從天使與魔鬼而變成抽象的'美德'與'惡行'。(3)這些'美德''惡行'繼又變成許多'定式'。(4)這些'定式'後來又得有個性的描寫而具體化，各有各的活潑的性格。(5)結果a）通俗的'歷史劇'（即演義），和b）文藝復興時代的拉丁戲劇戰勝聖經戲和寓言劇，眞正的戲劇因此產生。

45.

宗教劇。 在幼稚的中古時代，那些基督教士就努力于編一種構造粗陋的戲劇來灌輸聖經中的故事于那些沒受過教育的教友，他們採取的材料是(1)聖經的情節，如Cain謀殺 Abel,

Noah洪水的故事等，或(2)那些聖徒的奇事的傳說。爲要避免單調，漸漸的兼演猥褻的寫實的滑稽劇，這種戲的性質，我們現代人認爲與聖經題目的尊嚴是不相稱的。例如當Noah的潑婦因爲不服從而受報時，個個的觀衆都常是大爲笑喊出來。她不理她的丈夫的請求，總不離開她的紡紗車，等到大水快要淹到她的坐位的時候，她却慌忙的跑開。同時那些頭腦幼稚的觀衆也不會看出那臺上所演的神，天使，以及魔鬼有甚麽不稱。這些戲劇，如果是表現聖經中的情事的就叫做'祕禮劇'(Misteries)，如果是表現那些聖徒的事蹟的就叫做'神蹟劇'(Miracle Plays)。

最先這種戲劇是由一班教士扮演于教堂中(註)，但到後來他們就表演于教堂的旁邊，街

(註) 因他是在禮堂中扮演與禮拜有關係，並且誤與希臘文mysterion(卽祕密典禮)相混，所以稱爲mysteries。Mystery(或mistery)的正義是'藝術藝人所演的戲'。中古英文mistere＝商業或工業(＝法文metier)＝拉丁minsterium.

中，或鄉間草地上。于是也有商會與商人加入，最後幷且完全代替教士。

猥褻滑稽的界限逐漸的變寬，所以那些神跡劇漸漸喪棄他講道的本旨，而被認爲一種普通的娛樂。于是有演劇專才的人遂開始當他爲一種事業，優伶階級因以漸次產生。

十三世紀這些優伶就有一種可以移動的木製的戲台叫做(Pageant),（由晚代的拉丁文Pagina變來的，意卽木板，公板）。每個戲台分做兩層，下面附以車輪。許多城中都滿是這種戲台推來轉去于各街上，幷且于一個場所演完一齣之後又換到別的場所去，而後至者又來塡他的空地。他們用粗俗的裝潢而代表樹，雲等物。——其中兩種最受歡迎的人物是'魔鬼'(Devil,挨打時，最博得觀衆的歡心），和誇大的 Herod (註1.)。這種街戲是流行于十二，十三，和十四世紀，而實際上到了十六世紀，'屋中的聖經'起而代替了'街上的聖經'(註2.)的時候才完全消滅。

扮演于Wakefield, Chester, Coventry和York等

大城的宗教劇本集到現在還保存着。

46.

道德劇。在詭辯派哲學的時期，十五世紀中，道德劇代神跡劇而興，這就是教訓道德的戲劇（Plays that teach a moral）。這道德劇作家——繼承着十四世紀人的寓言的嗜好——以種種的'美德'與'惡習'擬人，并且用來代替神跡劇中所見的聖經中及別種人物。抽象的人物像'驕傲'，'貪食'與'懶惰'在戲台上與'謙讓'，'節慾'與'堅忍'對抗，而最後總是'美德'勝利。——從這種戲劇的普通趣味和效力看起來，都不及神跡

（註1.）所以 'to out-herod Herod' 意思是比最粗鄙的誇大者更誇大。在 Shakespeare 作品中還有別的詞句，從那些詞句所以看出 Shakespeare 的深通古代的宗教戲劇，例如 Hamlet 的 'out-doing Termagant'（超等潑婦），Bottom 的 'Cain-coloured beard'（色如 Cain 的鬚），Celia 的形容 Orlando 的面爲 something browner than Judas's'（比 Judas 的稍微褐赤些）。

（註2.）按：'屋中的聖經'係指已有印刷，家家戶戶看得到的聖經；'街上的聖經'卽指那些宗教劇。

劇。但是因爲這戲劇易于使人厭倦，所以那些道德家盡力地籌劃，用適當的排列和情節的組合，并改良舞台的佈景來補救它，結果還是有益于戲劇的發展。

這道德劇使那些戲劇家得由牢固的聖經的因襲慣例解放出來，而創作和發展他們自己新的劇中情節。并且因爲他們的敎訓而把人生看做道德上善惡的衝突。這是我們應該記着的地方，因爲他幫助英國戲劇成就他深沉莊重的精神。這些道德劇中最高尙的代表作品之一是"各人"(Everyman)，她極力表現世人的虛榮心。表現Everyman（卽普通人的代表）躊躇不決應該順從Good Deeds（好行爲）或Bad Deeds（壞行爲）的兩種忠告。到了Everyman受Death（死神）之召，所有他的朋友——(knowledge)（知識），beaty（美麗），(gold)（金錢）等都離棄他，惟有Good Deeds始終伴他跑那可怕的路。

在道德劇中最著名的角色是Vice（惡行），或叫做Iniquity（罪惡）；這是一種丑角（Harlequin)，戴着假面具并持着一支長木劍痛打'魔鬼'

而博觀衆的歡心。這種 Vice 就是後來 Elizabeth 女王時的戲劇中的小丑（稱爲 Clown 或 fool）的先驅，幷暗示英國戲劇家一種悲劇中可以幷有滑稽的襯托。直到後來 Shakespeare 還有些時候援用和這 Vice 一樣的小丑。

47.

插劇 Interlude。　一種和正劇分立的會話短劇就叫做插劇，他于十三世紀就有人表演，常常是用以插進神跡劇中來破除平調。他是採取一些短而滑稽的趣事編成的。後來漸漸形成一種獨立的文學構造；爲未來的喜劇的發端。最著名的插劇之一是“四個P”（Four P's），內中是一個賣藥者(Potecary),一個是赦罪者(Pardoner),和一個遊僧（Palmer），三人比賽誰最會說謊，而由一個小販（Pedlar）爲審判員。結果遊僧獲勝，他宣誓他一生未嘗看見一個婦人着急。

48.

眞正的戲劇的開始。　最先的眞正的英國喜劇是“Ralph Roister Doister”(註1.)。他所以算爲最先的是因爲他是表演實在英國生活和英國特性。他是Eton公學的校長Nicholas Udall所寫的。他雖然模仿拉丁喜劇作家Plautus,但情節却純粹是他自己的：寡婦Custance已和Gawin Goodluck訂婚。而一個富而自誇的Ralph却乘Goodluck不在的時候向她求愛。但是被Matthew Merry greek所破壞，他佯爲要做Ralph的朋友，其實只爲要愚弄他。後來Gawin回來，一對情人又能互相理解，受赦宥的Ralph也被邀往參觀他們的婚禮。

另一個代表普通英語的（和第一次在大學裏表演的）"祖母Gurton的針"（Gammer Gurton's Needle, 1551年）。老祖母Old Gammer (註2) Gurton于修補她的丈夫的短褲時丟掉她的針，非常生氣，并且疑是她的鄰右把牠偷去，向她的鄰右

(註1) 同Plautus的"Miles Gloriosus",意卽'大言不慚者' (braggart swash-buckler). Roister Doister這個名是爲着諧聲作用，卽表示矜誇之意。

(註2) Gammer = Gran'm'—er = Grandmother = 祖母；參較Gaffer = Grandfather = 祖父。

爭吵，但到末了，他的丈夫 Hodge 坐着了，原來那根針還在那短褲中并沒遺失。

我們要注意：這些早代的喜劇是演于朝庭或大學的屋裏，所以他們表演的方法受古羅馬希臘（古典）的因襲慣例所拘束；而那些演于城中的通俗的浪漫派戲劇則輕忽拉丁戲劇的定律，各自分道揚鑣。

49.

第一個悲劇。 1561 年 Sackville 和 Norton 寫成他們的悲劇 "Ferrex and Porrex", 後又解名爲 "Gorboduc"。他的故事是採取于 Geoffrey of Monmouth 的"不列顛帝王史" (History of British Kings)，而作風則模仿拉丁人 Seneca 的悲劇。那是很艱澀而不流暢，但他表示戲劇由聖經論題轉入國家歷史的交叉點，并且爲浪漫派的先導。他的文體是無韻詩。

這時代所演的戲劇從意大利和希臘繙譯的非常少數。新學復興時英格蘭才達到繙譯的時期，拉丁和希臘，意大利和西班牙的戲劇譯本就很多了。 故 1600 年英國讀者就幾乎可以得到這幾種語言的重要名著的全部的完善的英文譯本。

第七章

Elizabeth 女王時代的浪漫潮流

50.

偉大的 Elizabeth 女王的渺闊時代。 在 1588 年 Sir Francis Drake 擊敗西班牙艦隊 (Armada)。這實是英國的耶穌新教戰勝中古時的羅馬教及商業戰勝封建制度，不僅擊敗西班牙而已。

雖然當時的英人沒有現在的闊綽，地板上只是鋪着蘆葦蓆並沒有現在的地氈，但是這 Elizabeth 女王統轄下的時候是充滿着希望，魄力及英雄主義—— 并且是個大有作為，大思想的時候。

當時的英國人民喜歡用飄逸的語調而不自覺。像1555年英人Latimer受火刑的時候還是說'Be of good cheer, Master Ridley, we shall this day light such a candle in England as shall never extinguished'(請放心，Ridley先生，我們今天在英國所點的燭光將永遠不滅的照耀着。)一位英國的將軍當船要淹沒的時候，他對那些船員說：'We are as near God by sea as by land'(我們在陸在水都與上帝一樣親近)。Shakespeare說：'We are such stuff as dreams are made of'(我們是飄渺似夢的弱質所成的)。在英國再沒有一個時候會這樣的用這種又簡單又奇幻的語言來表現他們的偉大思想。

51.

大人物出世的時代。在Elizabeth女王在位的時候，各類的文學——敘事詩，抒情詩，戲劇和散文——都由試驗時期一躍而達到盡善盡美的地位。這是英國文學第二次發展的時代。有三位享有不朽的盛名的作家——Spencer, Bacon

隨着他們不朽。簡單說，Elizabeth 在位的初期是叙事詩和英雄史詩的成功時代，在她晚年是戲劇的成功時代。

新 Tudor 朝代的英勇有爲的精神最先是表現于用各種試驗的詩體來翻譯外國的英雄詩。這些實驗就成爲 Edmund Spenser 發明新詩體的根據。以後那詩體就叫 Spenserian stanza——用來寫本國的英雄詩。例如 Gawain Douglas 譯 Virgil 的 "Aeneid" 爲 Chaucer 體的押韻的聯句詩(1513 年); Surrey 即譯爲無韻詩(于 1542 年); 又有一位詩家于 1558 年即譯爲每行十四音節的體裁。當時的英人也已能夠在英國讀到 Tasso 和 Ariosto 的作品的意大利原文和英譯本了。

52.

繼續的實驗。 英國本國的英雄詩的第一嘗試就是繼續 Lydgate (見 33 節) 所敍述的史蹟。Sackville 所著的 "仕宦史鑑" (The mirror for Magistrates, 1558 年)，像 Lydgate 的 "王侯的敗亡" (Falls of Princes), 敍述各偉人的盛衰與敗作一種史'鑑'. 這本書曾經幾次重板。

在新的戲劇同時也表現出這新萌芽的愛國觀念。John Bale 主教（1495 —— 1563 年）起先敍寫聖經的故事做戲劇，後來就改而採用英國史實的材料。他的作品“約翰王”(King John)是一篇反對教王的戲劇，是後代那些表現愛國觀念的粗糙的‘史劇’(Histories)的先導。還有幾位詩家受意大利和西班牙的模型的影響，想要創造一種華麗的散文以代敍述浪漫故事的敍事詩。Lyly 的“Euphues”（參見59節）和 Sidney 的“Arcadia”(參見 54 節)，是這些實驗詩中最顯著的。為當時的朝中人最喜歡讀的。

以上這些影響都是替Chaucer以後的第一大詩人 Spenser 開一條先路 。他不僅是欽仰愛讀 Chaucer 的人，并且對於 Caxton 的出版物及“Arthur王之死”都很有研究，另外還懂得拉丁文，意大利詩和希臘哲學。所以他代表文化復興與中世紀的英國文學傳說的合一，同時也受了 Elizabeth 時代的新國族精神的影響。

那對於那年輕的女王（卽當時庭臣所稱為‘Glo.iana’）的慇懃忠心不但是影響到航海家

Drake 等，及詩人 Spenser 和 Sidney 等，而且普及到她的國中一切仕女，做一種鼓勵上進的動力。她自己做尙勇的愛國模範，崇拜偉大的功績。1577 年，Drake 周遊地球而返，她卽發令永遠保存那隻船爲英國航海者光榮的紀念物。這命令震動了全英國。

她對於宗教所抱寬大賢明的政策，和鼓勵文學，正與蘇格蘭的政策相反，絕不像那邊偏狹殘酷的卡爾文敎 (Calvinism) 將正在萌芽的英雄詩摧殘毀滅。

53.

Edmund Spenser (生於1552——1599年) 生長於倫敦，是英國最偉大的寓言詩家。1569 年進劍橋大學的 Pembroke 書院做工讀生(註)。得到碩士銜之後，就暫時住在 Lancashire。到 1578 年又重來倫敦，因此遂與有才學而且勇敢的 Sir Philip Sidney 結成朋友。

(註)　工讀生 (sizars) 是免費的，但須掃學校的院子和在助敎及學侶吃飯時伺候進餐。

他有一短時間與Areopagus文學會社發生關係，他們所時常討論的問題是要使英國詩也依照拉丁和希臘的詩律體裁。

1578年他發表他的"牧者的日記"(Shepherd's Calendar)。翌年做愛爾蘭總督的祕書，這時候愛爾蘭地方常有戰爭，變亂和饑饉。

1589年(卽擊敗西班牙艦隊Armada的後一年)Spenser去英國發表他的英雄史詩"仙后"(Fairy Queen)的頭三卷。他在他的"Colin Clout的返鄉"(Colin Clout's Come Home again)就是描寫他這一次倫敦之遊和入朝覲見Cynthia(卽Elizabeth)，以及重返愛爾蘭的事實。他結婚於1595年，在這一年他發表了他美妙的結婚賦"Epithalamion"和愛情的十四行詩"小愛神"(Amoretti)。并且寫了一本劇烈反對愛爾蘭人的小書叫"關於愛爾蘭的現在狀況"(On the Present State of Ireland)。

他所住的迦勒特化的愛爾蘭社會恨他是個英國官，到1598年Tyrone反叛，他們就放火燒他的房屋。據說連他的兒子也被燒死了。Spenser 郎逃到 Cork 城，後來又轉赴倫敦，心灰意懶，不久就死了。據可疑的傳說說，當時他而且是貧乏窮困，囊空如洗呢。死後葬於 Westminster 寺，依他的志願，埋於他所愛戴的老師 Chaucer 之旁；在他的第十二個 Eclogue (註一) 他自己說，從這'溫良的牧人'(the gentle shepherd) 他才學到詩的藝術。

35a.

Spenser 的作品。 Spenser 的成名首先是因為寫了"牧者的日記"(Shepherd's Calendar)，這種四季詩是十二篇短歌 Eclogue 所合成的，每一篇敘述一月的風景。

但是他的盛名却是由他的"仙后"(Faerie Queen) 而大定，這是一篇寓言體的奇幻的長英雄詩。他的計畫想要做十二本，但他祇能寫了六本和第七本的幾節而已。他本來的意思是要

(註一) Eclogue = 選品，即指 (1) 短詩和 (2) 一種描寫鄉村生活的短詩。Theocritus, Virgil, 和 Sannazaro 諸人都曾寫這種詩。

用十二卷來代表十二個'美德'(Virtues (註二))，假託為十二位戰士。跟十二個'罪惡'(Vices)戰爭，而克服他們。

這詩的用意是一篇講倫理哲學的大文章，指導人生在世所遇的險惡及如何制服他們的方法。并有意把 Prince Arthur 當做基督教勇士及君子的完善的代表。這樣的重申 Sir Philip Sidney 的主義：凡世界上的學問文章，特別是詩詞，主旨在乎導人為善' (The end and aim of all earthly Learning, especially poetry, is virtuous action)。

寓言是中古的英國文學最有特性的文體，在中世紀時含有兩種體式，(1)和尚的宗教寓言，帶有教訓的目的，(2)朝庭中歌愛詩家的寓言，宗旨是在乎陶情悅性。Spenser 所著的浪漫英雄詩，可以說是英國文學中最偉大的寓言

(註二) Virtues ＝拉丁文的 Virtutes＝人類的美德，Vir＝人。這些異教徒的 Virtutes 已受基督教式的勇士觀念影響。有人說古代只有英雄而沒有 'gentlemen'. Spenser 的 'Virtues' 是指英雄而兼有耶穌教的 'gentlemen' (斯文有禮的人)。

體的詩，他撮拼宗教與情愛的寓言。同時還隱含着許多關於當時時事的影射語，——例如關於 Mary Stuart 與 Elizabeth 之爭，愛爾蘭的征服，宗教改革等等。

Spenser 比較短的詩大半都偏重鄉村生活；但是在'仙后'一詩，他却能超越這鄉村範圍而造出一種英雄小說的空氣。詩中滿蓄着所謂 Arthurianism，這就是指崇拜神話中的 King Arthur 為一種勇士模範。

54.

Sir Philip Sidney（生於1554—1586年）與他的朋友 Spenser 同有浪漫英雄的思想。他本人是一種美好無瑕的 Elizabeth 時代的 'gentleman'

當他廿二歲時就被委任做欽差大臣出使德國，到了三十歲就很有名了，不僅受人家推崇做一位卓越的政治家和戰士，並且是一位聞名的詩人與批評家。

他最好的詩是那十四行詩"Astrophel and Stella"。這一百零八首的戀愛歌是依照那比較嚴密而難寫的 Petrarch 體寫成的，與當日許多詩家不同。

於散文一方面，他的名著有兩種——鄉村生活的小說"Arcadia"和"詩的申辯"(Apologie of Poetry 或作 Defence of Poetry)。後者是答覆Stephe nGosson 以清淨教觀念來攻擊戲劇詩所著的文章，可稱是英文中比較長的第一篇文評。在這文中 Sidney 證明詩人并不像 Gosson 所說只是串些虛言誑語取悅於人者，他實是比倫理哲學家較能闡揚眞理，勸善懲惡。

他的"Arcadia"(註)是'獻'給他的妹妹的，所以常稱為 'Countess of Pembroke's Arcadia' (Pembroke 伯爵夫人的 Arcadia，夫人即其妹)。這是一種用散文寫的長而且錯綜的鄉村生活的小說。

(註) 意大利 Sannazaro 的田野詩"Arcadia"和西班牙 George de Montemayor 的散文田野歌的根原都是貫串許多對話體的牧歌，加入散文的敘述所聯成的故事。這兩人的作品可算是古代的詩人如 Virgil, 和 Theocritus 等，以及 Elizabeth 女王時代的詩人 Sidney 中間的一線脈絡。

這書中 "Pamela and Musidorus" 的戀愛情節，和 "Argalus and Parthenia" 的故事，敍寫着一對之死靡他的情人，是英國小說（見113節）的先導。Musidorus 是 Thessaly 的少年太子，在近 Sparta 海岸的海中船破了。因此他逃到 Arcadia 的樂土，在一個森林找到一位美麗的公主叫做 Pamela，這時候她是寄居於一個村夫 Dametas 的家中。他就化裝做一個牧者去向 Dametas 的醜惡粗魯的女兒 Mopsa 求愛。結果帶着 Pamela 逃回 Thessaly 去。

Sidney 因爲從軍去跟西班牙打仗，在圍攻 Zutphen 時早死了，這早死不但可算是英國的損失，也可謂英國文學的損失。Spenser 寫過一篇動人的十四行詩 "贈給 Astrophel" (To Astrophel) 來紀念他的亡友。

55.

其餘的詩人。　當時有許多極優美的抒情詩，隱名發表於一種所謂 '雜刊' (Miscellanies，意思是形形色色的作家的詩的合刊）。以外又有一些十四行詩的作家和許多愛國詩人。

(1)十四行詩的作家。 雖然Chaucer能夠了解 Petrarch 的十四行詩的構造；但不曾引起他用英文來模仿牠。到了 Wyatt 和Surre· 才第一次介紹這種詩入英國，而最堪注意的是後者在他的"致Geraldine" (To Geraldine)的十四行詩的討論。他抛棄意大利的十四行詩的韻律和嚴格的構造，因爲他以爲這韻律和構造與英語不適合。他排列十四行作三節相聯續的輓歌體的四行詩而用一對聯句做結尾。這種體裁後來 Shakespeare 所採用（見 217 節）。

雖然這十四行詩如何難寫，可是不久就成爲所有情詩的創作者的時髦體裁 。（例如Shakespeare 的戲劇的聽衆對於 Beatrice 和 Benedict 的用十四行詩互相酬應，認爲毫不足異。）

Samnel Danied 的"Delia"（大有影響於Shakespeare), Sidney 的 "Astrophel and Stella", Spenser 的 "Amoretti"，足以證明寫作十四行詩的文學時髦的普徧。但是惟有 Shakespeare 才能在他的"十四行詩" (Sonnets) 放入異彩，超越別人，表現深摯熱烈的情感及鏗鏘玲瓏的音調。我們常常難於斷定這些十四行詩所敍事項是虛構的，或者所指確係出於事實。因爲當時的十四行詩的作者常有依着意大利的形式，假託一個人物來向她表示詩人的感想與情緒。直到現在，Spenser 和 Shakespeare 的十四行詩所假託的情人究竟是假是眞還是一班批評家的爭點。

（2）愛國的英雄詩的作者。另有一班人專力寫作關於英國榮耀的歷史的詩（多半是注重古代歷史）。Samuel Daniel, Michael Drayton 和 William Warner 是這些愛國詩人的首領，他們剛好都生於比 Shakespeare 早些，正當英國開始與西班牙戰爭，在歐洲勢力漸强的時候。這愛國文學到 Shakespeare 的英雄戲劇就算已經登峯造極了。

56.

Spenser 派的詩人是一些努力於摹仿 Spenser 的作品的體裁格調的人。

然而，雖卽有許多的詩人從此採用 Spenser 的詩體，特別當十八世紀 Spenser 派復興的時候，可是他的眞正的承繼者只有一位 Keats（見

157節）。

第七章 撮要

Elizabeth 時代英格蘭戰勝 Armada（指西班牙古代的無敵艦隊）而成爲海上的霸王。這是英格蘭全盛時代，顯赫有爲的時代。在文學上，這時候的英雄與浪漫的精神活現在他們的敍事詩和田野故事，以及後來的愛國戲劇裏。

Elizabeth 女王當國時，最先的英雄史詩是 Sackville 的"仕宦史鑑"(Mirror for Magistrates)，詩中有 Richard III 和別的歷史上英雄敍述他們的生活的故事。此外又有許多 Virgil, Tasso, 和 Ariosto 這些外國人的偉大英雄詩的譯文。

Sir Philip Sidney 受西班牙的影響，寫了一篇長而沒有結構的田野故事"Arcadia"。

朝庭的戲劇家Lyly創作他的"Euphues"也是模仿西班牙的典型的。由這篇作品的'富於譬況對仗'的文體，遂開創一時風行朝中的'尤費伊體'（按：略似漢文中之駢體文。）

在 Scotland 的"Lyndsay"所開創的英雄史詩

因為卡爾文教徒 (Calvinists) 的壓迫而消滅；但是英格蘭處於寬宏大度而又明敏能幹的 Elizabeth 女王的統治下，却又引起 Edmund Spenser 著一篇壯麗的浪漫派的寓言 "仙后" (Fairy Queen)，敍述 Arthur 王和許多勇士的冒險。全篇就是用 Spenser 體的詩節 (Spenserian stanza) 寫的。

與 Spenser 同時的有 ——(1)一班十四行詩的作者，他們的首領是 Danied 和 Shakespeare；(2)一羣愛國的敍事詩人，如 Drayton 和 Warner 等；和許多類別複雜的抒情詩人。

第八章

Elizabeth 時代的戲劇

57.

戲台(Theatre)。西歷1576年以前，戲劇是在旅館和私宅的院中扮演。但到1576年，Earl of Leicester 的 'Servants' (註)就建造一種眞正的戲台於敦倫的城外，而稱之曰 'The Theatre'（戲

（註） 這時候的戲班一定要找一個貴族做保護者，而自稱爲 'Servant'(僕人)。不然，他們將被人家當無賴流氓看待。因爲當時社會對優伶的印像是非常的低賤，不管他是多麼大天才的。

台）。倫敦的市公會（Corporation）以為這種消遣不利於民衆，所以不肯給任何戲台建造於倫敦城裏。

這時候的戲台構造是很舊式的。到了 Shakespeare 和他的同伴在西歷 1599 年造成一個圓戲台（Globe Theatre），才比平常好些。這戲台的形狀外面是六角的，內部呢，就如 Shakespeare 在"Henry V"的開幕合唱曲中所說的，圓得像'木製的O形'（Wooden O）。除了戲台頂之外，其餘都沒遮蓋。那些上流人如果要坐在近演者的台上就得另外給錢，普通的觀客就站在台前的地上（稱為'groundlings'）。這台前空地叫做'pit'（正廳），一班'學徒，船工，商人和下流的婦女就是在那裏擠擁盪漾，吃核桃花生，及爭擲已經咬過的蘋果'。

我們不可忘記，那 Shakespeare 時的戲台建築，特別是'露天'（open air），或'午後'（afternoon）的戲台是跟現在的戲院有多麼不同。

這種戲台有一個前台（front stage）和兩層的後台（back stages），因此三種動作可以同時表演。這辦法使他們可以排演一種像實在生活的同時并行的事件。例如 Shakespeare 的"Romeo and Juliet"的第五幕就用到這三個前後台：Capulet 夫人和看護婦在後台的下層預備結婚的筵席；看護婦上第二層 Juliet 的寢室去叫她，驚喊她的父母，他們遂也一同上樓，并且開聲悲哭 Juliet 的死。同時音樂隊來了，在下台着手奏婚樂，接着喧嘩的宴樂者也來了；這上下憂樂不同的情狀觀衆可以明白看見，一直延長到後來老 Capulet 呼喊 Paris 伯爵，告訴他新娘已經死的消息才止。其他像他的"Hamlet"中的戲中戲，"Richard III"中的遇鬼一幕，和許多別幕也都預先假定有一個兩層的後台。

我們再應該記住兩件別的事情，(1) Elizabeth 時代的戲台佈景跟現在的比起來是極簡陋的了(註一)帷幔都是用'暗色布'(註二)做的；(2)沒有女演員。他們用兒童來扮演劇中的女人物，所以演 Shakespeare 戲劇中的女人物 Desdemona, Cordelia, Cleopatra 等都不能得到充分的表情。女觀客們因為看戲怕人家笑話，常是帶假

面具。淸教徒們則連男人看戲也要反對

58.

大學學者(University Wits)的戲劇。在Shakespeare少年時，編劇大家是一些曾受大學教育，極其磊落不羈的青年，并不像Shakespeare的演員而兼編劇者。他們大多數都過着放蕩生活，潦倒貧乏而夭逝。一部分非常輕蔑這未進大學的Shakespeare，并叫他爲'羽毛未豐的烏鴉'(Upstart Crow)。這一派就叫'大學學者'(University Wits)，或書生戲劇家(註三)。其首領爲Kit Marlowe, Greene和Lyly。

(註一) 所以劇本中常有敍述風景的話；現在用戲台佈景來表現的風景，他們常常得要用言語來敍述。從前有人以爲他們常是掛出牌子來表示這戲台上所演的事是正在甚麼地方。但這是窮戲班或戲台中充滿觀客時權宜之計。

(註二) 'blanket'; 所以"Macbeth"書中的'the blanket of the dark'這句話就是指夜色黝暗的意思。

(註三) 'Wit'在當日是指有學問敎育的人，非如今日英文爲譏作詼語者之稱。

於這些聰明不羈的作家的手中，人類的熱情和行為，才第一次由眞的戲劇藝術為它表現出來。他們為 Shakespeare 開了一條新藝術之路，待 Shakespeare 以冠世之才使這藝術得臻絕境。

59.

John Lyly（生於 1554—1606 年）代表正和通俗戲劇相反的王庭戲劇（Court drama），他所以能夠在文學上佔個位置，共有三種原因：1. 他開了用古羅馬希臘的材料來敍寫浪漫派的散文劇的先例；2. 他是英國第一位試寫實在生活的‘小說’（novel）的作家，因為他著一篇散文小說叫做“Euphues”（西曆 1579 年）；3. 他是造成一種特別的英國散文體的最初的開創者。他著名的教訓體小說“Euphues”，實在是使散文成為藝術的的一種試驗。這小說的本身的主旨是要闡揚如何教育青年的方法（參見 42 節），特別警戒青年不要受意大利的誘惑及仿傚意大利人不信宗教。第一部是關於一個英雄的冒險，這英雄就是叫做 Euphues ，他是雅典的一個上流青年到 Naples 去遊歷。在第二部，Euphues 和他的朋友 Philautus 就來參觀英格蘭，暗帶諷意的極力頌揚英國的制度文物。

關於 Lyly 的浪漫派喜劇，最著名的是"Endymion"，"Sappho and Phaon"，和"Alexander and Campaspe" 三種。這些喜劇是爲王庭中的娛樂而寫的，并不是爲公共戲台的。它們給 Elizabeth 時代的編劇者，甚至於 Shakespeare，許多小貢獻：(1) 表示戲劇中可以插進精巧的詩歌音樂來增加美感；(2) 漂亮詼諧的散文構造；(3) 介紹奇幻的假面戲和旁演的小劇。

所有 Lyly 的著作都另成一體，這一體後來稱爲尤費伊體 (Euphuism)—— 一種文體多雙聲叠韻和對仗 (註)。Lyly 因爲要潤飾他的文字，所以過於堆砌詞藻，推敲字句，而失於牽强。然而他的大疵點還是他根本不曉得觀察自然。因爲他過於好用譬況，所以把中世紀的書中所見幼稚不堪，荒謬百出的關於山水花木的野語奇談視爲正當引用的材料。這些矯飾的比喻叫做 'conceits'（參見89節）。

後來 Shakespeare, Ben Jonson（在"人人倒運" Every man out of his Humour 一書中），Sir W. Scott（在"僧院" The Monastery 一書中），和別的作者都譏諷這尤費伊文體的流弊。

60.

Christopher Marlowe（生於1564—1593年）是 Shakespeare 以前最偉大的英國戲劇家。他是個鞋匠的兒子。在離開劍橋大學（Cambridge）之後，他的生活就浪漫不羈。僅僅二十九歲就在

（註）現在舉一個例來說明之：The foul toad hath a fine stone in its head（污穢的蟾蜍頭上有顆純潔的寶石）；the fine Gold is found in the filthy earth（污土裏頭見黃金）；the sweet kernel in the hard shell（硬殼裏有甜核）；virtue is harboured in the heart of him that most men esteem misshapen（破相人心裏正直）。所有這些只是說：'勿以外貌取人'。

當 Shakespear，使 Falslaff 說 'for though the camomile, the more it is trodden on the faster it grows, yet youth the more it is wasted the sooner it wears'（甘菊越踐越茂盛，青春越過越衰頹），就是採用 Lyly 的文體。

倫敦一個酒店裏跟人家爭吵而被毆殺。他如果有時間來完成他的天才，我們可以料出他一定有所成就。因爲於他未死之前所著的四種作品，我們可以看出他對於戲劇的藝術和文字的精鍊都是依序進步的。他的戲劇的文字和劇中人物的描寫都有影響於Shakespeare。這個影響最後見於"Shylock"一戲。

Marlowe 最顯赫的特點是他文字的堂皇壯麗與沉摯；最偉大的功績是首先表現出隱藏在無韻詩(Blank verse)中的一種宏偉力量。"Gorboduc"一劇的無韻詩，讀起來像無韻的英雄史詩一樣的雄壯(參見49節)。Marlowe 發見了應用無韻詩於戲劇的祕密，并且從此以後成爲英國戲劇當然的詩體。

然而，我們可也不必爲他們的大功而忽視他的疵點。(1)他沒有幽默。(2)他似乎以爲人生是和孟浪的超人一樣，像他自身和像他於Macchiavelli（西曆1469 — 1527）的著作中所見的。現在我們時行着說那些一無顧忌必達目的的人爲'Supermen'（超人）。

早時的英國戲劇家都像羅馬的戲劇家 Seneca 誤認悲劇就是暴動殘殺。Marlowe 的悲劇觀念是'劇烈情感的劇烈衝動'(gigantic passions on a gigantic scale)。他在"Tamburlaine"描寫狂熱地愛政權;"Jew of Malta"非常地愛財帛,"Dr. Faustus"超人地愛智力;在反的方面,在"Edward II"他表現因為缺少意志和情感而失敗。

於"Tamburlaine"的序文,他毅然說出他的宗旨是要擺脫戲劇中押韻和俗句的粗常的桎梏而令觀衆明白那以雄壯的文字來表現雄壯題目的可貴。

從 Marlowe 和'大學學者們'才使戲劇含有較高尚的聲調和較深高的標準。倘使沒有 Marlowe 做 Shakespeare 前頭的模範,我們難說 Shakespeare 必定能夠朝這樣深高的標準做去。

德國詩人 Ernst von Wildenbruch 寫了一篇不大知名的戲劇叫做"Christopher Marlowe",敘寫 Marlowe 的生活和因為 Shakespeare 而失色的故事,同時敘述這兩位詩人在倫敦的 Mermaid 小旅館中歡樂的聚會的情景。

61.

Shakespeare（生於1564—1616年）。英國戲劇是 Elizabeth 時代最大的盛業，而 Shakespeare 是這時代最值得誇傲的名。他不但是英國，而且也是各國，萬世最偉大的戲劇天才——條頓族歐洲（Teutonic Europe）的偉大代表詩翁。

William Shakespeare 在西曆1564年四月二十六日在 Stratford-on-Avon 受洗。但他的生辰却沒有記載。他的父親是個 Warwickshire 地方的體面的小地主，製手套兼業農。他的母親的處女名叫做 Mary Arden，出身於本郡中的上等家族。

西曆 1578 年時他的父親頗稱小康，并且是城裏的一個市吏。經過幾次投機事業失敗之後，他的家境日落；開始典當他的家業，結果并且宣佈破產。

在他父親破產之前，他的父親把這小孩子送進本城的免費的拉丁文法學校（Free Latin Grammar School）(註)裏讀書，在那裏他似乎只讀'一點拉丁文而更少讀到希臘文'（這就是他的博學的朋友 Ben Jonson 很久以後寫了一篇紀念他的詩，一半在譴責他所說的'Small Latin and less Greek'）。

Shakespeare 一生不曾進過一個大學，他的學校是自然和世界。

那時候，英國很多拉丁和希臘的古典文學的佳譯本，所以我們於許多書中都可以看出他讀過這些譯本，而且在他著作時得以自自由由地應用這些書。後來因爲逐漸陶練，也有了充足的外國語學識以閱讀法文和意大利文的原本。

西曆1582年 Shakespeare 就結婚了，當時他還只是個少年。他的妻 Anne Hathaway 是 Shottery 鄰鄉的女子，比他自己約大十八歲，如果我們從他的戲劇中的相關語看起來，他的結婚似乎幷不大滿意。約於西曆1586年他放他的妻子在

（註）"歡樂的位因特沙婦女"(Merry Wife of Windsor) 一劇中的校長 Evans 說話時所引用的 Lyly 的"拉丁文法"(Latin Grammar) 就是這間學校的課本。

Stratford，自已上倫敦去。

他動身或逃（有人這樣說）去倫敦是爲着一件他也干與在內的盜案。他似乎也曾上過法庭受審，因爲他被告盜獵 Thomas Lucy 爵士園林中的鹿和兔(註)。

在倫敦時他發展得非常快。他加入一個劇團。開始做個演員，同時又爲這劇團做了更有價值的工作，替他們修改及重編古劇。末後并且爲他們自編新劇。滿他的著作的章節都顯出他對於戲台，演員的動作和對話的運用的熟

（註）Shakespeare 爲圖報復，在"歡樂的位因特沙婦女"一劇中描繪 Justice Shallow (審判官——) 的醜態來影射這 Warwickshire 的審判官，中間'在 Shallow 的舊大衣上有一打的白 luce' (dozen white luces on Shallow's old coat) 一語就是指 Lucy 的勳章上的'白 luces' (luces argent)，'luces' 是古時魚名 (古法文爲 lus)，卽現在的 pike (=德文 Hecht = 中文'梭魚')。

'Luces'在這里或者是'Looses'(=虱)的雙關語 (louse 的多數字爲 Lice，但蘇格蘭的發音還是 'Looses')；在勳章學上 'Luce' = feur de lys = Lily = 百合。

諗。Hamlet 敎訓優伶的話是對於 Shakespeare 同僚的演員最實用和最不惹厭的敎訓（按：“Hamlet” 係 Shakespeare 戲劇之一，中有一幕爲戲中戲，在演此戲時 Hamlet 有一段敎訓演員的話，故云。）

他似乎是因爲他早期的著作就惹起那些大學學者的妒忌。他們中一位叫做 Robert Greene，在他的 “Groatsworth of Wit” 中所說的‘借用我們的羽毛爲美色的小鴉’（Upstart crow beautified with our feathers）確似暗指 Shakespeare。Greene 的意思雖然并沒有說 Shakespeare 是個剽襲者，但他却以爲他完全是個外人，竟唐突地跟着他寫無韻詩。

Shakespeare 很快就以戲劇家成名；於 1598 年，批評家 Francis Meres 就認他在英國戲劇家的地位，與 Seneca 和 Plautus 在古代悲劇和喜劇的地位相等，—— 這就是當時的批評家所能想到的最高的讚辭。他得到皇家的保護；朝庭的愛顧；不久遂成爲‘圓戲台’（Globe Theatre）的主要股東。他重置產業在 Stratford，復使他的老父樂終天年，并且爲他弄到一個'Gentleman'的徽章。大約在西曆1611年時，他自己也回去Stratford做那裏社會敬重，家境裕如的公民。

他死於西曆1616年四月二十三日，葬在Stratford教區的教堂。許多人都感覺一種失望，因爲他並沒有告訴我們關於他自己的事情，和個人的意見，而我們也不能多知道一點這偉人的身世了。有人甚而否認這些戲劇是Shakespeare所做的，把她們歸功於別的作者。Bacon Theory（謂Bacon是Shakespeare戲劇的作者的一說）是這些古怪的忖度中最著名的。

假如用事實來說，我們所有文書上的證據，關於Shakespeare的比當時任何別的戲劇家爲多。

62.

Shakespeare著作的原文。 所有Shakespeare的作品多數是在西曆1591年至1611年寫的。奇怪的很，這些著作他只准許出版兩篇敍事詩——"Venus and Adonis"和"Lucrece"（註一）。到西曆1616年他死的時候，印行的有十六種四開本(Quarto)。這些四開本的戲劇也還是盜印的。這盜印本是根據戲台中所用的抄本，每本賣6d·(＝6先令)(註二.)。

原來 Shakespeare 的書沒有全集，直到西曆1623年，他同僚的演員 Heminge 和 Condell 才印出"初版二開書"(First Folio)，一共含有三十六種戲劇。書中的題頁上有Shakespeare的像(通稱爲 Droeshout Portrait)。

這二開書大部分是根據戲台中的手繕本印的。然而印得非常忽略。許多節完全沒有意義。經過十八世紀和十九世紀的學者對於原文細心考訂校勘，我們現在才有這戲劇作者的著作的成意義和可靠的原文。

63.

Shakespeare著作的別種刊本。 Shakespeare 戲劇的第一次新重刊是 Nicholas Rowe 編的，出版於1709年。如果他覺得某處不明瞭，就把牠

(註一)要是 Shakespeare 把他的戲劇印書發行，那末別的戲院也可以扮演，這不是太便宜了嗎。

(註二) 現在每本從四百金鎊賣到六百金鎊。

修改，使牠合於他以爲Shakespeare應該怎樣說的意思。但是，他以爲Shakespeare是用十八世紀的英文著作。他忘記很多1600年大流行的英語，到1700年已經完全忘失了或意義全然變更了(註)。

Shakespeare著作的第二個編輯是詩家Pope（1725年）。Pope對於自己所疑惑的章句，就以爲Shakespeare是不識好的文體，貶黜他，修改他，而良心上毫無歉仄。

（註）許多讀者以爲自已經了解Shakespeare，其實却錯誤了。他們失掉其中的眞義，因爲對Elizabeth時代的造句法和字彙缺少精確的認識。例如'Generally'在Shakespeare是用做'Universally'(普遍的)，并非現在之所謂'Commonly'(普通的)。'Presently'，和'by and by'照現在的意義不是'Now'而是'Later'(較後)；但在Shakespeare的用法却是'Now'(現在)，Immediately(即刻)。一本新出的書叫做'新沙士比亞字典''(A New Shakespeare Dictionary)，爲R. Cunliffe在1910年所著的。是書就是採集Shakespeare所曾用過的，而從當時起已經漸漸廢棄，或意義變遷了的字，加以現代意義的註釋。

又一個編輯者是 Theobald（1733年）。他的主張就完全不同；他決定如果稍微可以看出作者的意義時，便保存原文絲毫不改。

他是第一個參較比折四開本和二開本的異同而下評斷的人。他的許多補正都非常精巧。

Pope 是一種文學的的編輯者，Theobald 却是一種批評的的編輯者。

十九世紀時這些戲劇的註釋已經有了一種新的批評方法，這方法就是利用從與 Shakespeare 同代的作者的著作中所得來關於詞語用法的知識。Delius 的刊本（西曆1854年）最先用這種方法。而"劍橋刊本"(Cambridge Edition，編出於1866年，訂正於1887年)又依這方法大大地繼續前進。及西曆1871年中，Eurness 博士又開始編出一種"新集註刊本"(New Variorum Edition)。所有這些刊本，除了最後一種都改爲現在的拼音。

這些戲劇的先後次序及出版年月是從間接的證據推定的；這就是說綜合種種偶然發見的事實而斷定著作的年月。

64.

用以斷定一個戲劇的日期的證據有兩種：1.事實的；2.內容的。

事實的證據：(a)發表的年月；(註)

(b)同代作品中直接稱引 Shakespeare 的戲劇。例如 Francis Meres 在他的著作"學者的寶庫"(Wit's Treasury，1598年)曾提及 Shakespeare 的六個喜劇和六個悲劇的名。

(c)間接關係，例如 Weever 在1601年印出的一書中，說到'羣衆被 Brutus 關於 Caesar 深懷野心的演說所煽動'(按：Brutus 的演說係 Shakespeare 戲劇"Julius Caesar"中所述)。

(d) Shakespeare 自己的戲劇有些地方引用和他同時代所出版的書。例如他的"狂風"(The Tempest)有個地方是引用 Florio 所譯的 Montaigue 的作品，這譯文是出版於 1603 年，因此證明

(註) 出版的年月在專門術語上叫做 'terminus ad quem'，意思就是說這作品著作最遲年月；而 'terminus a quo' 却是指著作最早的假定時期。

Shakespeare斷不能於這個時期以前寫這一章節。

(e) Shakespeare的提及當日的時事。

65.

內容的證據是專關考察文體形形色色的風格特性，表示作者對於詩節和戲劇構造的藝術的進步。

(a) Shakespeare的藝術漸臻成熟時，用韻的詩也漸次減少。

(b) 他早期的戲劇的行句都較爲拘泥詩律，每行行末代表一種句讀。但到他晚年的戲劇這種有傷意義連貫的每行分句也就漸次少用。

(c) 於他成熟的作品中加進'偷聲'的字(於固定音組之外另加輕音音組)，并有一些輕音組（如 if, on, and, to 等）用於未完的句尾，和'母性的尾音'(feminine endings，即輕音句末)，使戲劇逼肖語言的自然。

(d) 在後來的戲劇散文的段落逐漸加多。這用散文的目的是在乎使之與詩反襯，而增加詩的優逸鮮美。

（e）戲劇命意的奇峭，情節的曲折，思想的精深和用字的奇幻，表示這戲劇家藝術的進步。在他很早的戲劇，喜劇和悲劇全然分離，後來就拚合於同一個戲劇中，并用幽默來增加悲劇的趣味和沉痛。

66.

Shakespeare 的戲劇是浪漫的。 學術復興(Revival of Learning）之後，最初的英國悲劇和喜劇是採取古典派作者做他們的模範。於各種摹仿中特別牢守三一律的敎誨——'時間一致，地點一致，事蹟一致'（the unity of Time, the Unity of Place, and the Unity of Action)。要適合這定律，所以一個戲劇只能表演在一時一地發生及繼續不斷的事情(註)。

（註）古典文學的因襲慣例并且反對有'混雜的情性'(mixed characters)，這就是說，反對在一個劇中人物身上表現出英雄與儒怯，健壯與衰弱，惡劣與真善種種互相矛盾的一人的情性甚而也反對在一個戲劇中參合詩節和散文，喜劇與悲劇，(如Sidney所說的）反對把國王與村夫在一處合演。這定例有時候叫做'格調一致'(Unity of tone)。

英國到這時候已經喜歡編英國的歷史劇了，所以通俗的戲劇都簡直不顧所謂古典派的定律。要是不然，歷史事蹟幾乎無法在戲台上表演。

Shakespeare 跟着這普遍的風尙，也拋棄那些古典派的慣例。這種構造的散漫，他時或持之過激，趨入極端，如在特別顯著的"冬天的故事"(The Winter's Tale)中，和一些歷史劇(Chronicle Play 或 Histories)裏。

有些博學的戲劇家們以為這是大堪惋惜的事。例如 Ben Jonson 在他的"各有各的性癖"(Every man in his Humour)一書中的序文裏，悲嘆着一個戲劇(如 Shakespeare 的"Henry VI")的一幕在英格蘭，第二幕便改在法蘭西。同時也憤慨那些戲劇家仗着'三支銹劍'(Three Rusty Swords)，不惜忽略時間一致的定律，竟敢在戲台上表演 York 與 Lancaster 兩諸侯長年的戰爭。

這三一定律大半是根據 Seneca 的模範，他是羅馬第三流的戲劇家(生於西曆紀元前61年——紀元後30年)，他在歐洲的威權完全和他眞正的才藝不相稱。例如：法國戲劇因襲這三一定律的學說，并且反對他們所謂'野蠻'的英國通俗戲劇，而成爲古典派。但關於時間和地點的一致的定律却僞托爲 Aristotle（希臘寫詩論 Poetics 的大作家）所規定的，而增加勢力。

Shakespeare 死後兩世紀，英人常因他的'不馴'（wild）和'不守正規'（irregular）引爲可羞。這就是說，他是不合古典天才（unclassical genius）。到後來德國批評家 Lessing 和他的門生英人 Coleridge 才指示他 Shakespeare 自有一種和合，遠勝多虛飾的 Seneca 和法國的古典的定律。

67.

戲劇構造。 在一個悲劇共有三個明顯的段落：1. 引敘；2. 衝突；3. 不幸的事變。

比如"Julius Caecar"一劇，引敘一段用巧妙隱約的叙述(exposition)使我們了解 Caesar 和羅馬國的一些互相爭執的政黨，及後來所以發生衝突的往事背景(註)。繼卽披露'衝突的動機'（conflict motive)或'初起的事端'（initial incident)。

到了'衝突'的本段，我們就可以由他們的行為看出那些互相爭執的政黨的態度表示得逐漸明顯，看見衝突的危機漸次滋長隱伏。Brutus（滿懷高尚但有錯誤的理想）被動加入陰謀——Caesar 的民望逐漸受人家暗中破壞——那些陰謀家祕密中決定殺害 Caesar——Caesar 不管一切忠告和徵兆毅然赴宴。第三幕，這個戲劇的中部，那生死關頭或轉變的交點(Crisis)就到了。Caesar 被刺死。從這一點起那些陰謀家的運道開始衰落，直到最後的第五幕，開始敘到不幸的劇變(catastrophe)，那些叛徒終於失敗，Brutus 和 Cassius 結果引劍自刎。那戰勝者向 Brutus 的死屍說和睦而莊嚴的話。

一個喜劇也是同樣的由三部組成的：1. 局面(situation)；2. 糾紛(complication)；3. 收場（或漸次解決 denouement)和完滿的結局。

(註) 在一些古典派的戲劇都堅執着'事蹟一致'的定律，如在"Oelipus the King"和 Ibsen 的戲劇，從頭到尾將事局的演化及情事的敍述(exposition)夾雜而進。

如果我們用Freytag的'金字塔構造'(pyramidal structure)來表現戲劇的開展的路線，那末我們可以把"Julius Caesar"一劇的情節畫成以下的線圖：

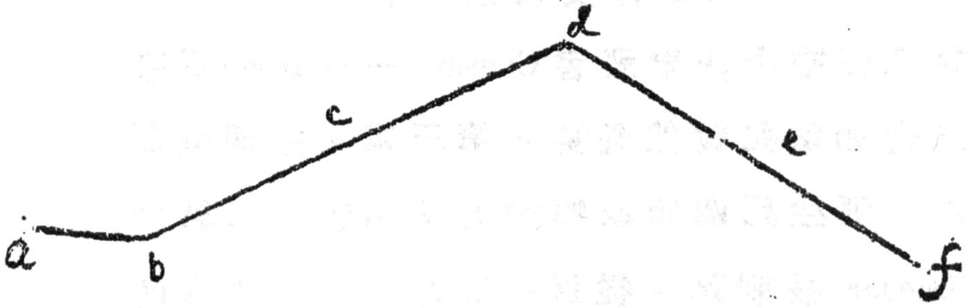

在這線圖中a代表引敘；b代表起事的端由；c代表事勢愈趨愈緊地進展；d代表極緊張的一刹那；e代表分解，而f代表劇變。

在"King Lear"一劇，他的重要情節的'轉機'就在乎第一景，我們可以把他畫成如下的圖線：

"Othello" 一劇的'轉機'則直到第四幕的第一景才描寫出來，如下圖：

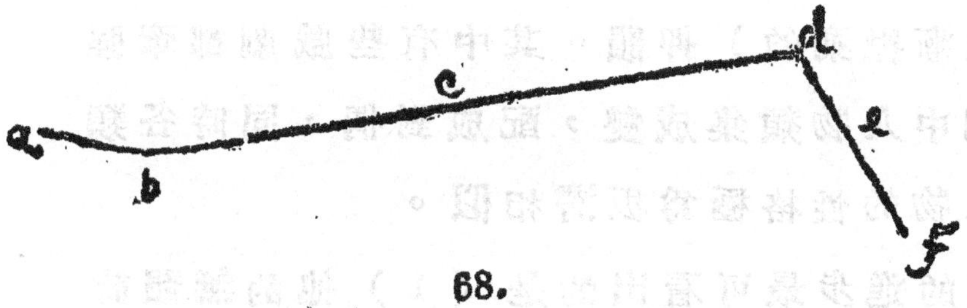

68.

Shakespeare 的兩個時期：首先十年他大半寫喜劇，後十年卽寫悲劇。

在前十年的短促時間中，他迅速地從"Henry VI"和"Titus Andronicus"（西曆1591年）等粗糙的試作進而寫"Julius Caesar"（西曆1601年）這傑作，代表他作劇的過程的中段。後十年，我們遂看到他最偉大的悲劇：而以"狂風"（The Tempest，1611年）爲他的末一篇著作。

69.

Shakespeare 的四個時期：　但是他的創作還是分做四個時期較爲妥當；在這四個時期我們可以看出他對於無韻詩和戲劇構造的藝術的

迅速的進步。同時也可以看出他的深刻地探索人生的玄奧和人事的底細。

1. 第一個時期（西曆1591—1596年）是他的藝術的實驗時期，學徒時期。當這時期他常用（但逐漸拋棄的）押韻。其中有些戲劇都牽强地把劇中人物類集成雙，配成對偶，同時各類中的人物的性格極爲板滯相似。

他的進步最可看出的是（1）他的無韻詩漸趨自然，因此聲調的抑揚越像上流人的會話；（2）他的情節的進展不必等外來的事勢的影響；（3）他的深諳人情世故；和（4）他的從滑稽劇進步到浪漫喜劇和幽默——從"錯中錯"(The Comedy of Errors) 到"中夏的夜夢"(A Midsummer Night's Dream, 1594年)。

2. 第二時期（1596—1601年）是他寫偉大喜劇的時期。所表現的劇中人物較爲複雜，配比較爲精當，而情節也較有組織。

到了這時期末，一種悲涼及一種莊嚴的幽默遂潛入Shakespeare的喜劇裏("Henry V", "無事忙" "Much Ado About Nothing，"萬事如意" As

You Like It)。

3. 第三時期（1601—1608年）是他寫偉大悲劇的時期，是他的壯麗高曠的戲劇傑作的時期（"Julius Caesar"，"Hamlet"，"Othello"，"Macbeth"，"Lear"）。

4. 第四時期（1608—1611年）是他重作浪漫題目的時期。現出他晚年靜居故鄉的重復愛好鄉村的景色（"冬天的故事" A Winter's Tale，"Cymbeline"和"狂風" The Tempest）。

70.

Shakespeare的題材。 Shakespeare用極自由的方法，向各處搜集他的劇情的材料。有些是根據英國村野的故事（參見77節）；有些是根據意大利的Novelle（即散文故事，譯文及散見於戲劇中的都很流行）；有些是根據North所譯的Plutarch所著的"名人傳"(Plutarch's Lives)；有些是根據Holinshed所著的英國的"編年史"(Chronicles)。所有這些都是通俗的著作，以其通俗，所以有許多觀衆想看這些故事所改編的劇本。

這裏我們要記着一件重要的事情，這就是 Shakespeare 把別人的故事改編後的變更。如果我們拏他的著作和他所根據的故事相比，我們各處都可以看出他多麼奇巧的把原有的材料變更了。所有的主旨和人物在他手下都有較深沉的意義和較普遍的價值。

71.

命運與自由意志。 他的悲劇可以分做命運的悲劇（Fate Tragedies）和自由意志的悲劇 (Free Will Tragedies)。

在命運的悲劇中，自由意志是被否認的，劇中主角和'定數'（Destiny）的爭鬥老是歸于失敗。然而， Shakespeare 對於這種凡事出自天數的意思并不多用，僅於早期中描寫之（例如 "Romeo and Juliet"）。

到他的思想成熟了，他的戲劇的理論也跟着變遷。在他的悲劇裏自由意志遂漸漸地愈加佔了重要的位置，劇中主角之所以陷於不幸的終局，變成是由他的自己的意志的錯誤。

這意志的錯誤爲（a）意志薄弱（比如：

Richard II ，Hamlet)；(b)雖有堅決的意志，但為情慾所誤（比如：Coriolanus）；(c)志向錯誤(比如 Julius Caesar,Brutus, Lear, Othello)；(d)良心負咎，這就是說，那主角因為與道德標準相背馳而自覺歉仄，以致意志頹唐(比如：Richard III, Macbeth)。

但是在 Shakespeare 的悲劇中的副角常是無辜受罪的(例如 Ophelia, Desdemona, Cordelia)，如在舊命運戲劇中，他們自身儘是一無過失，但終被他們的主角拖進不幸的災難中。

命運的觀念是一種異敎（指不是基督敎者，如古代希臘人）的觀念；而自由意志即係基督敎的觀念，以道德責任為他的性格的樞紐。然而信定數的舊觀念還是遺留在基督敎的文學中，例如我們在以下討論 Milton 的"失樂園"(Paradise Lost)時所可以看到的。

72.

Shakespeare 的宗敎。 在西曆 1563 年，Shakespeare 還沒有誕生的時候，英國國敎的三十九條信條(39 Articles of Anglican Creed)第一次

公佈。Elizabeth 女王在這些信條中反抗敎皇，幷把她自己當做英格蘭國敎的首領。當時那些百姓照例應該與他們的國王同奉一敎(註)。

Mary 女王（按此女王奉天主敎）在位時，Shakespeare 的父母和他們大多數的同胞一樣是天主敎徒。在 Stratford 的敎會記錄可以證明他的父母是由一個天主敎的牧師證婚的。

但到 Elizabeth 女王當國時，不列顛的國民，連還傾心於天主敎的，也不能不進英國國敎(Established Church)，以避免不忠於女王的罪名。無論動機如何，Shakespeare 的受洗禮，結婚，和他的兒女受洗禮，以及他自己的埋葬都在英國國立的敎會裏。

雖然如此，天主敎徒都說 Shakespeare 是屬於天主敎的。

大概 Shakespeare 一面反對羅馬政治上的干涉（這就是他反對 Mary Stuart 的原故），同時

(註) 參較當日著名的拉丁格言 'Cujus regio, ejus religio'；和十八世紀的歌謠 "Bray的牧師" (The Vicar of Bray)。

似乎確也愛慕舊信仰（按指天主敎）及其美的徽號與儀式。他極爲熟諳舊儀式的細則是很明顯的；因爲他的戲劇充滿牽及天主敎的儀式的比擬和細則。還有一件值得注意的，那是他表現一些遊乞僧（例如在 "Romeo and Juliet" 和 "無事忙" 兩劇中所敘的）爲賢明慈惠的人，而他的 Elizabeth 時的兩個牧師 John Evans 先生和 Oliver Martext 先生（耶穌敎的）却都不能做敬虔和智慧的模範。但是，在 "Henry VIII" 的末一幕中，他又極爲讚頌 Elizabeth 的宗敎，他使 Cranmer（按：劇中人物之一）說，在 Elizabeth 的統治下 'God shall be truly known'，意思就是說，眞正的宗敎，——基督新敎將要得勝。

所有這些證據都不能完滿取信。然而，可有三件事是很明白的：第一，Shakespeare 對於宗敎不是拘泥頑固的；第二，他心地裏是有宗敎的人；第三，他僥倖生於舊宗敎還沒泯滅之時，還可以使一個詩人感到她的幽美奇幻而把她夾入他的著作裏面。

或者我們可以說，Shakespeare 的宗敎是浪漫的或文學趣味的天主敎（romantic or literary Catholicism）。

73.

Shakespeare 的寫實主義。 Shakespeare 是個寫實主義者，他依據實在的世界而描寫，並不依照他所想像的，并且他的寫實常是非常坦直粗魯，據現代的讀者看起來是他的障礙物。但是他的極猥褻的幾段，例如在"Romeo and Juliet"一劇中傭婦所說的話，却常常反把美德映襯得較爲親切活現，以適應戲劇的目的。沒有一個古典派或新古典派(Neo-classic)的戲劇家敢像他這樣的在悲劇中插入這種俚語。試舉一個相當的例，"Lear"篇中很著名的'Pray you, undo this button'（請求你，解開這個鈕扣）。這類成語在 Voltaire 和法國作者看來是不偉大而且野蠻的。

Shakespeare 也幷不注意勸善懲惡（Poetic justice）。雖然可憐無辜的 Cordelia 和 Desdemona 結局也得終於一死。

雖然他的戲劇沒有講道的傾向，但他却留

下深刻正當的倫理印象；明確的告訴我們善惡眞實不同的關係。

Shakespeare 的戲劇在這幾點有甚麼與 Schiller 和 Goethe 不同呢？——Schiller 所容納的劇中人物只有一種表現他自己高深的理想的。譬如 Juliet 的傭婦，或潦倒頹唐的老軍官 Fatstaff，在 Schiller 的浪漫理想（Romantic Idealism）的戲劇中斷沒有他們的位置。

至於 Goethe 之與 Shakespeare 不同就完全不是這樣的了。Goethe 的著作全是'有感而作的文字'（Gelegenheitsdichtung），這是說他的作品是根據他個人的經歷。Shakespeare 即反是，他的各種事項儘是根據想像的經驗，就是說，以別人的經歷，而以詩人的想像來實現。但這想像的實驗是常和實生活接觸的。因此，Shakespeare 可以說是想像的或浪漫的的寫實主義（Imaginative or Romantic realism）的偉大模範。

74.

Shakespeare 才藝的特點。 讓我們用幾句話來總括這偉大詩人在他的著作中所顯出的卓越的長處：

1. 他善於操縱御用極多數的詞語。

2. 他在表現情緒的時候，善於運用精確賅當的音律；并有無窮的創作才力。

3. 他的豁達容忍；他對于極高尙以至極卑鄙的各種人品都能洞鑒無遺，公平地描寫(註)。他深諗倫理關係而不嘵嘵誨人；情感深摯而不流于浮靡哀豔；信仰堅決而不陷於拘泥執拗。

4. 他的詼諧和溫文的幽默。

5. 他富于想像的描寫生活與品性，以及能以粗常事物寫得可歌可泣的本領。

6. 他對於構造戲劇的專門技藝。

在世界上的悲劇家中，Shakespeare 站着一

(註) 早就有人說過了，他無論如何不致受譏嘲(parodied)；因爲他喜歡表現雙方的觀點，所以他時常在自已的作品中譏嘲自已：例如 Lord Percy 讚美廉恥，而同劇中的一個人物 Falstaff 却奚落廉恥。"Romeo and Juliet" 崇拜戀愛，而 "Pyramus and Thisbe" (M.N.D.) 却嘲笑他。

個出類拔萃的位置，對於開題入手，錯綜複雜和展拓的佈局，急轉直下的事變，以及壯麗和諧的收束是個藝術大家。

75.

德國的'Shakespeare 復興'(Shakespeare Renaissance)。雖然"Hamlet"，"King Lear"和 Shakespeare 的別種戲劇從西曆 1626 年起就扮演于法國，但到了 Lessing 的時代 Shakespeare 對德國才有眞正深刻不可磨滅的影響。有幾本英國戲劇的德文譯本引起武斷的 Gottsched （生于 1700—1766 年）步着 Voltaire 的後塵，指摘 Shakespeare 爲一個野蠻人（barbarian）。因爲據他們說，Shakespeare 觸犯了 Aristotle 所規定的戲劇定律（參見66節）。偉大的批評家 Lessing 對這法國派 (French School)氣憤不過，不久就加入論戰。在他的"文學的信"(Literaturbriefe)，尤其是在"Hamburg 的戲劇論"（Hamburger Dramaturgie）中，明顯地擁護這英國戲劇家，與 Racine 和 Corneille 對峙。他不但打破武斷的'古典威權的理論'(Theory of classical authority）和促進德國批評界的獨立，并且使德國第一次承認 Shakespeare 爲一位巍然高曠的戲劇家和人生的解釋者。Lessing 的影響，由 Coleridge 也傳到英國（參見 141 節）。

在於降一代的浪漫派的時期，Shakespeare 在德國成了一種宗教。Goethe 的生徒 Schlegel，得着 Dorothy Tieck 的幫助，把他的作品譯得非常剴切精當，使 Shakespeare 變爲德國家喻戶曉的詩人。一些詩人如 Lessing, Goethe 和 Schiller，以及德國的民衆都受 Shakespeare 莫大的影響。Lessing 仿傚 Shakespeare 無韻詩的詩體。少年的 Goethe 採用 Shakespeare 歷史劇（Histories）的極自由，幾乎全無法則的搆造，并從這位偉大的 Elizabeth 時代詩人採取許多戲劇細則來做他的戲劇的裝飾。例如，"Faust"（Goethe 的作品，我國郭沫若譯爲"浮士德"）中所表現的'地神'(Erdgeist) 是受（Shakespeare 的劇中）Julius Caesar 的死鬼現身於 Brutus（殺 Julius Caesar 者）帳幕中一節的暗示的；Faust 之與呼贼吵鬧的學生聚會是受 Hal 太子與 Falstaff 的一班浪友交遊一幕的暗示；Margaret（Faust 的愛人）的襯托人物，卑鄙的 Frau Schwerdlein，是得"Romeo and Juliet"中的傭婦的暗示；Valentine（Margaret 之兄）的致命的決鬥是脫胎于 Romeo 和 Tybalt（Juliet 的堂兄弟）的決鬭。至于與 Goethe 并列的戲劇家 Schiller 的模仿 Shakespeare，最好由"Rauber"的兩個兒子與"King Lear"一劇中的 Gloucester 的兒子比較，或由關于 Tell 的奸謀與關于 Julius Caesar 的奸謀相比較都可以看出。總而言之，Goethe 與 Schiller 的戲劇正像從 Shakespeare 的種子發生出來的植物。（參見 A. Brandl 在英國 British Association 所讀的"Shakespeare and Germany"一文，倫敦，1913 年）。

我們雖然說 Shakespeare 是一種德國普通文化及戲劇(註)眞正的復興的泉源也不算爲過譽。

76.

Ben Jonson 是 Shakespeare 同僚中最卓著的戲

(註) Conrad 在 1907 年修正的 Schlegel-Tieck 版譯本給學德文的英國學生看最爲適用。

劇作家。雖然如此，他在 Westminster 僧寺中的墓碑歷許多年只是簡單孤零的一片石板，直到後來才被一位欽仰者刻上 'O Rare Ben Jonson' (哦，難得的Ben Jonson) 的一句碑銘。

Ben Jonson 生於 1573 年至 1637年，他是教士的兒子，曾經過一種奔波冒險起落無常的經歷。首先是個學生，繼則爲一個土木匠的學徒，繼又在Flanders戰爭中當兵（他自己說，在那里他曾在個人決鬬時殺死一個西班牙人），繼又在倫敦當優伶，末後才改爲寫戲劇，這是當日文人最容易賺錢的工作。

在1598年，他因爲決鬬殺死一個優伶，犯殺案受審，在他的母指上打一個烙印，而在獄中時變成一個羅馬天主教徒。

因爲得 Shakespeare 的幫助，他所寫的許多戲劇才得在 'Globe Theatre'（戲臺名）表演。

到 James I 在位以後，他并曾著作化裝劇 (Masques，參見 82 節）。

他從此在酒館中作威作福，而特別在 Mermaid（酒館名），受一班青年詩人和學者所崇拜。到1613年，雖然成爲一個'桂冠詩人'(Poet Laureate，卽皇家詩人)，可是結果還是潦倒窮困而終。

他的才幹是大異而遠遜於 Shakespeare，并且作風也極不相同。

Shakespeare 的各個劇中的個性都是由種種善惡不同的感想，妄念和觀念複合而成的。而 Ben Jonson 的，卽各人都有一種獨特的怪癖，——這就是他所叫做 'humour'。他的戲劇都是一種怪癖的研究；最著名的爲"各有各的性癖"(Every man in his humour)。

Ben Jonson 也沒有 Shakespeare 將各種性格人物變爲玄美奇幻的本領。

他的歷史劇如"Sejanus"和"Cataline"等都拘泥史實，對於歷史比對於人生忠實，因此無論他裏頭有多少學識只能算爲失敗。他所有的著作中，以一篇譏諷喜劇"Volpone"(又名"狐狸" The Fox，著於1605年)爲最著名。另外又有一篇喜劇，叫做"Epicoene"或稱"恬默的婦人"(The Silent Woman)，描寫 James I 時代的社會非常逼肖。

他站在文學上的位置是靠他的喜劇并是靠他的悲劇。他的滑稽，像他的喜劇，都有點牽强費勁，而帶有書生氣。他的書生式的喜劇被一個偉大的現代作家稱爲 'a scholar's excogitation of the comic'（一個學究所想出來的滑稽）。

76a

戲劇的衰退。 於 Shakespeare 承續者之手下，戲劇愈趨愈下。在一籌莫展的 Stuarts 朝代享國時，英國的英雄時代已經告終。不獨戲劇，甚至於生活自身也失了本來的豐實的風趣，淪落於鄙劣的理想。

Beaumont（生於1584—1616年）和 Fletcher（生於1579—1625年）兩人皆寫了很多的普通戲劇；另外又有一位 Massinger（生於1584—1640年），他的喜劇"還舊債的新法"（A New Way to Pay Old Debts）在英國戲臺上現在還可以偶然看到。這些人就是 James I 時代的（Jacobean）主要作家。

這 James I 時代的作家都是好作驚人語者。

他們的語言常是很粗鄙，他們的無韻詩的品質也極惡劣。他們傷風敗俗的行爲不久遂爲狂熱的淸敎徒所藉口，所有的戲臺都被封閉，因此到了 Cromwell 執政，全國國民都是淸敎徒時英國完全沒有戲臺。優伶如果在演藝時被發覺，就捕去綁在馬車後鞭打。

直到十九世紀再沒有一種眞正的戲劇復興。（參見 194 節）

第八章 撮要（Elizabeth 時代的戲劇）

倫敦第一個戲臺是建築於 1576 年，僅在 Shakespeare 出第一個戲劇之前十五年間。

許多少年大學學者獻身於新的戲劇。這些所謂'大學學者'中以天壽的天才 Christopher Marlowe 爲最重要。Shakespeare 之所以學到無韻詩的藝術，大部分是受到 Marlowe 的'熱情戲劇'的影響。

Marlowe 的傑作是"Tamburlaine"，Doctor Faustus 和"Edward II"。

另一位 Shakespeare 的先進者是朝庭戲劇家

Lyly。——他的戲劇是和他的小說"Euphues"一樣的用極華飾的散文寫的，這種散文體後來竟非常流行，稱爲'尤費伊體'(Euphuism，蓋多雙聲，疊韻和對仗者)。他依照大學學者一派的戲劇作家的作法於散文喜劇中夾入詩和音樂。這種美和浪漫的文體的革新曾爲Shakespeare所仿效。

William Shakespeare（生於1564—1616年）是日耳曼民族最偉大的詩翁，他生死都在小城Stratford-on-Avon。少年時就到倫敦碰財運，不到幾年遂一躍而佔到當時戲劇作家的首領地位，成爲一個被尊重的詩家和公民。

當他死的時候，他的親密的朋友和同僚的戲劇作家Ben Jonson寫一篇極熱情的頌詞作爲紀念。

直到他死後七年，他的'二開本'（Folio）的著作集才出版，這是第一次正式出版的一種可靠的刊本。自然這西曆1623年出版的'二開本'確定是英國文學上最重要的書。內容包括三十二種戲劇。但它的印刷校對極爲草率，以致有幾節雖然經過現在的學者的種種猜臆，還是無法詮解。

Shakespeare 的編劇經歷可分爲四個時期

1. 試驗時期（自1591年至1596年），從"錯中錯"等滑稽喜劇進步到"中夏的夜夢"等浪漫喜劇。

2. 偉大喜劇時期（自1596年至1601年），例如"無事忙"和有 Falstaff 的歷史劇等。

3. 描寫情慾的大悲劇（great tragedies of passion）的時期（自1601年至1608年），例如"Othello"（嫉妒），"Macbeth"（野心），"Lear"（忘恩），"Antony and Cleopatra"（淫蕩），"Coriolanus"（倨傲）。

4. 他的最後的浪漫戲劇時期（自1608年至1611年），對於人生世界取清朗和靄的態度，像"冬天的故事"和"狂風"。

Shakespeare 於浪漫戲劇是舉世無匹，洞燭世情的偉大作者。沒有一位作家曾有這樣機敏的戲劇天才——能這樣容易的卽刻爲性格複雜各異的人類設身處地，描寫他們的悲歡離合的心境。

在他死後兩百年，他的戲劇雖被古典派定律的崇拜者目爲野蠻的藝術，但是 Coleridge 在他的"Shakespeare 演講集（Lectures on Shakespeare）"，第一次批評這種意見是過於迂執。他證明 Shakespeare 的著作早已造出一種風格，并且自己另有一種和合，完全適應他們對於浪漫藝術的新宗旨。

Shakespeare 的同僚中最顯著的是個很博學的戲劇家 Ben Jonson（生於 1573 年至 1637 年）。他根據古典派的典型，所描寫的較是 Humours（主要情慾）而不是眞正的品性。他最著名的作品是喜劇，例如"Volphone"（又名"狐狸"），"Epicoene"（又名"恬默的婦人"，和"點金術士"(The Achemist) 等。

到了 James I 和 Stuarts 當國時，戲劇逐漸衰落，并且在再後的一個國王時所有的戲劇都被過激的教徒所封閉了。

第九章

Elizabeth 時代的散文

（小說作品與哲學）

77.

Elizabeth 時代的小說。 在這時代英國文學上才第一次承認散文是一種藝術，而當做一種藝術看待。這時期中的幾篇散文故事我們可以認做是現代小說的始原，這就是說，在這時期中從詩的故事變到散文式的故事。

Elizabeth 時代的三種故事都能幫助小說的發展：

1. 田野的故事(The Pastoral Romance),這是一種散文故事,(例如 Sidney 的"Arcadia")。在這種故事中,男女的牧者們都奏着音樂,唱着戀歌,站在一個愛情不滅,友誼敦篤的可愛的浪漫世界。(註)

2. 實在生活的教訓故事(如 Lyly 的"Euphues")

3. 寫實的草寇的故事(如 Nash 的"Jack Wilton")"Arcadia"和"Euphues"是爲朝庭而作的,而這一種却是貢獻給平民的。這草寇的故事(原文爲 Rogue-stories,常又稱做 Picaresque stories, Picaresque 是從西班牙文 Picaro 變來的,意思就是 Rogue =草寇)中主要人物常常是強盜,并且以自傳體詳敍他的冒險。因此這種故事實爲後一世紀

(註) Greene 的"Pandosto"和 Lodge 的"Rosalynd"這兩篇田野故事供給 Shakespeare 寫他的"冬天的故事"和"萬事如意"這兩篇最爲動人的浪漫喜劇的情節和鄉間的風味。"Lear"戲中的 Gloucester 故事是從"Arcadia"得來的。

的冒險小說（Novel of Adventure）的宗始。

78.

Francis Bacon（生於1561—1625年，受封的名爲Lord Verulam；意即Verulam公爵）代表科學精神的加入英國文學。他的口號爲‘增進學識’(More Knowledge)。

他1561年生於倫敦，讀書于劍橋大學(Cambridge)，後來當一位外交官的隨員遊歷歐洲大陸，到1579年才重返倫敦。不久遂成爲當代的第一個法律家，當James I在位時一躍而爲英格蘭最高的審判官（Lord High Chancellor，1619年）。兩年以後他就失寵；因爲受賄賂而被罰金，而不得不脫離社會生活歸隱。在這退隱中他獻身于科學。

在文學上他算是第一位用英語寫“論文”（“Essays”，發表于1597年）的作者。這“論文”——Essays這名詞是襲用他所崇拜的法國人Montaige的“Essais”的——僅僅是關于道德人生的一些尖刻精練的批評，并不是現代所謂Essays的意義；不是專論某一題名的成篇論文，有起，有承，有結論，像 Macaulay 和 Addison 所做的 Essays 一樣。

Bacon 的大名還是靠着他的三種哲學著作。他的"學問的進步"(Advancement of Learning)是用英文所寫述的第一部重要的哲學作品。其中討論（1）學問的價值；（2）學問的衰退；（3）正當的求學方法的需要。他說：惟有靠學問與科學，人們才能夠克服自然。他的拉丁著作"求學的新方法"("Novum Organon" = "New instrument" = "新方法"，即求學問的新方法）繼續討論力行探索考究的正當方法；他的"New Atlantis"（註）又把這種理想用故事體寫出。在這一本書中他假設一個像 Utopia（烏托邦）的理想地方，那里的社會都從事於追求科學知識。

他的全部著作都反對威權的法則和詭辯派

（註）"New Atlantis"即"新厄蘭地士島"。Plato 在他的"Timaeus"談話中說到一個海島帝國，從此文學上稱爲 Lost Atlantis，據說，已經沉入 Hercules 海峽外的海底了。

哲學的方法。因此Bacon遂得與Descartes（生於1595——1650年）共享現代派哲學的創始者的盛名。

他指示我們惟有用細心的觀察和實驗才能夠證實我們已知的學識和發明我們所住的地球，所呼吸的空氣，以及天上的星辰的祕密。他稱這種實地試驗去研究各種事物的方法爲'物理方法'(Physical Method)，而與學究們的'形而上學方法'(Metaphysical Method)相對峙。

79.

Richard Hooker（生于1554—1600年）也是個Shakespeare的同僚。他的著作暗示我們Elizabeth女王在位時基督教各派的紛爭以及不久釀成英格蘭內訌的情形。他的名著"宗教政體的法律"(Laws of Ecclesiastical Polity)是一篇反對清教徒的理論，而擁護英國國教（Anglican Church）的禮節儀式的娓娓動人的辯護辭，是一本關於教會與國家關係的被人稱引的名著。引起正在萌芽的反叛國教運動的一個重要的爭端。

正如Hooker的擁護宗教政體的君主主義，

同時另有一位 Malmesbury 地方的作家 Thomas Hobbes（生於1588—1679年）即在擁護國家的君主政體。著一部書叫做"The Leviatham"來制止新興的平民主義的精神，并用哲學來證明君主政體是最完善的政體。所以跟同時民主主義的大詩家 Milton 正正相反。

第九章撮要

(Elizabeth 時代的散文)

這一時代的散文是以朝庭中的小說 Court Novel（如 Sidney 的田野故事"Arcadia"和 Lyly 的教訓故事"Euphues"）和通俗的草寇故事為代表。這種草寇故事常是用强盜做其中的主要人物，體裁是根據西班牙的，後為 Defoe 的冒險小說的開路先鋒，同時前者即進化為個性小說 (novel of character)。

Francis Bacon（生于 1561—1626 年）是個哲學家和人道主義者，為當時最偉大的人物。在很通俗的書"學問的進步"和較為宏博的"求學的新方法”中他公然主張用觀察和不斷的實驗來研究自然。他的大志向是增加科學知識以克服自然。他最著名的作品“論文”（發表於1597年）是一本關于人生行為的精警的教訓。

在許多別的散文作家中最卓越的是 Hooker 和年代稍後的 Hobbes。前者擁護總主教專任教會行政；後者贊承國王獨裁國家政治。

第十章

清淨教的理想家

(Milton 和 Bunyan)

80.

清教徒和保皇黨。 (保皇黨 Cavalier 指擁護英國國王 Charles I 的黨人)。從 Stuarts 失政之後，英國國民得到一種教訓，以為依照 Tudor 皇族的專制政策的理論，如果主政者沒有愛國的熱誠，即將陷英格蘭于極為難堪的地位。所以國民們都要求有國會的政府。Charles 王雖然曾經允許這種要求，但始終不能實踐其約，他們遂議決罷黜他的帝位。這大內訌之後政權竟墜入一班極端論者的手裏，結果把Charles斬首了。

清敎徒的將軍 Cromwell 到這時候遂自稱爲新英吉利共和國 (English Commonwealth) 的護國公(Lord Protector)，以 John Milton 爲他的祕書。但這種淸敎徒的共和國的實驗終于失敗，當Cromwell 死後，英國人拒絕祕書 Milton 最後的"爲自由的共和國的請求"(Plea for a Free Commonwealth) 一文的忠告而重立 Charles II 爲王，在1660 年恢復以前的君主國。(爲此 Milton 在這一年中寫了最後的一篇短論，刊爲小册子加以極苛刻的名目"無須盲目的領導者" No Blind Guides。)

當這許多年的內爭，全英國分做兩大政派——保皇黨員(Royalists 或稱 Cavaliers) 和共和黨員(Republicans 或稱 Puritans 淸敎徒)。在文學上這兩政黨分得正和在政治上與道學上一樣淸楚。

在文學上，那些淸敎徒——滿望在英國重

建一個世界上的'新耶路撒冷'(New Jerusalem，指新的上帝之國）的幻想和虔誠的計劃——以Milton和Bunyan這兩位大作家做他們的代表。這兩人最偉大的作品雖然都是寫在'復辟'(Restoration）之後，可是依然是屬于共和主義（Republican）或復辟以前(Pre-Restoration)的精神。

81.

John Milton （生于1608—1674年）是清教徒中的理想詩人，爲眞正的古典體的英文詩的偉大模範。他的文學上的經歷有三個很明顯的時期：

1. 詩的初期，用他的從意大利旅行回國時（1639年）做這個時期的終結；
2. 散文或爭辯的時期，從1639年起到1660年復辟的時候爲止；
3. 詩的晚期，這時候Milton已經老了，盲目和偃蹇不過，寫作他偉大的敘事詩。

所有這三時期的著作儼然各不相連；然而較爲精細地去研究他，就可以見出其中宗旨與性格都有高尙的一致。的確的，如果沒有讀過他在第二或政治時期所寫的關於政治和道學的短論和小册子的人，無論如何不能完全了解他第三時期的偉大的詩。

Milton早期的詩。 Milton于Shakespeare死前八年生於倫敦，他的兒童時代還可以在倫敦路上看見Shakespeare。他是個歌詠天神（'cherubim和seraphim'）(註)的詩人，而Shakespeare却是個歌詠'凡人'的詩人。

他受教育于劍橋大學的基督學院（Christ's College）。當時他不但以他的拉丁詩著名，在衆學生中尤其是以容貌秀麗，言行不苟，和態度嫻雅見稱：所以得到'基督書院的淑女'(Lady of Christ's）的綽號。在這樣早的時候他已經決心致力要做個大詩豪，并勤勉地研究拉丁文和希臘文來做完成這種大事業的修鍊。

當他還在劍橋大學時就寫了一篇著名而且純潔的抒情詩"基督降生的早晨"(On the Morning of Christ's Nativity, 1629年），和高尚的"論

(註) 猶太教所傳的兩等天使。

Shakespeare" (On Shakespeare) 的詩（置于"二開本"再版的書前）。在前一首詩他歌頌基督的降生和邪神的滅亡——是一篇提醒我們了解他晚年的偉大敍事詩的强有力的論文。

離開了劍橋之後，他退隱潛修六年，跟他父親住在近 Windsor 的 Horton 鄉。這是他著最完美的抒情詩的時期，創作四篇名著：(1)"喜樂"(L'Allegro) 和（2）"沉思"（Il Penseroso）兩篇相伯仲的詩表現各自不同的心境，其一描寫浪漫派愉快的旨趣，其一即敍述沉思的哲學心情；(3)"Lycidas"（1637年），一種秀美的田野詩體的輓歌，爲了他墜入愛爾蘭海（Irish Sea）而死的書院裏同學而作，和（4）同樣佳妙的田野的化裝劇"Comus"（1634年）。

82.

化裝劇。化裝劇是一種結構簡單的戲劇，包含一種簡單的寓言，爲特殊階級的人所表演的，演者都戴着假面具。普通都是爲一些歡慶的假日而作，例如貴族少年的生日和行冠禮等。其中可以插進音樂，歌唱和跳舞，平常都表演於貴族的鄉村別墅中，佈置極華麗的配景。雖然僅係一種請客串演的時行韻事，可是在 James I 和 Charles I 當國時却有莫大的價值。

Milton 的化裝劇"Comus" 在 1634 年扮演于 Ludlow 宮堡中，是用田野詩體寫的；含有教訓的傾向，跟其餘的化裝劇截然不同。他的端莊的教訓就是指人有制慾的義務，抵抗縱慾的人生觀。在這劇中蓄意痛詆 Charles I 的朝中一班誨淫的戲劇作家。

這故事是說到一個貴族的兩個兒子怎樣的在樹林中首先遺失了他們的姊妹，後來連自己也迷路了。他們的姊妹後來落到術士 Comus 的手裏。Comus 當勸她依皈異教而不見効之後，就用Circe的妖法把她變成石頭。但是結果她的兄弟得到老 Thyrsis 和林中女神 Sabrina 的幫助破了他的魔法，放他們的姊妹自由。

在這些化裝劇和他的後期詩中，Milton 混合古典派文體的美 (classical beauty of style) 與一種極明顯的清教徒的思想傾向 (Puritan tendency of thought)。無論他對於希臘的人道主義研究得如何深造，他一生是個完全不變的清教徒。換一句話說，文藝復興只影響他的文體觀念，幷不曾改變他觀察人生的見地。

1638年他去意大利，拜訪過老年的 Galileo 和其他的意大利名人。但在 Naples 城時他得到英國大亂的消息，使他縮短他漫遊的期間而匆遽地回國。

當他在國外時，他構成要寫 Arthur 和 Holy Grail（耶穌晚餐所用的聖杯）的大史詩的計劃。然而結果他恢復他早期寧靜的計劃，決定只敘述我們人類最初的一對夫婦怎樣被逐出樂園的故事。

但這是爲着他當時要做別種工作，幷且因爲他重返英國之後二十年，他只'用他的左手'（with his left hand，如他自己所說的）著作。——政治工作和散文著述剝奪了他所有的時間和精神。

83.

Milton 的散文時期。他爲辯護清教徒的主張而著作，苛刻地非難主教統治宗教的制度和君主政體。他的小册子常常誤取攻擊對方個人的劣點爲辯駁的口實。只有一篇辯護言論自由的著作"Areopagitica"是他態度宏正的成功作品。

其餘又有兩篇短論是很著名的，一篇是"論教育"(On Education)，一篇是"論離婚的主義與訓練"(On the Doctrine and Discipline of Divorce)。他的家庭生活極爲不幸。他的嫡妻是個保皇黨員，後來脫離他逃走。他的從事于研究整個結婚問題明明是爲着這個動機。他的繼室又于結婚後不久就去世了。更糟的是當他老年時，他的女兒們爲着他對于女子的義務的頑舊的見解而跟他吵鬧。

于1649年他發表一篇"國王和行政官的政權問題"(The Tenure of Kings and Magistrates)，激烈地主張把一個昏君處死是合法的。這一篇短論使他得到共和國祕書(Secretary of Commonwealth)的位置，并從此直到Cromwell死時他不曾輟筆。他的"搗破偶像者"(Eikonoclastes)是揭曉王像(Eikōn Basilike)的作僞，這假造的書許多年被認爲被殺的王當遭難時的日記。1649年他的拉丁文著作"爲英國人答辯"(A Defence of the English People),以駁斥 Leyden 地方的大學者 Salmasius。這一篇著作因爲她的贊成共和主義的無畏精神和猛烈的諷誚,引起整個'歐洲到處傳誦'(這是引他在一首十四行詩中所說的。)

Milton 因爲這可怕的幾年的煩難的工作弄壞了他的眼力,到了'復辟'之前八年就完全盲目了。他下一個時期所寫的十四首十四行詩(Sonnets)中最著名的一首就是那"論他的盲目"(On his Blindness)。

84.

Milton 的偉大時期。 復辟之後他有一個時期被捕入獄,并有生命之危。誰都不曉得他怎樣的從那些政治犯當中逃出。他盲目,窮困,零丁孤獨,所以可以安然隱居於倫敦的一條僻巷裏。但是這最受苦難的時期却是他最大榮耀的時期。他對于上帝和他的主張最後勝利的信心還是不稍搖動。重新去創作他早就夢想要做的偉大的詩歌。

大火災(Great Fire)之第二年，西曆 1667 年他發表他的史詩"失樂園"（Paradise Lost），1671 年又發表這首詩的續篇"重得樂園"(Paradise Regained，描寫 Satan 的試探基督）和一篇壯麗的歌唱的悲劇"壯士參孫"(Samson Agonistes）。三年之後，他'思想靜止，熱情耗盡'而死。

"失樂園"不但是壯麗的詩；幷曾被稱爲偉大的歷史文件。裏頭敍述內訌中的大競爭，和假托 Satan 的名隱含着毀滅 Charles II 和他的下流朝庭的深意。

在他未死之前，在"壯士參孫"一文，Milton 誠摯地作一種預言。借着古代英雄參孫的故事來比擬淸敎徒雖遭失敗却是獲勝。這位參孫盲目而且在 Philistia 人中孤立無援，受他們玩弄取樂，所以他用了他的全力來做最後復仇的奮鬥。他挽倒議堂的柱，壓沒他的仇人們，自己榮耀而死。在這篇偉大的歌劇，他謹守希臘悲劇的體裁規律。以技術論，這是他所有的著作中最完成的一篇。

Milton 沒有造成一種詩派。因爲他熱心於古典派的體裁的完美，他成爲英國雄壯文體(great style)的唯一大作家。

在他生着的一世紀他只有一點小名譽。到了下一世紀 Addison 才第一次公開地讚揚他的特長，并從 Thomson 時到現在，他在英國詩中都佔有一種可驚的勢力。

在德國他得到幾個熱誠的繙譯者（例如 Bodmer 等），他的偉大作品引起 Klopstock 著"Messias"，但這一首詩只是宏壯的原文的微弱的回響罷了。

85.

John Bunyan 用散文表現淸教徒的精神，正跟 Milton 用詩來表現這種精神一樣。

他在 1628 年生於近 Bedford 的一個小村子裏，不曾受過敎育。到了十七歲的時候還在他的父親的店裏做補鍋匠的工夫。以後被徵入議會的軍隊（Parliamentarian Army）當一個'圓頭兵'(Roundhead Soldier)，到了 1649 年這軍隊受解散時爲止。

從戰爭中回來之後，他遂開始在Bedford附近的鄉村宣傳，因爲他生動的演講，他的聽衆大爲感動，他的宣傳很像現在的救世軍(Salvation Army)的方法。當復辟的時候(1660年)對於處置背叛國教者(Nonconformists)的舊法復興，他因爲沒有得到執照而宣傳，遂被捕押入Bedford的監獄(Bedford Goal)，直到1672年才放出來。

在第二期監禁時，他寫完他著名的書"天路歷程"(The Pilgrim's Progress from this World to that which is to come，簡稱Pilgrim's Progress)的第一部。這部著作描寫一個香客叫做基督徒(Christian)，在他從'亡滅之城'(City of Destruction)要去'天城'(Heavenly City)的路上所碰着的險阻。他經過失望的泥坑'(Slough of Despond)，爬過'苦難山'(Hill of Difficulty)，殺死惡魔Appollyon，穿過可怕的黝黑的死谷(Valley of the Shadow of Death)。他不顧'虛榮市'Vanity Fair)的誘惑，在那里受人鞭撻和監禁。經過許多危刼，結果到了'歡樂山'(Delectable Mountains)，

瞧着遙遠的'天城'的塔。

Bunyan是個天生的講故事者。他的書連不能了解裏頭所隱含着的深邃的宗敎意義的小孩子都受他迷醉。他叙述基督徒的經歷不僅限于他自己的生活和自己的靈魂的經驗，並且就是影射清淨敎的歷史。基督徒爲着淸淨敎的主義而渴望，掙扎，爭鬥，失敗，絕望和受極大的苦痛，但是結局得到勝利。

第十章撮要

（淸淨敎的理想家）

Stuarts 的失政引起內訌（Civil War）和由 Cromwell 的指揮而建設的一個淸敎徒的共和國(PuritanRe public)。Cromwell 死後這共和國就崩潰了。但是那些淸敎徒雖然在政治上失敗，却繼續在文學上努力。

John Milton（生於1608—1674年）是偉大的淸淨敎詩人，在劍橋大學念書念到西曆1632年。他靑年時的理想是要用高尙的行爲和靠着希臘拉丁名著的典型來把自己鍛練做一個完善的詩人。所以他在 Horton 的家裏潛心研究六年多，過後又去意大利，但在大戰臨起之前又匆匆地回去倫敦。他的第一時期，實驗時期就在這個時候做終點。在這個時期中他寫了五個抒情詩的傑作：（1）田野短詩“基督降生的早晨”（On the Morning of Christ's Nativity）；（2）“喜樂”（L'Allegro）；（3）“沈思”（Il Penseroso）；（4）田野劇（假面劇）‘Comus”（發表於西曆1634年）；（5）田野的輓歌“Lycidas”。

當他的第二時期，從西曆1639至1660年，除了寫他的十四行詩(Sonnets)和辯論文之外沒有著作別的。他在這時期中最著名的作品是(1)“Areopagitica”，在這一文中他替言論自由辯護；（2）“搗毀偶像者”（Eikonoclastes）；（3）“爲英國人答辯”（A Defence for the People of England）——後兩篇的主旨都是在證明處決國王的公道合理。

‘復辟’的時候他僥倖脫險。當這遭難的幾年他著作（1）“失樂園”（Paradise Lost），這首史詩使他的聲名萬世不朽；（2）“重得樂園”

(Paradise Regained)，上一首詩的續篇；（3）一篇古典派的悲劇"壯士參孫"(Samson Agonistes)。這些詩都敍述着善惡的交鬥，但是善的一方面無論如何暫時失敗，結果還是勝利，這所謂善的方面就是指自由和清淨敎的主義。

John Bunyan（生於西曆1628—1688年）首先是個補鍋匠的工人，繼爲一個'圓頭兵'(Round head Soldier)，最後遂做個浸禮會(Raptist)的宣道者，在復辟之後因爲沒有拏到執照去傳道，受了十二年的監禁。在獄裏他著作一部"天路歷程"(The Pilgrim's Progress from this world to that which is to come)，這是英國最偉大的散文寓言。其中敍述一個人的靈魂在尋求超度中所受的痛苦的故事。

Stuart 時期的重要時日（第十章和十一章）		國王	
1614	John Napier (Edinburgh 人) 發明'對數'(logarithm 或 'artificial number')		
1616	Shakespeare, Cervantes 死。	James I	1603
1629	Milton 作"基督降生的早晨"。	Charles I	1625
1649	Charles I 處死刑。	Cromwell	1649
1660	Charles II 復王位	Charles II	1660
1666	倫敦大火災。		
1667	Milton 發表"失樂園"。		
1681	Dryden 的"Absalom and Achitophel"	James II	1685
1689	James II 逃離英格蘭。	William III	1689
1698	J. Collier 牧師排斥戲劇。	Anne	1702

第十一章

復辟時代

1660年至1700年

86

保皇黨員的反動（The Royalist reaction）。西曆1660年英民討厭清教共和國已到極點，因而恢復君主政體。好嬉樂的國君Charles II遂從他的流放地法蘭西回來。

他帶着他的法國化的朝臣和朋友來倫敦，所以從此以後倫敦這極樸質的城一變而成極其浮華。下一百年中的倫敦及英國文學，特別是詩，深印着他的輕佻的痕跡。這種文學大多數是都會中的人寫的，和關于都會中的生活與風景；鄉村生活，尤其是自然風景，愈來愈受忽視。英國文學因爲這次復辟而顯出一個眞正的新紀元。這就是（1）開始受朝庭生活的影響和法國古典派的影響；（2）反對淸敎徒過於嚴肅的制度的。

這一種反動在文學中最明顯是（a）諷刺非難淸敎徒的沉肅制度，（b）新的滑稽戲劇的濫觴。

87.

Samuel Butler（生於西曆1612—1680年）。保皇黨員中最熱切地渴望趨勢的轉變的是Samuel Butler。共和的時候他是Cormwell手下的官員Samuel Luke爵士的書記。復辟之後他的文筆才得放任自由，在他著名的滑稽譏諷詩"Hudibras"(1663年）中傾瀉出他蔑視淸敎徒和當時中着宗敎狂的人的久蘊藏的心緒。據說Charles II曾帶着這一本書在他的衣袋裏。然而他終於讓這本書的作者一生潦倒窮困。這首詩是精練而較爲普通的諷刺淸淨教的戲劇。描寫着一個'長老會員的法官'(Presbyterian Justice of the Peace) Sir Hudibras 和他的書記 Squire Ralpho 的冒險。他們兩人——像 Don Quixote 和 Sancho Panza ——出發去糾正迷信，矯正惡習，和廢除娛樂。

(His puissant sword unto his side

(Near his undaunted heart was tied.)

他佩一枝寶劍

在他壯勇的心上

他們碰着一羣的獵熊者，他和 Ralpho 遂勇敢地進攻，首先把他們擊散，但是不幸一剎間，這勇士和候補勇士終於不敵，并被他們扣上手梏。這一次受難是由一個富裕的寡婦替他們設法救出，這位寡婦正是 Hudibras 勇士所要求婚的人。然而她的僕役們對於他的求婚很不滿意，化裝做惡魔，在他第二次去拜謁她的時候，把這可憐的求婚者痛打一番，他因此誓要復仇——於法庭上！

這假英雄的敍事詩是用八個音節的俗韻寫

的。裏頭極多詭異兀突的押韻，和充滿着詼諧和巧語。係一種譏諷文字，完全是爲着要嘲笑清教徒的目的而做成的。

88.

描寫品格的作品(註)。 Butler 也寫了一本叫做"品格" (Characters 是一類文學的總名) 在戲劇衰退之後流行一時而有助於小說的發展)。

這所謂描寫品格的著作是一種結構簡單的小品文字，大約四百字一篇，敍寫一種一派的人物而不是描繪個人的。譬如 Butler 所描寫的一個'求婚者'，一個'表演魔術者'，一個'貴婦人的侍衞'，一個'現代批評家'，一個'投機者'等等。十七世紀中的許多這種文章的創作者，最著名的是 John Earle，他的描寫品格的文集叫做 "Microcosmography" (小世界的描述)。

89.

玄學詩人 (The Metaphysical Poets)。另一

(註) Character Writing，這一種倫理的寓教訓的性格描寫，是 Plato 的門徒 Theophrastus 所首創的。

位保皇黨詩人是 Abraham Cowley (生於西曆1618——1667年)。Charles I 的皇后 Henrietta 在被放逐於法國的十二年間請他做祕書。他於做皇后的祕書的工作之外又創作拉丁文和英文的詩。他因爲使 'Pindar 體的短詩' (Pindaric Ode) 流行而著名,——這 Pindar 體的短詩的名詞本來是希臘詩人 Pindar 的方法,後來變成一種誤會,凡所有特別參差無定律的詩行所構成的詩都用這名詞稱之。這短詩直到十八世紀末都是一班詩人於聯句英雄詩 (heroic emplet) 之外,一種最受歡迎的玩藝。

Cowley 和他的先輩 Donne (生於1573—1631年) 是 Dryden 和 Johnson 博士所稱爲玄學派 (Metaphysical School) 詩人的首領,他們所以用 Metaphysical 這一字的意思是'不自然' (Not natural),超出自然 (above nature),所以'不合自然' (not true to nature)。他們 (指 Cowley 等) 也被稱爲'腴詞家' (concettists),因爲他們都是充滿着 Conceits,這就是說,他們好用奇怪而巧妙的譬況。連 Milton 在他的早期詩也受這錯誤的風格所影響。例如當時他在"降生的短歌"(Ode to the Nativity)說：

當太陽上床就寢，
在紅雲的帷帳中，
枕着東方的波濤，
(So when the sun in bed,
Curlained with cloudy red,
Pillows his chin upon on orient wave)

我們覺得用人的就寢來比太陽實在是可笑而不是詩意。有的詩人說'乘日光爬到天上'(climbing to heaven on a sunbeam)，有的說美麗的兒童們'把他的情人的眼淚當早餐'(breakfast on his mitress's tears)。

這種牽强取譬的風調的消滅，是繼興而起Dryden與Pope的法國派的功勞。

90.

豪俠的詩人(The Cavair Poets)表現一種比較浮靡的人生觀。他們雖然在暫時失勢的當兒，還是忠心於保皇黨員的主張。他們採取愛，名譽，戰爭和這一類事項而組成抒情詩，雖然在內亂正在進行的時候，他們中的一位 Richard Lovelace，做了兩首可愛的詩，一首是"贈給 Lucasta：赴戰"(To Lucasta: Going to the Wars)，一首是"贈給 Althea：寄自監獄"(To Althea: From Prison)。

Robert Herrick 是保皇黨中最重要的詩人。他是 Devonshire 的教士，他的情詩立意清新，婉約動人。他許多的抒情詩，如那"贈 Daffodils"(To Daffodils)，和其餘普通的詩都是關於櫻桃花，紫羅蘭，和百合花等，哀悼這些美的東西的轉瞬枯萎。清教徒以為他是個異教徒。他也著作一卷優美的宗教詩叫做"高潔詩"(Noble Numbers)。他的俗詩集叫做"西方"(Hesperides)，因為他做這些詩的時候是在英格蘭西部的牧師住宅裏(Hesperis 是希臘文，等於 western, 西方)。

Herrick 的書在當時沒有一本帶着當時社會大亂的痕跡。誰都不能從他的詩夢想到他是和 Milton 同時的人。

91.

復辟之後的喜劇。 從 Charles II 和他的無謂的朝庭所介紹進英國的法國影響，看得最明顯的是當時的喜劇。當時所表演的喜劇已不如以前的也不像後來的，充滿着鄙薄人世觀念，冷酷和粗鄙。

本來彷傚 Molière 是無害的，但是這復辟時代的戲劇家把這偉大的詩家的格調變成粗鄙，藉以迎合倫敦朝庭腐敗的嗜好。

這降低法國喜劇的首要代表者是 Wycherley, Vanbrugh 和 Congreve, 或者 Dryden 也可以算做其中的一個。

92.

William Wycherley（生于 1640—1715 年）是在流放去法國時長成起來的。在英國他過着學者的生活，并有一個時期做 Charles II 的一個兒子的家庭教師。時常受經濟的窘迫，而且有一個時間被禁於 Fleet 地方的獄裏。他的兩個最著名的喜劇是"村婦"（The Country Wife，出版於 1675 年）和"平凡的商人"（The Plain Dealer，出版於 1677 年）。這兩篇一篇傚仿 Molière 的 Ecole des Femmes，而文詞鄙褻，用意輕蕩，相差甚遠，又一篇是模仿"Misanthrope"。Dryden和Voltaire這一班批評家雖然也承認這猥褻是一種缺憾，可是他們都很稱讚他的作品。他首創'時俗喜劇'(Comedy of Manners)，異於Shakespeare的'人生喜劇'(Comedy of Human Life)和Ben Jonson的純'文藝喜劇'(Literary Comedy。)

93.

William Congreve(生於1670—1729年)是這類不近人情的喜劇作家中最顯赫，最成功的一位。

他和Wycherley一樣是Molière的模仿者。他最著名的喜劇是"世態"(The Way of the World)。這劇中的一個嬌豔多情的風流女子Mèllamant的描寫幾乎很像"Misanthrope"中的Celimène一樣的形容盡緻。

Congreve的對話有精警準確和善於措辭的偉大的法國美質；然而劇中男角都是流氓，女角雖即多智，却也并不如何高尚。

94.

Jeremy Collier牧師的抗議。復辟時期禮節的墮落結果使百姓們大不滿意。當時有教士叫做 Jeremy Collier 起而攻擊那些不道德的戲劇作家，明理的英人都擁護他。他的著名的小冊名為"英國戲劇的淫穢的管見"（A Short View of the Immorality & Profaneness of the English Stage, 發表於 1698 年）。Congreve 和 Wycherley 以及其餘都憤怒地作文辯駁，然而這種答辯都極萎弱。惟有 Dryden 獨自剛毅地承認這種評判是公道的。

這一次的爭辯，復辟時代的喜劇受着致死的打擊，遂有 Cibber 和 Steele 這一派感傷的喜劇 (Sentimental Comedy) 家起而繼續他們，雖然是暗淡，淺薄而虛偽，但至少不是淫穢的。這種時俗喜劇大約直到 1890 年時才再復興，以下再說（194 節）

95

John Locke（生於1632—1704年）是復辟時期最偉大的哲學家。

他的著作對於當時和後代的政治，哲學，和文學都有非常的影響。

因為他的政治論著英國才相信 1689 年的大

改革是必須而且公道的。他的三篇最著名的作品是，(1)"關於寬容的函信"(Letters on Toleration)，要求除了天主教之外應該容納各種教派，'因爲天主教是國家的仇敵'；(2)"論內政"(An Essay on Civil Government，發表於1690年)，證明'改革'和百姓廢除昏君的正當；(3)著名的"論人類的知識"(Essay concerning Human Understanding，發表於1690年)。這種首創的書用意在闡明人心的運用，和如何去採集理論和知識的材料。他極力證明我們所認識的以及我們所信的都是從經驗得來，這就是說，都由于感覺與冋想。後一世紀的哲學家Hume(生於1711—1766年)就發揚光大他的理論而成爲唯物論，(materialism)這就是以爲宇宙上除了物質之外再沒有別種東西。(註)於另一

(註)有一種雙關的戲語可以幇助我們記住唯物論與唯心論的討論的主旨：——'甚麼是心？''無物。'(No Matter，意思常是'不緊要')'甚麼是物？''不必介意。'(Never Mind)。

方面，唯心論的哲學家 Bishop Berkeley（生於1685—1753年），將他的理想與宗教溝通起來。

Locke 只將所有的知識歸功於經驗，但到了德國思想家Kant才第一次根據所有的經驗來分析理智的內容。所以 Kant 是完成 Locke 所發見的工作的人。

他的論文"關於教育的意念"（Thoughts concerning Education）也是同樣的著名。爲亟須改革的教育砌平一條途徑。

他的文體樸質單調，但明白而少專門名詞。專仗理論的新穎，推到前人而著名。

96.

英雄故事。　從十七世紀到十八世紀，其實直到 Richardson 的時候，百姓常讀一種故事叫做英雄故事(Heroic Romance)，或稱武俠故事(Romance of Chivalry)。這種故事很多是繙譯法國的或倣傚法國的。最好的代表作品是 Mdlle Scudery 的"偉大 Cyrus"(The Grand Cyrus)，是一本有6679頁的八開本書；Orrery 的伯爵 Roger Boyle 的"Parthenissa"(1654年)和George Mackenzie

的"Aretina"。這種作品是長而無味，但因爲有幾種原因而在文學史上站着重要的位置：

1. 它們是眞正歷史小說的先驅者。
2. 幾個這種故事被Dryden和別的作家編爲英雄悲劇。
3. 它們大大的影響Gothe體的小說(Gothic novel 參見125節)
4. 雖然它們自身沒有詼諧逸趣，却是造成別人的詼諧的動機，因爲它們使英國從Addison到Sir Walter Scott時的批評家都戲謔它們；最好的是它們引起Cervantes譏笑它們和寫他的偉大的反對浪漫派的譏諷文章(anti-romantic satire)"Don Quixote"(1605)。Cervantes以爲這種故事會敗壞西班牙人的生活與品格。
5. 它們鼓勵John Dryden把它們編做英雄悲劇的體裁。

97.

John Dryden(生於1631–1700年)是復辟時期的最顯著的作家，這時期常常叫做Dryden的時期。

他著作諷刺文，悲劇，喜劇和批評散文。

他的生活五十年以著作家的身份住在倫敦。他像他那世紀的人喜歡住在都會而蔑視鄉村的事物。

對於政治他也正像當時的人順風轉舵。Cromwell 死時他已經像是個完好的淸敎徒，著作一篇"紀念護國公去世的英雄聯句詩。"(Heroic Stanzas on the Death of the Protector)然而，不久 Charles II 復位，這詩人又在他的讚美詩"Astraea Redux"(註)頌揚這種變局：紀念這可喜的復辟和美麗的王 Charles II 返國。

Dryden 的文學生活有三個各別的時期：第一(1657—1681年)最主要的是關於戲劇；第二(1681—1689年)是他的傑作時期，——關於宗敎的諷刺文和詩；第三就是從 1689 年到他死爲

(註) Astraea Redux = returning star = 回來的星，這就是指主 Charles II 生辰的星。敍述於這首詩中的 288——292 行。

止，致力於他的寓言 (fables)，繙譯和什錄。

因爲需要錢用，Dryden 的少年時遂致意於舞台的事業。這時戲臺生意極好；於二十年左右的時間裏他至少編成二十七篇戲劇。

西曆 1681 年他開始敍寫譏諷政治的文章，因此大有幫助於尊王黨員 (Tories)。這時候尊王黨員正和民黨員 (Whigs) 爭辯應該立誰繼王位——是國王的兄弟，天主敎徒 James，或是國王的私生子，長老會徒 Monmouth。當 James II 卽位時，Dryden 以爲應該改變方針，進天主敎。不久遂成爲桂冠詩人和國王的史官。但是西曆 1689 年大改革舉行，繼位的新國王是個長老會徒，Dryden 又失去詩官的職位和年俸，退隱而過着平民生活。所以他的老年時常常窮困。然而他的天才和文學者的大威權仍然被承認，當他死時被稱爲'光榮的約翰'(Glorious John) 葬在 Westminster 的寺裏。

他的詩"Annus Mirabilis"是屬于第一時期。這是在 1667 年間寫來紀念'異災之年'(The Year of Wonders，1666 年）的。其中描寫當年的兩次異災，（1）荷蘭的戰爭 (Dutch War)，和（2）把倫敦燒成灰燼的大火。

98.

Dryden的悲劇。 在英國戲劇史中，Dryden的大功是他的努力於介紹法國押韻的悲劇于英國，來和英國的浪漫戲劇與英國武俠故事互相調和。(註)這種戲劇的內容充滿着'王和皇帝'，他們唯一的能事就是談戀愛。他的"印度皇帝"(Indian Emperor，發表於1665年）照他說起來是這英雄悲劇的最正當的代表作品 。 其餘的如"祕密的愛"，或稱"女王"(Secret Love, or the Maiden Queen)，和"Granada的征服"(The Conquest of Granada)等。

這'英雄悲劇'是情節離奇華麗的的戲劇；它們有很好的結構，可是對於人類的本性不很忠實，對於描繪品性也沒有多大的工夫。不久就為人所嘲彷。他們的一篇譏諷這種作品的喜

（註） 因為 Dryden主張用韻文來代替無韻詩，見於他的"詩劇論"(Essay on Dramatic Poetry)。

劇叫做"習演"(The Rehearsal，發表于1671年)。表演時引起每個人都笑Dryden和他的有韻的悲劇。

因此他改變他的文體，從1678年之後他的戲劇遂擯棄韻文而採用無韻詩。

他在這時候另行發表了他的戲劇的優美的序文。(註)這序文於體裁上和內容上都比他的戲劇本身較有價值，使他得到'英國現代散文的鼻祖'，和現代文學批評的首創者的榮譽。他根據世界上的大傑作的攷察，尋出各種文體的特性和作用。這就是批評上的比較法(comparative method)的原始。

99.

Dryden的諷諷文。　西曆1681年他轉而致力於一篇政治譏諷文"Absalom and Achitophel"，這是一篇用聯句(heraic couplet)所寫的譏諷文，普通都認爲是他的作品中最完善的，和在他所

(註)這些論文于1900年由Ker搜集發刊，命名爲Dryden的論文(Essay of Dryden)

寫的政治譏諷文中最有效力的。其中的人名和地名都是從聖經中採出的，例如：指倫敦即用耶路撒冷 (Jerusalem)，指英人卽日 Jews，指英格蘭卽稱 Israel 。

這是一篇王黨肆力攻擊一個民黨員 Shaftesbury 的伯爵 (Whig Eearl of Shaftesbury=Achitophel) 的文章，伯爵當時是關在"塔"(倫敦獄)裏候審，因爲他輔助 Duke of Monmouth (=Absalom) 謀繼 Charles II (=David) 做王，這詩的銷售和成功都很大。但是 Shaftesbury 仍然是釋放并得到一個獎牌。

Dryden 此外的兩首重要的詩是討論關於信條問題，以及關於英國的熱烈的政治論。Jame II 試要把英國變爲一個羅馬天主敎國。1682年 Dryden 在他的"俗人的信"(Religio Laici) 替英國國敎辯護而反對不順國敎的人們 。五年以後，他自己也變成天主敎徒了，他寫一篇寓言叫做"牝鹿與豹"(The Hind and the Panther)，裏頭所謂'淨潔，不變而且不朽的牝鹿'是指羅馬敎(卽天主敎)，所謂'不潔的畜生'豹是指英國國敎。而長老會卽比以‘形容憔悴的豺狼’。

100.

Dryden的第三時期。 到這一時期，他在政治上失勢，除了繙譯AEneid，Juvenal，和Chaucer諸人的作品以外，又寫了兩篇著名的短詩：（1）“聖Cecilia紀念日歌”（A Song for St. Cecilia's Day）和（2）“Alexander的饗宴”或稱“音樂的權力”（Alexander's Feast or The Power of Music）。後者是英語中最成功的長短句詩，有很好雄壯的音節。(註)

但是Dryden負有詩人的名譽，專在乎他的善於操縱“英雄聯句”詩。

Walter Scott爵士於1808年重刊Dryden的作品，并以他爲一個理想詩家，寬恕他的錯處，他說：

‘Dryden的吟咏

足以使‘圓席’的英雄復起，

但是下流的國王和朝庭

（註）這兩首短詩都是稱音樂的護神St. Cecilia。

令他窮苦工作，替他們要把戲。(註)

第十一章撮要 (復辟時期)

在復辟之後的反動，Cromwell 的屍身被人家掘起掛在倫敦的城牆上。清敎徒是被人家輕蔑，他們的人生觀成爲人家譏諷的笑柄。在文學上這種蔑視也極明顯。

Samuel Butler 寫一篇滑稽敍事詩，嘲笑某虛僞的淸淨敎的勇士 Hubibras。

在共和政體不寧政局之下，有一派豪放的詩人寫了一些很美好的抒情詩，其中最卓特的是 Herrick，但是到了 Charles II 當國時連這種天才都沒有了。玄學詩人如 Cowley 等遂在這時候帶着他們迂儒的短歌和牽强的典故興起。

法國的影響於戲劇和別種詩歌，各處都極明顯。

復辟時的戲劇一部分是仿模法國的 Comedy

(註) 這就是說，他如果住在比 Charles II 較爲偉大的時期，他一定成爲偉大的敍事詩家。

of manners 的，但是變成極為下流。因為朝庭的鼓勵這種喜劇遂大興盛。Wycherley, Congreve 和 Dryden 是他們中最主要的代表。

1689 年的改革之後，不久有個反對天主教的教士起而責斥時代的淫穢。大衆的意見都贊同他，這惡習遂因此停止。規矩而乏味的"傷感喜劇"就在這時候興起。

Dryden（生於 1631—1700 年）是復辟時代的文藝中唯一著名的人。在他的許多韻文戲劇和顯赫的批評論文中他擁護法國古典派的戲劇體裁。他雖然寫了二十七篇以上的戲劇，他却沒有戲劇天才。他所喜歡描寫的只是投機的作品。

他最著名的是譏諷政治的文章，如 1681 年所做的"Absalom and Achitophel"（其中 Absalom 就是指反抗者 Duke of Monmouth），和說到當時的宗教紛爭的兩首，"俗人的信"和"牝鹿與豹"。

他的第三時期除了繙譯之外又寫了兩首著名的短詩，"Alexander 的宴饗"和"聖 Cecilia 的紀念日"。

Dryden的時代也出了一位偉大的民黨的哲學家Locke。他的作品用哲學的方法證明大改革和民主主義的正當，并且非常影響大衆的意見。

第十二章

黃金時代(Augustan age)

——法則和理智的時代——

（從西曆1700—1745年）

101.

新聞事業的開始。　Charles II時由諂媚國王的裁判官規定'舉凡刊印或發表關於新聞的任何書籍小册都是違法的'。但是這種禁令終於證明是太嚴酷的，所以通過一條給照的法令(Licensing Act)。因此稍爲調合了，所有的報紙都應該經過檢閱官檢閱。

然而，1689年的大改革之後甚麼事都變遷了。到1695年這檢照法律已經滿期無效，而仗着John Locke重行刊布，Milton在他的"Areopagitica"所表現的願望終於滿足了，民衆得任意刊印甚麼的自由。

因此，在1695年新聞事業的時代就開始了。報紙長得像菇菌一樣的快。民衆極其歡迎各種新聞和醜事的揭露(註)，大有一種'貪食而不擇味'之概，(這是Addison在1712年8月8日寫在"Spectator"報上的文字所說的話，原文爲'Voracious appetite but no taste')。

因爲要使百姓有比較好的辨別力和道德，所以兩個偉大的論說家Addison和Steele到這時候遂開始寫作(參見104節)。

102.

民黨員與尊王黨員。 在1689年，Stuarts

(註) 從此以後，專寫這類文字以投時好的文人普通都稱爲Grub Street，因爲他們都住在倫敦這條窮巷裏。

圖謀要以專制治國，廢除國會，而被逐出國，遂由反對天主教者 William of Orange 繼位。

到了1695年，那時候政府已經能够運用檢閱官的權力來壓迫或是制裁關於政府的行爲的一切的批評。雖然，革命以後，產生以黨治國的制度，而民衆言論得到自由。但是各部長却從此想出一種新的方法，用賄賂的手段來支配文學界，或像大部長 Walpole 所說用酬報與懲罰的方法。

換一句話說，如果一個聰明的作家願意幫助或一黨派，無論在黨得勢之前後都可以得到做官，這黨派可以保他得到肥缺；如果反對呢，他們就想盡他們的方法來陷害他，逼迫他。這種黨派分立的政府使十八世紀的文學有重大的影響。所有的文人不是委身這一派，便是依附那一派，不是替民黨寫作便是替尊王黨。Defoe 是第一位大文人感到這種左右艱難的苦痛。後 Defoe 幾年的 Swift 也是境遇相同。

民黨與王黨的傾向最不同的地方是：(1)關於國教的觀念；(2)關於君主的觀念。

民黨是造成革命的黨。他們以爲國王只是比一個官員稍微高貴些，應該依從議院所選出的內閣部長行事。他們是反對國教者或肯容納反對英國國教的教徒。在都會中極其興盛，其中同樣地包容貴族與平民。

尊王黨在鄉村極其興盛。所以十八世紀興起一種'都會對鄉村'的口號。他們信仰英國國教而不容納反對國教者。特別重視君權世襲，並謂無論君主的行爲如何，民衆有絕對服從的義務。他們的神聖不可侵犯的君權(Divine Right of Kings)的憲法理論從Filmer的"族長"(Patriarcha, 1679年)一書表現出來，後來民黨哲學家Locke答覆他并且指斥他的謬誤(參見95節)。

103.

在這新制度之下的作家以Danied Defoe(生於1659—1731年)最著名。他終生切實討論革命以後的新理想，——民主政治，寬容，政治和社會的文化。在這一班社會非常需要訓練的當兒，做了很有益的工作。

Defoe是倫敦人，屠夫Foe的兒子。他對於社會改良的熱烈使他變成一位當時最能幹的時論家，但是常常陷他於困難。

因為他發表一篇短論叫做"對付反對國教者的捷徑"(The Shortest Way with Dissenter)，勸政府索性用懸吊和放逐的手段來壓服反對國教的人(寓反諫意)，因此而受枷刑，并且罰金和定了七年監禁的罪。他因此陷於窮困。

西曆1704年他還在獄裏的時候就着手創辦"評論"(The Review)，這是英國這一類定期刊物最早的一種。她的一部份叫做"詆譭俱樂部的忠告"(Advice from the Scandalous Club)，為"閒談者"(The Tatler)和"旁觀者"(The Spectater)的先導。他也公然主張自由通商和蘇格蘭與英格蘭聯合。的確是個改革上各方面的先驅。

他的名譽的所以傳徧全世界，而成為家喻戶曉的名字是因為他的大著探險故事"魯濱孫飄流記"(The Life and Strange Adventures of Robinson Crusoe of York，發表於1719年)。這創作有極多的譯本，和各種模仿作品叫做'魯濱孫體'(Robinsonades)。

“魯濱孫飄流記”是寫於她的作者五十九歲的時候。是作者自己一生的故事；他也會碰着船破，和因爲黨派的憎恨而被損害，僅以自身百折不撓的勇敢和善於隨機應變而得到安全。他也像他的故事中的主角開始用獨力來更新生活。這種故事叫做孤居故事（Romance of Solitude)。

他的“災年日記”(Journal of the Plague Year)“俠客傳記”(Memoirs of a Cavalier)也是想像的作品，但是寫得很像寫實的，所以很久被一些率直的讀者認爲是可靠的歷史記述。

他其餘的小說，“船主新格列敦”(Captain Singleton)和“摩爾服蘭納士”(Moll Flanders)是品格小說(novel of Character)的先導。後一首是下流生活的小說(Picaresque novel=Rogue novel=novel of low life，因爲西班牙文的picaro=a rogue=流氓，騙子，乞丐等下流人)。

Defoe 對于各種題目的著作都很豐富，文體比繼續他的大作家Swift較清順自然，但是他的鋒芒和筆力都不如Swift

他所做的普及教育的工作由論說家 Steele 和 Addison 繼續。

104.

一些論說家承接 Defoe 所倡始的工作，努力于新英國的社會教育。Richard Steele 受 Defoe 的"評論"的暗示，而創辦并編輯一種定期刊物叫做"閒談者"(The Tatler, 出版于 1709 年）到第十八期 Addison 加入這種報紙，于是就逐漸不談政治。這兩人是密友而且在這時候同是三十五歲。

西曆 1711 年正月，一星期出版三次的"閒談者"停辦，重刊的時候改稱"旁觀者"。每天出版一次。從 1711 年三月一日繼續辦到 1712 年十二月六日停止。這一年的刊物以後重印了幾百版。爲現時一種英國的名書。

Steele 和 Addison 因爲辦這兩種報紙，所以他們的名譽不朽，不但是批評論文的創始者，也是幽默家和道德與社會的改革家。他們眼看着反背清淨教的人（Anti-Puritan）在國中的反動的爲患，決意建造嗜好和道德的健全標準。

Steele介紹"閒談者"時說：'這報紙的主要目的是揭露錯誤的人生藝術，和提倡普通的衣服，談話和行爲的樸質。' Addison在"旁觀者"裏說：'總而言之，我的推論的要把惡習和愚蠢逐出大不列顛之外'。

"旁觀者"的影響英格蘭是很顯著的。她爲十八世紀文學造成一種新的教訓精神，其餘的呢，溫文爾雅的描寫性格，直接地領導Richardson所孕育出來的英國的品格小說（novel of character）。

但是Addison和Steele曉得比用解釋道德意義或拚命攻擊惡習來改變百姓較爲美好的方法。他採取別種策略，用詼諧的態度，現出習惡的可笑。舉起未成腐化的英人來做模範，使百姓懂得美德和好行爲的優美（例如指出一位鄉村中的紳士Roger de Coverley來做極好的老人模範）。這關于倫敦生活的溫文閑雅的'旁觀者"還介紹一班人物，長傳于後世——例如：軍人Captain Sentry商人Sir Andrew Frehort；上流的長者Will Honeycomb；有高尚的嗜好和學問的

Templar（倫敦律師公會會員）。所有這些種類的人都成爲英國小說裏的人物的模型。

105.

"閒談者"的功績 她完成三件事：（1）領導社會生活的改革；（2）肅淸文學和貢獻好輿論給國民，使不道德的作品失了勢力；（3）敎導人家明白好文學應該是怎樣的。

從Addison的"閒談者"文學批評才在英國佔有勢力。他從事于闡明英國的大作家和名著——Milton，聖經，Shakespeare和古時的歌謠——的意旨和價値來敎導英國人，——并努力于引證古代的偉大作家來養成他們的嗜好。他的批評方法的疵點是他採取中古時代的作品來做評判現代作品的固定的標準。以Aristotle的'敘事詩的法則'來評定Milton或者是可能的，但是以Horace爲標準來評衡歌謠却的確是荒謬絕倫的事。然而，Addison要普及敎育和把隱埋在大學裏的學問重現于各種俱樂部，茶會和咖啡店，這種觀念却很難得。

他的文章以多數的中等階級爲對象；因爲

他的幽默，他的和諧，他的美好的風趣和完善的舉動，以身作則大爲獲得民衆的信仰。

他指示他的讀者'正當而不至于乏味，敬虔而不至于拘泥討厭，俠義而不至于傷感'英國到現在還用着這話做'上流人'(Gentlemen)的標準的觀念。

106.

Addison的影響歐洲。 Addison立卽就引起遍歐洲人的橅仿，他的高尙的Sir Roger de Coverley 對于促進世界的文明很有幫助。單算德國，在1714至1800年的時候就有五百以上的這種敎訓體的刊物(moralische Zeitschriften)創辦，其中一些是繙譯 Steele 和 Addison 的文字的。從 Zürich 到 Hamburg(按卽德國極南至極北)，Addison的名望正和Gottsched或Bodmer相頡頏。這種論說的刊物 (die mordische Zeitschrift)在德國剛剛好跟英國一樣，是俗會小說 (novel of manners)的先驅。

107.

Alexander Pope(生于1683年—1744年)繼續

Dryden 爲上流社會生活的文學首領。英雄聯句詩到他手裏已臻絕境，大家并且都承認他是譏諷文學到了全盛時代的譏諷詩的巨擘。他的手裏操着可怕的武器，連他的朋友都不能在他詼諧的筆鋒下得到安全。

他是個已經退隱的麻布商的兒子。少年時就住在離 Windsor 不遠的他的父親的家裏。因爲他是個天主教徒，不能夠進一些有名的公立學校和大學。

從幼他就多病殘疾，并且時讀時輟。但他是個最早熟的兒童，很少年就寫詩。當他二十歲時就在 Will 的咖啡館出席于毛髮斑白的 Dryden 所主席的文學會議，這主席就是他當時所崇拜的人。

他的父親死後，他就承繼一間房子在太姆士河上流的 Twickenham 地方。在那里的時候他的名望最爲顯赫，這多病瘦小，眼光炯亮的人居住此地，接見國裏的顯官，文人，學者，詩家和當代美人，受他們的推崇欽敬。

他的著作包括（1）繙譯，（2）論辯的詩

(Argumentative verse) 和(3)諷諷文字。

他起先是詩家Virgil的模仿者。當十六歲那末年青的時候就寫了一本"田野詩集",(Pastorals)和繙譯 Statius his Thebais。雖然他終于不是個高明的希臘學者,但是略後他却繙譯Homer的"Iliad"爲押韻的聯句。所以一位現代的批評家說是'戴假髮Homer'(按卽將Homer變爲十八世紀人)。不過Johnson博士和十八世紀其餘的批評家却以爲是極其完美成就,因爲他們一點也不懂大自然和 Homer 抑揚頓挫的韻文。Pope因此得到威名和富有。

當日普通所認爲詩的主要作用(卽用詩辭說理),正是Pope所擅長。他兩首敎訓詩,"批評論"(The Essay on Criticism,寫成于他只二十歲時)和"論人"(The Essays on man,1733年)是這類詩的好模型。前者敘述詩人應該順守他的藝術定律,和特別舉出法國的成例來證明他。雖然裏頭不曾包含一點新奇思想,可是因爲他的自然流暢和其中警句的輝煌而很動人。"論人"一篇也正是這樣,人們經過很久都珍重地認做哲理詩。然而假如根據Lessing在Frederick the Great 朝中對 Pope 的信徒所指摘的話，Pope 却完全是個淺薄的思想家和一個對于哲學涉獵不精的人。這"論人"的第四部"信扎"(Epistles) 討論在世界上的罪惡的存在及慈悲的造物主兩種信條要如何融洽貫通。

Pope 最受稱譽的譏諷文章是"愚夫" The Dunciad (註)。作者假托有個愚王的寶座 (Throne of Dullness) 正空着，提議使他文學上的敵人陸續順序登台。Theobald（見63節）的得罪他是因為出版一部重編 的Shakespeare 戲劇比 Pope 自己的較為完善，在這詩中被攻擊，使他在一世紀半中的名譽掃地。Pope 在"愚夫"和"寄 Dr. Arbuthnot 的信"(Epistle to Dr. Arbuthnot) 裏都顯出他是個善于各種嘲笑惡罵的大家。沒有誰能像他那麼彬彬有禮而同時那麼善于表示輕蔑和不公平。他的"Horace的模仿" 'Imitations of Horace"

（註）參較 Iliad = Ilias poiesis，講 Troy 城的詩；所以"Dunciad" 意思是講愚夫 (dunces) 的詩。

把他以前的兩個朋友挖苦的極其難堪，同時現出他的胸襟是如何的狹窄。

他最好的作品是"捲髮的搶奪"(The Rape of the Lock)，幾乎可以算得只在這一篇才表現了他眞正的創作力(參考226節)

108.

Pope是否詩家？依Keats和十九世紀的浪漫派詩人所批評的，Pope無論如何不是一位詩家。

他和他的一派的人似乎都沒有鼓起偉大的詩的情緒的能力，——愛美，愛自然，忠心偉大主義，或一種高尙的熱情。他們所表現的熱情比較卓越的只是刻薄的憎恨。Dryden的譏諷文章未嘗像他那麼常陷于鄙野和涉及私事，不過無論他情性如何險惡，他的文詞極其美麗。他有益于英國文學專在乎善于操縱正確的詩律和正確的文字，並不是因爲有獨創的理想。我們如要明白他的特長和他站在英文詩的進步史上的位置，我們應該把他與他以前的玄學派的腐敗詩人比較，不應把他和在他以後的十九世紀的浪漫派詩人相比。

109.

Jonathan Swift（生于1667—1745年）。Pope的朋友僧會會長Swift這"黃金時代"出人頭地的散文作家，他的智力與文學都勝人一籌。諷諷散文尤其是他的特長。

雖然出世和受教育都在Dublin，可是他完全是英國的嫡系。少年時新從大學裏出來，一位退隱的政治家，William III的朋友Sir William Temple就請他做私人的祕書。十一年久他輔助Temple在希望一個美缺，但結果沒有達到。就在這時候他寫了"書的戰爭"（The Battle of Books）和"桶的故事"（The Tale of a Tub）這兩篇譏諷散文，遂初次露出他有成爲創作家的才力而著名。

"書的戰爭"敍述在一個圖書館中，假設古典派的書與現代的書釀成一個類似Iliad書上的戰爭。這些書從書架上墮下來而互相對戰，爭執着要擁有Parnassus的山峯（卽爭爲文學泰斗）。因爲要使他的保護人歡快，所以使現在的書結果打敗。

"桶的故事"（指一個不足信的故事，爲水手而寫的故事）是一篇極爲激烈的諷諷文字，內頭說有Peter, Martin，和 Andrew（指羅馬天主教徒，路得馬丁教徒，加爾徵因教徒）因爲他們的父親的遺囑（指聖經）而互相爭吵。

據許多人的眼光看起來，這譏諷散文是嘲笑各派宗教的。

Temple死後，Swift却加進教會。因爲受派做愛爾蘭內地的孤小鄉村的牧師，使他悒鬱不安。

但是，他是富有功名心的一個人，那肯埋沒他的天才在愛爾蘭的沼澤裏，因此他多半的時間住在倫敦，决意要服務于政黨做進身的階梯。首先他的著作偏袒民黨；但民黨並不看重他，所以他拋棄民黨而歸附尊王黨。不久尊王黨讓他做 Dublin 大禮拜堂的寺長（Dean）。Swift以爲這酬報是太小了；因爲他希望得到一個主教職。

這是他做小冊時論，最有權力的時期。到了 George I 即位。尊王黨失敗，他所有高昇的願望也跟着一掃而空。

從此他永久隱居愛爾蘭，并擁護愛爾蘭人的要求。在他的"布商M.B.的信"(Letters of M. B., Drapier)一文中，喊出愛爾蘭反對英國政府的苦情，幾乎激成叛變。

"Gulliver的旅行"(Gulliver's Travels見227節)就是在這晚期(或稱爲愛爾蘭時期)裏所寫的偉大作品，因此Swift才能站在文學壇上。這本書是對於倫敦生活的激烈的譏諷文章。許多人讀到牠都以爲只是一個在理想的地方的奇怪旅行的僅有的故事，與書中Captain Lemuel Gulliver一樣地驚奇贊嘆Brobdingnag的五穀高得像'新林'(New Forest英國古林)中的槲木，針箍大得像吊桶，鷦鷯大得像火雞！

在他的晚年時他的神經完全變態。他預知自己一定死於瘋狂。

他沒有結婚；因爲他對Esther Johnson的友情激起他寫他的"贈Stella的日記"(Journal to Stella)。從這些信札(以他所謂'碎話'little language寫的，按即多隱語)我們看到這深惡人類者的細膩溫柔方面。

他的譏諷文無論如何粗鄙，對於當日的文化却大有益處，因為它使英格蘭人重新考究他們的宗教和社會制度的基礎。

110.

Samuel Johnson（生于1709—1784年）。Dr. Johnson的負有他現在的盛名比較是仗着他所說的并不在乎他所寫的。Boswell收集他的茶餘酒後的閒談的言行錄，而著成英國文學上最好的傳記，"約翰生的行傳"(Life of Johnson)。當他還活着的時候就受'狄克推多'(Dictator)的稱號，Carlyle并且把他算做歐洲的代表人物，或是'英雄'(Heroes)之一。

他是Gibbon(歷史家)，Garrick, Goldsmith，Sheriden, Sir Joshua Reynolds(偉大的美術家，畫了一張著名的 Johnson 像，現在還排在倫敦的'國立美術館' National Gallery)，和Hogarth這些人所組織的會社的首領。

他是一個Lichfield地方的書賈的兒子。離了劍橋大學時就伴着將來的演劇員 David Garrick

去倫敦，在文學上碰碰他的運氣。

在倫敦的早期生活極爲窮困，做'Grub Street'一類的賣文者。這時候他有一次在信末簽自己的名做'你窮困的朋友 S. Johnson'。在他著名的"致 Chesterfield 伯爵的信"(Letter to Lord Chesterfield)他也沉痛地提及他當時的苦況和屈辱。他在這時期寫了兩篇模仿 Juvenal 的譏諷文映出他的精神的悒鬱。一篇叫做"倫敦"(London)，文中爲文學的受輕蔑鳴不平；一篇叫做"希望的虛無"(The Vanity of Human Wishes)，切實地引 Wolsey, Galileo, Laud 和其他這一類的人的生活來證明世事的雄望只是一場春夢。

他的一篇散文的'哲學故事'"Abyssinia 國的太子 Rasselas" (Rasselas, Prince of Abyssinia) 也表現出同樣的觀念。這太子經過游歷世界之後，回來隱居在他 Abyssinia 的鄉村，得到世人的意志和决心儘是虛無的證據而信服，而拋棄它們的一切。

他創辦"漫遊者"(The Rambler)和"惰怠者"(The Idler)兩種定期刊物。他在這刊物所撰述的，比起他描寫 Rasselas 時的笨重的文體已經常是比較簡潔了。他的笨重的拉丁文體，帶着長深的字和愼重的辭句，與熱誠地崇拜他的 Boswell 所爲他寫在"行傳"(Life)中的生動有力的英文完全不同。要說明這種文體的如何差異，最好是舉例。他一次談到一個戲劇說：'It has not enough wit to keep it sweet'。然而當他寫下去的時候，可就弄壞了，變成'It has not sufficient vitality to preserve it from putrefaction'（前後兩語的意思皆爲'缺少生氣魄力來保持牠的新穎'，惟第二句的用字即較深奥生梗）。連尊誠欽仰他的蘇格蘭人 Boswell 時或受他的辱罵。Johnson 咆哮地說：'小子 Boswell 因爲不生在 Dunciad（傻子故事）受描寫的時候，失掉他唯一不朽的機會'。

他最後的著作"英國最顯赫的詩人的生活"(The Lives of the Most Eminent English Poets) 是英國文評中的傑作，雖然他的評斷常是染有政治上的偏見的色彩。例如他的輕蔑 Milton 的作品，完全是因爲 Milton 是個共和主義者，和貶抑 Gray ，雖然 Gray 是當時最優越的詩人。他的評論正如 Addison，還是拘泥上文所說固定標準的理論（見105節）。他是 Addison 的武斷批評的一派的末後一位偉大代表。

然而Johnson最爲不列顛人民所欽仰的是他編纂偉大的"字典"(Dictionary)一書。直到現在他還是以'大字典家'(The great lexicographer)見稱。

從禮貌上說，Johnson是蠻橫專斷的。這博士的粗大的臉子滿是麻子，蒼白的大假髮，骯髒的手，搖擺的步伐和說話的喘促遂引起詩人Gray綽號他做'大熊'(Ursa Major, the Great Bear)。但據Goldsmith所指出的，他除了皮膚之外再沒有甚麼像熊。他具有深沉明達和猛烈的精神，高尚寬厚的心腸和談吐如流的天才。他就是藉着這些天資和自己高深的學問而成爲當代文藝界中的首領。

111.

英文字典。　字典是一種解釋文字的書。首先的字典是一種"註解"(glosses)的體裁。這些註解是用淺易的拉丁文或英文來解釋困難的拉丁文，就是一班和尙在手稿的字行中註出的。

第二步就歸集那些註解的字而成爲語彙(glossaries)。

後來拉丁字的拉丁文註解漸漸完全換做英文的了，遠在西曆一千年時就做成初創的拉丁英文字典。但是哪曼人侵入而毀滅了英格蘭的文學，所以十五世紀以前再沒有產生第二種的拉丁英文字典。

到西曆1514年，現代語言派開始。Mary Tudor和法國的Louis結婚，Palsgrave爲她寫了他的"法文的詮釋"，"Eclaircissement de la Langue francaise"，在這一書中，初次用現代語來解釋別種現代語。在James I當國時，法國字典，西班牙字典和意大利字典都出版了。同時用英文註釋的英文字典也出了。他們聲明這是給'婦女和無專藝的人'(註)用的。

(註) 這一段話是根據Dr. Murray一文中所說的，Murray的"New Oxford Dictionary on Historical Principles"現在已經快要編完了(十本，價26鎊)。(按此即牛津大字典，1923年編成)。

在 1721年就出版第一次試作的完全的英文字典。這是由Nathaniel Bailay根據字源而作的。"Johnson博士的字典"(Dr. Johnson's Dictionary, 1755年)就是依據這本書做底本。

到Anne的時代，語言已經大體完備了，人民都夢想着得到一本無論如何都能適應——如果那是可能的！——字的正當用法的字典。這使Johnson博士戮力於這種偉大的工作。這著作的新特點就是其中的引證，那是由六個助手剪存，而由這'大字典家'一手編集。

第十二章 撮要

（黄金時代）

在 1695年，廢除給照的法令，新聞事業的時代從此開始。

Daniel Defoe（生於 1659—1731年）是第一個偉大的新聞記者。然而，人民的自由是有名無實的，那尊王黨的政府因爲他作文反對他而贊成宗敎自由，藉端割了他的耳朵幷監禁起來（1702年）。惟到了民黨員重握政權時他才遇赦。從此他成爲一個殘廢的人，開始更新的生活。

他快六十歲了才寫好他第一個和最偉大的想像著作"魯濱孫飄流記"(Robinson Crusoe)。這是一些關於他自己的生活的寓言。在首部裏他表現 Robinson 在 Caribbean 海中的一個孤島上冒險。這奇異的冒險故事不久就爲全世界愛讀品。——他們形成一個冒險小說進入品格小說的過渡時期。

十八世紀偉大的論說家 Addison 和 Steele 繼續 Defoe 革新英格蘭社會的工作。

他們的第一種報紙"閒談者"(The Tatler)在1711年替"旁觀者" Spectator 打開一條途徑。由"旁觀者"的可貴的論文遂完成了三件事情：(1)改良百姓的禮貌和生活的規則；(2)使不道德的作品不流行；(3)指導百姓尊重高尙的文學，讚揚 Shakespeare，幫助1798年的浪漫派復興的產生。徧歐洲都摹仿 Addison，特別是德國，在那里於1714年到1800年間，像"閒談者"這一類的敎訓的定期刊物出了不減五百種。

這"閒談者"以及其中的關於時俗的論文

是時俗小說的先驅。

代表這批評和譏諷的時代是 Pope（1688—1744年）和 Swift（1667—1745年）這兩位著名的譏諷文學家。

Alexander Pope 採取法國詩的風度來做英雄聯句詩。當時是個詩中含蓄理智的時代。他站在哲學家的立足點，寫了“論批評”和“論人”這兩篇浮淺的詩，但是因爲其中明朗的警語和雅逸的文體終成英國的名著。於他戲擬的英雄詩“捲髮的搶奪”，他的藝術就算已經達到極點。這是用美妙詼諧和幻想的口吻來敍述 Anne 女王朝中的仕女互相奪一位從一個王朝貴婦的頭上割下的一束捲髮的故事。

Pope 最長的譏諷文是“愚夫故事”，在這文中他偏私地非難偉大的第一個 Shakespeare 作品的編纂者 Theobald 。他的有功於文學是靠着在詩中運用文字與詩律的準確和雅逸，而不在乎想像。

Pope 的愛爾蘭朋友 Dean Swift 是當時著作小册時論的大家之一。他是教士，并希望因爲他的政治論文的酬報而得到一個主教的職位。然而他的朋友看出他蔑視人類的劇烈，以為他與這種位置不合。他的暴烈過激的幽默完全沒有溫愛的成份。

George I 在位時他賦閒於 Dublin，著作"Gulliver 的旅行（1726 年）。這是蕩人心魄的一篇冒險故事，其中隱藏着深刻有力的譏諷。

他死於瘋狂。是當代最有勇氣和最不幸的人。

那武斷和博學的 Johnson 博士是這時代文藝上特出的人才，所以這時代常常就做叫 'Johnson 時代'。

第十三章

小說的興起

112.

十八世紀的小說。 十八世紀的文學最大成就的是小說的發展。

照現代的意義說，小說是依據眞正的生活形式而虛構出來的散文故事。她是描寫一些大情緒（常是一種戀愛）的文章。她的情節是複雜的，和目的專在發生一種單純明顯印象的短篇小說(short story＝德文 Novelle)不同。

我們已經讀到一些這小說的進展的醞釀步

驟——理想國的故事，盜賊的故事，寓言的冒險的故事（如“魯濱孫飄流記”和“Gulliver 的旅行”）‘性格’短論，以及 Addison 的時俗短論。現在我們且先敘述時俗小說和冒險小說。

在歐洲文學中第一個著作現代小說的人是 Samuel Richardson。

113.

Richardson（生於 1689—1761年）是英國北部一個木匠的兒子。他只受極少的教育，當他還是一個小孩子的時候就離開他的Derbyshire村，上倫敦去求發展。起先做個印刷工人，做成功了，後來竟像神仙故事裏的 Dick Whittington 和他的店主的女兒結婚，并自己創辦。

這天資穎敏，胖而倭小的印刷者過了五十歲時，一位出版家聽見他有跟少女通訊的嗜好，請他編著一本模範的戀愛尺牘。因為這一點動機，他竟寫起“Pamela or Virtue Rewarded: A Series of Familiar Letters from a Young Damsel to her Parents. London 1741. Anon.”

“Pamela” 是歐洲關于中等社會和下等社會

的生活的第一部社會小說。這書中的女主人翁叫做 Pamela Andrews。她只是一個美麗的女僕，謹慎自己的行爲不受種種的誘惑。和結果受一個少年男僕的挑撥而跟他結婚並且勸導他悔過自新。

在 1748 年，Richardson 又出版他的第二部書 "Clarissa"。這部書共七卷，也是書札體的愛情小說。這是他的傑作，像 Sir Walter Scott 說：'因此，Richardson 將以英國文學家留芳萬世'。"Clarissa" 和 "Pamela" 是相伯仲的作品，其中的女主人翁 Clarissa Harlowe 決意逃避，不跟她的父母所選擇的可憎的 Solmes 君結婚。結局絕望，她懇蠢地請 Robert Lovelace (註) 保護她，反而受他的虐待和放棄。受人的誤會誹謗，和被她的父母朋友等所唾棄，這可憐的 Clarissa 終於心碎，死在倫敦的宿舍裏。

(註) Lovelace 是在文學中產生出來的叫做 'the rake', 'the gay Lothario', 'Don Juan' 和 'Don Giovanni' 這一類人物的典型。

他的第三種著作“查理士的歷史”（The History of Sir Charles Grandison）是一種索然無味的敎訓體小說，全書共有七卷。其中的主人翁在他向 Byron 小姐求婚一節，是要表現做一個上等少年的理想標準。Clementina della Poretta 是其中一個人物（見114節）。

Richardson完成一種大發現，這就是發現那讀者們深有詳細微渺地分析他們自己的感想和情緒的趣味。他的情感分析的小說（novel of sentimental analysis）的所以得民衆的歡心，不但是描寫出人生的現形，同時又表現了一種人生應該如何的理想。

全歐洲爲他的小說所感動哀悼。甚而有一些旅客從遙遠的德國跑來吻他的墨水瓶，英格蘭人推崇他爲當時最偉大的倫理導師之一。

但是Richardson的才智能否當一個倫理導師在他的時代就成了一個問題。他頌讚美德幷不在乎美德本身的高尚可貴，而是在乎一種的盤算美德所以可貴因爲可得最好的酬報。他的缺點是繁瑣和感傷，然而他的特點，特別在他的偉大，著名的小說"Clarissa"中的特長是無可隱諱的，——深諳個性，生動的情境，人類動機的盡情描寫，和枝節事端的佈置得法。

114.

Richardson 的影響歐洲。 所有 Richardson 的小說都是用信札體寫的，假定是書中主要人物互相通信的。他在"查理士的歷史"的序中為這結構辯解。這結構為法國的哲學小說家 Rousseau，和偉大的德國詩豪 Goethe 在他的"少年維特的煩惱"（Werthers Leiden, 1772年）所採用；然而在 Goethe 的書中為要避免贅繁雜亂，所有的信都擬為一人所寫的。

Richardson 幾乎影響了 Frederick the Great 的時代的所有的作家。繙譯 Milton 作品的 Bodmer 是個熱烈地欽仰他的人；在德國第一個描寫中等社會生活的感情的社會小說"瑞士伯爵夫人的傳"(Das Leben der schwed schen Gräfin) 的作家 Gellert 繙譯"Pamela"，并且說他曾經如何為 Clarissa 慟哭：'他的手巾，書案，和書都被他的眼淚溼透了'。著名的詩家 Klopstock 寫了一篇清高的抒情短詩贈給 Clarissa (1751)。

連 Lessing 也以為人們假如要學慈悲寬大除了"Pamela"和"Clarissa"之外再不能找到再好的根源。在 Lessing 所寫的德國第一個中流社會的悲劇"Miss Sarah Sampson"中的冗贅的對話和意旨，受 Richardson 的影響是一目了然的。

Goethe 也是如此，在"Dichtung und Wahrheit"稱譽 Richardson 的著作是有益于教育的。

在法國 Abbé Prevost 譯 Richardson 作品為法文，因此他對於法國小說也有極重要的影響。

115.

Henry Fielding (1707—1754年)。幾個不稱揚"Pamela"中一個是少年新聞記者和戲劇作家 Fielding。

他是一個將軍的兒子，并且是個蕩子，以賣文編戲為生。1728 年至 1737 年間他寫成二十三個喜劇，兼譯一部 Moliére，—— 所有這些作品現在都已經遺亡了。但是他的著作喜劇使他熟識情節和合的重要，并且是他寫小說最有用的習練。

後來做了受祿的審判官，遂有很多的機會來觀察世上的罪惡和監獄裏的生活。當這時候他著作他的重要的小說。

他能夠成爲小說家幾乎是不期然而然的，動機專在想譏笑"Pamela"的僞道德。這就是他第一篇小說"Joseph Andrews的冒險"(The Adventures of Joseph Andrews)的所由出。這一篇小說是用Cervantes的文體寫的，用Joseph Andrews來戲擬 Pamela Andrews（見113節）。然而 Fielding 瞬卽忘了他譏笑的本意，把這小說擴大，用幽默和譏諷的態度來描畫十八世紀生活的現形，自稱爲一篇滑稽的英雄史詩(a comic epic)。繼復寫"賊王約拿單的生活"(The life of Jonathan Wild the Great)，假托一位英雄敍述一個著名大盜的生死。這是長篇的譏諷小說最好的模型之一。但是在作風上說，那是回復一種極其舊式的故事寫法。

Fielding最偉大的作品是"Tom Jones"(1749年)，這是構造情節和描寫個性的一篇傑作。

在他的末一篇小說"Amelia"他附帶描寫當

時監獄裏的可怕的情形。他雖然老是應用小說來批評社會制度和暗示改革，然而他的主旨是玩娛的，并不是講道的。他是英國的小說家中的第一個大幽默家和大寫實家。Richardson是個感傷主義者而不是個幽默家，他曾用他的小說來傳授他所以為正當的感覺。Fielding因此唾棄他。

英國小說從初在開始的時候就有像Fielding這樣的一個人做模範，這是極為有幸的。他的高尚的精神，良善的內心，淵博的教育，人情世故的熟識，以及他的忠誠和勇敢都在他的著作中呈露出來。雖然他的作品含有極多的猥褻的事情，但是他的道德教訓却是健康和完善的。

在他，正如他的時代，我們所大感缺乏的是詩意與靈感。

116.

Tobias Smollett（西曆1721—1771年）像Fielding是個譏諷幽默家。少年時在不列顛軍隊中當個外科醫生的副手，跟着艦隊服役於西印度。

他用這一次航海旅行的經驗做"Roderick Randon"（1748年）一書的映襯。"Roderick Randon"爲眞正的航海小說的第一部。其中描寫海軍生活描寫得逼眞活現，同時以其幽默爲民衆所歡迎，鼓起反對海軍總司令的風潮，結果把海軍事務一盡革新。

在1750年Smollett得到了醫學的學位，正希望重復習練，然而百姓都現出對於他的小說比對於他的醫學較有趣味，所以他從此筆耕而食，做着種種賣文的工作來圖生存。

他其餘的小說有"Peregrine Pickle""Ferdinand Count Fathom""Sir Lancelot Greaves"，（這是戲擬"Don Quixote的）及他的傑作爲"Humphrey Clinker"。

Smollett不像Fielding，他不大注意情節的構造，這是很不幸的。他沒有經過像Fielding爲戲台寫劇的訓練。他的書中的情節只是同一人物所遇見簡單地魚貫而來的事節。然而他的幽默，他的生動精警的文體，他的慈善的心腸却大足彌補其缺憾。Thackeray在他的"十八世紀的幽默家"(Eighteenth Century Humourists)說，那"Humphrey Clinker"是空前的一部最好笑的書。這部書是敍述一家滑稽的維爾司(Welsh)人的家庭到大不列顛各處遊歷。

Smollett 像 Dickens 一樣的是許多最滑稽古怪的文學中人物的創作者。他的古怪人物供給後代的小說家許多的模型。

117.

Laurence Sterne（生於1713—1768年）是英國小說家中的第三個受Cervantes的影響的人。雖然他佩服這位偉大的西班牙人，但他學Smollett的毛病，寫沒有結構的小說。他的書的構造實在是太古怪了，所以一些批評家都不肯把牠歸入小說類中。他也像 Smollett 喜歡採用行爲古怪的人物。

他生於愛爾蘭的 Clonmel Barracks。他的父親是個出征的軍團中的一個窮隊長。他的慈愛的叔父出錢給他讀書，畢業後這 Sterne 博士就去當'聖職'(Holy Orders，卽做基督教的工作)，幷做 York 禮拜堂的受祿的牧師，雖然他的性辦不合於當敎士。（這可幫助解釋他後來何以自稱爲Mr. Yorick。）

直到晚年他才起手著作。"Tristram Shandy的生活與意見"（The life and Opinions of Tristram Shandy）的頭兩卷發表於1760年，并且不久就普徧起來了。

此後Sterne就去遊歷意大利，和採取他想再做的一篇長著作的材料，這著作就叫做"Mr. Yorick漫遊法意傷感錄"（A Sentimental Journey through France and Italy, by Mr. Yorick, 1768年）。

在這書出版那一年他死了，死時是在倫敦的一間宿舍裏，窮困而且孤零。

雖然Sterne著書不多，而文詞猥褻，他是英國最偉大的幽默家之一。他有小說家眞正的才幹來創作小說中的人物和使他所創造出來的人物各有生氣，Mr. Shandy, Senior Uncle Toby和Corporal Trim都是英國小說中人物最著名的幾個。

然而，他的筆力眞正玄奧的地方是兼并歡笑和悲怨。曾經有人批評他是使人過於傷感流涕，流爲維特派（Werterism）。事實上却大不然。從他的悲淚中常常流露出卓絕的幽默，嫻雅的詼語和笑容，實際上極力想把文學從Richardson，Rousseau以及他們這一派的頹喪沉肅的感傷主義中解放出來。

118.

Oliver Goldsmith（生於西曆1728—1774年）是個愛爾蘭窮教士的兒子。

在Dublin大學得碩士的學位之後，他藉辭習醫跑去Edinburgh和Leyden，其實是爲着一種非遍遊世界決不死心的欲望。從那裏他步行動身，在這軒昂的環遊的開始身邊僅僅帶一guinea（二十一先令）。他吹笛（flute）來供給他自己的生活，經過法國，瑞士，和Lombardy。後來不知如何，囊空如洗，衣服襤褸，居然回去倫敦（1756年）。結果趨入文學，這是適合他的一種職業。

在1764年他的詩"旅行者"（The Traveller）印出，跟着就出名了。他變成Johnson博士的密友，幷幫他創設著名的文學社（Literary Club）。

他常是不會節儉，爲要維持經濟，他替人做文章賣錢。在別種事務之中他編纂了一套的歷史——羅馬史，英國史，法國史，和自然歷史。這些書都是博而不精，是非顚倒（learned ignorance, 史學家 Gibbon 的話）的，但是英文極優美。以後的七十年間，‘婦女學社’(Ladies' Academies) 都採用他們。

我們從他的四篇名著而明曉 Goldsmith 之所以成爲藝術家，這四篇名著曾經使他不但在英國文學，而且在歐洲文學也佔有一種勢力。這就是(1)“Wakefield的牧師”(The Vicar of Wakefield，見附錄)；(2)“旅行者”(The Traveller)；(3)“荒村”(The Deserted Village)；(4)“她柔以制勝”(She Stoops to Conquer，喜劇，1773年)。

“旅行者”是一首英雄聯句詩，敍述他 1756 年的旅行。

“荒村”是他所有的詩中最好的一篇，描寫一個記憶力薄弱和憂苦零落的人，他長年旅外，當他重返故鄉，看見那些居民已經被逐遷居了。詩人在這里責斥奢侈自私，並預言一個國家如果以金錢爲富有，不重視人才，那末那一國將要衰落。

這詩中激昂的情緒和對於勞動階級的同情與其說是屬於十八世紀不如說是屬於十九世紀。她的開始'不是論理，而是嘆息'。

如果以一位論說作家論，Goldsmith 也是極爲出類拔萃的。他的一部關於英人的生活和習慣的動人的論說叫做"世界的公民"寫的"中國人的信"，"The Chinese Letters" of a "Citizen of the World" 假托是一個晉直的東方遊客對於英國事實的觀感。這給他一個批評英國人的機會。他佯爲詫異他們的狂愛賽馬，他們繁冗的法律手續，英國律師的貪婪，他們中像 Beau Tibbs 這一班紈袴子弟的都麗。

他在他最先的書中就陳述了他對于著作的主張。——'我們且不要堆砌字句，須力求淸順自然'。

在他那些書中看起來，這偉大的英國幽默家是個事理通達思想健全的模範，與他個人的行爲正正相反。

119.

Richard Sheridan（生於 1751—1816年）。在Sheridan和Goldsmith那十八世紀的時俗喜劇才于消滅之前，重復迴光返照一下。Sheridan 跟 Burke 和 Goldsmith同是個愛爾蘭人。也像Burke是國會的議員，并在印度做第一任總督，在 Warren Hastings的著名的公案中以其雄辯的才能獲得偉大的聲望。

他最著名的喜劇是"勁敵"（The Rivals）和"誹謗學校"（The School for Scandal, 1777年）。"勁敵"一書中有個可笑的 Malaprop 夫人，她的名字已經成爲俗語中通稱文詞乖謬的人。她想要用華麗文飾的話來裝做一個有教育的時髦婦女，但結果只是引起各人的非笑。

第十三章撮要（十八世紀的小說）

第一篇現代小說(Novel)是 Samuel Richardson 所寫的"Pamela"（1741年）。這是用信札體寫的。Richardson是個肥胖而倭小的印刷者，他轉而著作小說完全是偶然的，并且當時他也已年逾半百了。他的書所含有的佳趣并不是描寫在外國海中的激昂宏壯的冒險情事，而是精密地分析人們在家庭上普通生活中的感覺。他深知婦女們的心理。

他的第二個小說"Clarissa"是他最好的傑作。其中敍說一個美女的悲史，她的父母要她嫁給一個她所嫌惡的男子。他的第三部書是"Sir Charles Grandison"。

他的中等社會生活的小說由Rousseau和Lessing間接而大影響於歐洲。

Henry Fielding是第二個大小說家。他曾經寫過許多喜劇，并大比Richardson爲較能了解小說的結構。在他當審判官的餘裕的時間，他寫了三種名著："Joseph Andrews","Tom Jones"(1749年)——正在"David Copperfield"的前一百年——和"Amelia"。在這幾本書中Richardson的感傷就換做諧語與幽默了。他自己稱他的書做滑稽的英雄史詩。其中以"Tom Jones"爲最好。他對於情節構造的精巧，他的寫實，他的描寫個性的赫奕卓異，和他的許多精善的幽默造成他做後來小說家的模範。

Smollett 是個戰艦中的外科醫生，他跟 Fielding 一樣是個幽默家，寫了"Roderick Random"和"peregrine pickle"，首創英國的航海小說。他的第三部書"Humphrey Clinker"是他唯一的傑作。但也像他其餘的著作一般的，因爲結構鬆弛而減色。

Laurence Sterne 是個感傷的幽默家，寫了'Tristram Shandy 的生活與冒險"(The life & Adventures of Tristram Shandy)* 因爲這些作品缺少情節所以難於稱爲小說。

Oliver Goldsmith (1728—1774年) 於他的短篇小說"Wakefield 的牧師"(1766年) 中露出受過以前的四位作家的影響。在他的叙事詩"荒村"在他的喜劇"她柔以制勝"，和他關於英國生活的論說"世界的公民"中都可以看出同樣慈善的幽默，同樣的自然的文體，因此使他直到現在還是個受顧愛的作家。

*此處與本文不同

他的朋友 Johnson 博士也寫一篇小說。那是一篇哲學故事叫做"Rasselas"。他由Boswell所傳述下來的茶餘酒後的閒談比他自己寫下來的書較爲著名。他另外的不朽盛跡是他的偉大的"英文字典"(Dictionary of the English Language)。

這一時代已證明小說的興起,也代表社會舊制的消滅,因爲 Goldsmith 寫了"她柔以制勝",和 Richard Sheridan 寫了"誹謗學校"(1777年),他們算是這一派的殿後軍。

第十四章

浪漫主義的先驅者

從 Thomson 到 Burns 和 Blake。

當整個十八世紀時 Pope 的古典派佔着優勝。可是雖然當他們的勢力最焰時，處處也有一些作家重復摹擬古代英文的體裁。愈來詩人們愈不耐 Pope 一派的詩律的束縛。然而，直到這一世紀末才爆發起來。這就叫做'浪漫派的叛變'（Romantic Revolt 或 Romantic Secession）。這鄙夷古典派的叛變的不自覺的旌號首見於 James Thomson 的著作，繼又見於 Cowper 的著作，最後就較爲公開的見于抒情詩人 Burns 的作品中。

那古典派詩人除了都市生活之外蔑視一切，和除了禮教社會所處理的事之外毫不留意。那些工人，農夫更不爲他們所提及（除了當作田野詩的描繪）。那獨立者從此第一步工作是（1）重復闡揚自然；（2）以同情被壓迫階級來再現人道主義；（3）恢復 Elizabeth 時代的自由的詩律。

120.

James Thomson（1700—1748年）表示恢復用詩來描寫自然和採用（1）Milton 和（2）Spençer 的詩律。

他爲準備做蘇格蘭教會工作到Edinburgh去受教育，當二十五歲的時候這少年詩人就帶着他的詩"冬天"（Winter）的手稿上倫敦去。這詩是他的"四季"（Seasons）——詩的第一部，出版于1726年。他在這首著名的詩中描寫英格蘭一年四季不同的天氣獨具的美。——其中有幾點是猝然擺脫 Pope 的束縛的：（1）那是採用 Milton

的無韻詩體；（2）表現出對於自然的忠實的感覺并且是實地從自然的對象觀察出來的；（3）像 Wordsworth 所說，這首詩不僅是描寫冷淡的理智的詩，而是感情激越的著作。造出鳥的生活的動人憐惜的小品文，和處處露出慈善的上帝的自然的異跡。但沒有對於自然發生玄奥的情緒的痕跡如以後在 Wordsworth 作品中所見的。Thomson 處處介紹鄉村中樸質的男女。例如在"冬天"中他描寫一個牧者如何失路以致死於雪中，在"秋天"（Autumn）他敘出 Lavinia 的故事，這是從優美的聖經的田野故事"Ruth and Boaz"引借的。這努力是極爲新穎的。她的題材，詩律，體局，情感跟都會的詩和 Pope 的一派是如何的不同啊！

在 1740 至 1745 年間出版的長詩，其題材與詩律值得注意的共有三種；牠們都是無韻詩并且似乎都是代表"四季"（The Seasons）一詩所影響的痕跡的，這就是（1）Akenside 的"幻想的歡樂"（Pleasures of the Imagination）；（2）Blair 的"墳"（Grave）；（3）Young 的"夜想"（Night

Thoughts)。

Thomson 的第二首詩爲"懶惰的城堡"(The Castle of Indolence)。這首詩多少重現Spenser的詩節和精神。在此時來讚嘆和比擬當時的Spenser 須要一位胆大的人，至少一位蘇格蘭人，才做得到。組織極爲簡單。其中所說的'城堡'(Castle)是在'懶頭'(Drowsihead)的'妖境'(Enchanted Land)中。'城堡'中一些巨人'懶惰'(Idolence)的俘囚自知已經無望了。結果被'勤勉勇士'(Knight of Industry 或 Diligence)所救出。

121.

詩的文詞 Poetic Diction。 但是 Thomson 和他的生徒還是用十八世紀的虛僞的古典文體，這文體在當時叫做'詩的文詞'(Poetic Diction)，它重要的缺點是：

1. 用拉丁文的結構和詞字。
2. 過於常用顚倒句和用品性的名詞擬爲人名(personification)。
3. 本來應用平常字的地方他們偏要用矯飾深奥的字。

4. 好用僻典腴詞，就指描寫一種事物時不直接以原名稱之(例如說到鳥不說 'birds' 而說 'plumy people' '羽族' 或 'feathered choir' '冠羽吟翁'；說 '浴桶' 不用 'bath' 而用 'gelid cistern' '涼池' 說海不用 sea 而用 'azure main '碧洋')

5. 用專門字而不用普通字，如說 '一個少年' 不說 'a young man' 而說 'a swain' '壯漢'；'一個少婦' 不說 'a young woman' 而說 'a nymph' '林女'；'在田野' 不說 'in the fields 而說 'on the dewy meads' '餐風宿露,' 或 'on the lawn' '芳草坡上'。

在 Thomson 的別首詩和他的假面劇 "Alfred" (此中含有著名的國歌 "Rule Britannia") 這些缺點尤其明顯。這所謂 '詩的專用家' 一直到 Blake 的時候，文學中還可以看見。直到 Wordsworth 說明它的不自然才不再流行。

122.

教士 Edward Young (1683—1765 年) 是另一位在他的著作中表現出這種趨勢的作家。他的傑作是一篇哲學詩叫做"夜想"(Night Thoughts，1744年)。這是爲着死了他的太太有所感慨而寫的一首無韻詩。敍生死和垂古不滅的玄理，與 Pope 一派的詩人所表現的精神大爲不同。Young 說，假如詩人們家境富裕或受國家的俸給，他要冒稱敬虔和屈服當時的時勢和自私的階級宗敎是很容易。他表現了別種較無權力和較不幸福的階級的宗敎見解；喊出一種浪漫主義和民主主義的反叛的呼聲。

他的"論文獨創學作品"(Essay on Original Compositon, 1759年)比他的"夜想"尤其著名。他以爲實地觀察和深遠的感想常是，永遠是好作品和天才的眞正表現。這論文算是Wordsworth以前的一種浪漫主義的宣言，是反對呆版的文學定律與因襲慣例的抗議。其中幷含有讚頌 Shakespeare 的可貴的文字。爲德國人所誦讀研究，幷給德國的浪漫運動(在德國稱爲 Sturm and Drang movement)以一種刺戟。

Young的"夜想"也大有影響於德國作家，尤其對於詩人 Klopstock 爲最甚。

123.

Gray和Collins。　Thomus Gray（生於1716—1771年）和William Collins（生於1721—1759年）是另兩位詩人。他們都是大學者，他們的作品雖然少數，可是都表現出這新精神。他們的愛美甚於注意文學的形式。Gray的短歌"贈以頓書院"(An Ode to Eton College)和輓歌"寫于田村的墓地"(An Elegy Written in a Country Churchyard，1751年）對於詩的形式——詩律和題目都表示一種改變，并且敍述其中的事項都是想像的和感想的。

我們也應該記住，他從1759至1796年住在倫敦（在那時開設不列顛博物館 British Museum）研究哀斯蘭和古代的英國詩(Icelandic and early English poetry)。

Collions的詩從數量上說，比Gray更少。他受希臘詩的簡潔所影響。像Gray一樣，從他幾首短詩就表現出眞正抒情詩的力量。那優美的短歌"黃昏"(Ode to Evening)是他純粹古典體的簡潔文字的完善的代表作。說也奇怪，這種短歌不用押韻而可收押韻之效。

124.

Willian Cowper（1731—1800年）是Thomson 至 Wordsworth）的過渡時代的重要詩人。形成這兩位詩人間的一條聯線。

他是一個村教士之子，一生陷於宗教狂以及忽而興奮，忽而沮喪的可怕的病態中。這使他非有一種幽靜的生活不可。在Buckinghamshire 的 Olney 時，他受慈心敬虔的 Unwin 夫人所照顧，寫了他著名的讚美詩"窩裡"（Olney Hymns），和"閒話"（Table Talk），批評十八世紀的生活和文學。

當他年逾五十時，他與 Lady Austen 發生一種新的友誼，他的詩感因而換了一個新紀元。他把從她所得的故事寫爲"John Gilpin 君趣史"（The Diverting History of Mr. John Gilpin），這是英國幽默詩的傑作之一。其中敍述一個德高望重的倫敦市民，他是個布商及義勇隊領袖，如何在舉行他的結婚的週年紀念。他忘記他不會騎馬，竟借他的朋友的馬騎出去。他的駿馬迅馳而出；當這狂奔疾趨之際他丟了他的帽子與假髮，因被誤認爲竊逃的強盜，并受人喊捕追逐，到了末尾經過許多危險馳回他的家裏已經力竭氣喘，安全脫險，丟了一頂帽子。

Lady Austen 也給 Cowper 以作"王族 George 之死"(The Loss of the Royal George)的材料。這生氣栩栩的田野抒情詩描寫一艘英國的大軍艦在近Spithead的泊船處傾覆。

她繼又授課一般地要仿效他所欣悅的 Milton 詩體寫一首無韻詩，隨便舉一題目，比如"沙法"(The Sofa)，因爲這種動機竟寫成一首冗長矛盾可是很重要的詩叫做"課藝"(The Task)，描寫他的步繞 Olney。他的對於自然和寒微的百姓的微妙親切的觀察是很值得鑒賞的。關於 Gipsy Camp，顛狂的 Kate，(一位林野間窮困的漂泊者)，'郵差在過橋那邊吹角'，和'綿羊吃過的蹊徑綠草'等描寫，在題目上，文詞上與詩律上都告訴我們已經與因襲的都會派不同了。

Cowper 雖然不能列爲第一流詩人，但確是

Wordsworth的一個先驅者。

他的詩"贈Mary Unwin"(To Mary Unwin和"破落戶"(The Castaway),傷心地自敍他運命,算是十八世紀最好的抒情詩中的幾首

125.

Goth體的小說(Gothic Novel) 十七世紀的法國故事老是描寫英雄的生活和受帝王的思想所支配。十八世紀英國的時俗小說就描寫普通人的生活,進展的路線已是民主的了。

然而,在1764年中對於這寫實小說就發生一種反應。一位少年貴族Horace Walpole以爲這種小說出的太平凡。决心要挽回這種趨勢,而置之於較有趣味的地位,便重復描寫中古時代與英雄的舊故事的奇情小說,正如他連他在Strawbarry山的城堡也想改做Goth體的(Gothic)建築。('Gothic'一字在十八世紀文學上的意義是1.野蠻的,如屬於黑暗時代的;2.中古的)

Walpole在第一篇新式小說——"Otranto的城堡:一篇Goth體小說"(The Castle of Otranto: A Gothic Romance)——的序文中宣佈他的主義。

這是一篇故事，其中滿含駭人聽聞的情節，神異怪誕的恐怖——鬼魅出現的走廊，裝有陷穽門的房子鎖鏈鏗鏘，肖像嘆息而由鏡框中走下，石像流血。其主角爲貴胄，——貴族與教士。時間十一世紀。

Walpole的目的是描寫出封建時代的家庭生活和恢復封度時代的世風。

126.

繼 Walpole 之後有（1）Clara Reeve，她著作“英國老男爵”（The Old English Baron）；（2）Radcliffe 夫人，她最受歡迎的小說爲“Sicily 島的傳奇”（A Sicilian Romance）和“Udolpho的秘密”（The M; steries of Udolpho）；（3）Matthew Lewis，他寫了一篇“和尙”（The Monk）；（4）William Reckford，他著一篇“Vathek：一個亞拉伯故事”（Vathek: An Arabian Tale）。單看這些書名已可略知一二。Byron 稱贊“Vathek”，并在他自己的戲劇“Marino Faliero”的序文中極力替 Walpole 的著作辯護。

一切這些Goth體的小說的重要缺點是太多

神異的東西。現在時髦着嘲笑它，但是我們應該紀念着它是浪漫主義的大刺激物，因為他們想要創造一種神祕和中古的風氣。他們影響於Sir Walter Scott是極為明顯的，Scott模仿這Goth體小說的精神而擯棄它的缺點。連在Keats的詩（例如“St. Agnes' Eve”），而尤其是Coleridge的“老水手”(Ancient Mariner等）也可以看到同樣的影響。

最後一篇重要的Goth體小說是Emily Bronte在1847年所著的“Wuthering Heights”。這小說中的人名地名都是英國的，但照Rossetti說，其中情景事物極為可怕，如在地獄一樣。

這英國Goth體小說也大有影響Victor Hugo的“怪誕論”(theory of the grotesque)。

127.

Percy的“古代逸詩” 這種對於中古時代重復發生的趣味，并可由一部古蘇格蘭和英格蘭歌謠集看出，這歌謠集是Bishop Percy所編的，1765年在Edinburgh出版，叫做“古代逸詩”

（Reliques of Ancient Poetry）。其中含有"Chevy Chase"，'Sir Patrick Spence"，"Edward"和"Cophetua王和乞丐女子"（King Cophetua and Beggar Maid）。這是發生現代文學的大動力之一。這些詩的親切天眞，感情深刻，和韻律優美顯然跟Pope多華飾的詩不同。在德國轟動一時，并大有影響於德國的浪漫派文學者如Bürger等，稍後又返而影響英國的浪漫派的詩人Scott和Rossetti。Goethe的朋友Herder經過細心研究這些詩之後，遂造成平民或'民族'的詩'Communal poetry'較藝術詩高尙的論。在英國自Coleridge和Scott到Rossetti和Morris的歌謠都受這Percy的"古代逸詩"的精神所灌溉。

Percy的"古代逸詩"不但使人明白古人的可愛，而且使人相信在這種詩還沒消滅之前就應該搜錄保存的重要。并且引起Sir Walter Scott搜集蘇格蘭邊境（Scottish Borders）的歌謠恰像在德國引起Grimms搜集他們的"神仙故事"（Fairy Tales, ＝德文Märchen, 1812年）。'Percy會'（Percy Society）在英格蘭又做了許多很有價値的工作，印出一些續集。

128.

復古。 對於 Shakespeare, Spenser, Milton 和 Chaucer 的研究復興，遂給只重規矩形式（Correctness）一派文學者以重大的打擊。

Warton 傑作的"英國詩史"(History of English Poetry)，出版於 1774 年，貢獻一種新的動力促進舊詩的研究和浪漫主義。

正在這個時期，又有兩位詩人，Chatterton 和 Macpherson, 摹仿古代的作品，甚且僞稱他們的作品是根據古人的手稿。當時的人詆毀他們的作品是僞造的，并以學者的態度忽略他們天才的創作的優點。

Thomas Chatterton（生於 1752—1770 年）是個教會會丁的兒子，佯稱他的詩是從一些舊手稿抄出，那些舊手稿是他在 Bristol 的一個教堂裏的文契櫃中發現的。

他送些摹仿中古英文（或者更好說摹仿 Spenser 的英文）維妙維肖的詩歌如"The Balade of Charitie 等給 Horace Walpole (註)。Gray 立即指出這些作品是僞托的。這位窮困貧乏而住在倫屋頂室的年青的天才遂决自殺而死。

Chatterton 對於十九世紀的兩位著名的浪漫派詩人 Keats 和 Rossett 都大有影響。

129.

James Macpherson（1736—1796年）因爲他是"Fingal"和"Temora"這兩首感情的散文英雄史詩的作者而著名。這兩篇文字藉口是三世紀蘇格蘭高地操迦勒語的(Gaelic)古代詩人，Fingal 之子 Ossian 的作品的譯文。然而 Macpharson 始終不肯出示迦勒文原稿。

詩人 Gray，一位很好的維爾司文（Welsh）學者，曾經因爲他的詩"詩人"(The Bard)(註)

（註） Walpole 自在"Otranto 的城堡"的序文中也僞稱（極爲正當地）他這故事從一篇意大利的舊手稿翻譯的。

（註）"詩人"出版於 1755 年，是根據一種舊傳說創作出來的，那舊傳說是說 Edward I 在攻進 Wales 時，把他所捉着的詩人一概殺死。

喚起一般人對於迦勒故事的趣味，因爲 Macpherson 的 Ossian 的詩能受歡迎稱頌。他的關於雲霞，瀑布，波浪，鬼魅出沒，和'早代戰爭的熱烈多情的文詞影響於浪漫派頗廣。尤其卓著的是幫助文學脫離咖啡店，假髮，和短劍（按卽城市文學）的範圍勢力。他給那些不耐文明規矩束縛的浪漫派詩人一種新的鼓勵，增長維特主義'(Wertnerism)或'詩人的懊喪(Poetic despair)的新風氣，這風氣正在流行於德國。這些詩曾經享一時的盛名。

Dr. Johnson 指斥這些詩是僞造的。多半的人現在一致相信那些情節是 Macpherson 自己的著作，僅僅那大體是迦勒特文的。說到"Ossian"我們就牽上迦勒特文的影響英文的難題了。

130.

迦勒特文的影響英國文學。 盎格羅撒遜戰勝者把這英國平原征服 。 到被哪曼征服之後，迦勒特語參入古英語中存在的很少。幾世紀中迦勒特人不斷的痛恨撒遜人（Sasson ach or Saxon）。在蘇格蘭這兩種民族的屏障直到 1745

年才毀棄。到後來Lowland與Highland的交通逐漸開放。但迦勒特人一律還是天主教徒。經過Macpherson,以及後來Walter Scott的著作,許多Highland語才有混入英語中的,例如clan(部落),claymore, ghillie, plaid, pibroch, sporran, whisky, reel等字。愛爾蘭也是如此,混入的如brogue, shamrock, shillalagh, bother和slogan。

從Barbour到Burns時的蘇格蘭詩的五種要素可以說是得迦勒特助成的:(1)以熱情和詩的態度觀察自然的景色;(2)愛色彩;(3)有較爲詼諧戲謔一類的幽默;(4)悒鬱沮喪的詩;(5)好談妖怪神異。

131.

歷史與哲學。有三位大歷史家同時顯耀於這個時代,這就是David Hume(1711—1776年), Roberlson(1721—1793年)和Edward Gibbon(1737—1794)年。其中最偉大的是Gibbon。他的不朽的傑作"羅馬帝國衰亡史"(History of the Decline and Fall of the Roman Empire)連現代的大歷史家如Mommsen也爲之拜倒。

Adam Smith (1723—1790年) 寫了一本"國家的財富" (The Weath of Nations, 1776年)，所以他被尊視爲政治經濟學始祖。(這是一種研究財富之生產支配的條件的科學。)

131a.

兩位 Wesleys。 還有關於 John Wesley 所領導的宗教復興運動也得說幾句。這美以美會主義 (Methodism) 的偉大的傳道者和領袖在他可貴的書"日記" (Journal) 把他在遍英格蘭的勞動階級中的工作敘述得最爲生動有趣。這 Wesley 派的主張復興宗教者 (Wesleyan revivalists) 的宣傳運動和現代的救世軍 (Salvation Army) 不同，因爲這宣傳是并也主張注重敎禮 (Sacramentalism) 和純樸深摯的敬虔。這民心的變化遂促成一個將來的大社會改革。

John 的兄弟 Charles Wesley 著作一些深刻虔誠的贊美詩深印全國人的心中。其餘 Cowper 和 Isaac Watts 等讚美詩作家也同屬一派。這些讚美詩如 Watts 的"O God, our help in Ages Past" 對於十八世紀無靈感的唯理主義和 Pope 一派的不信宗教，表現一種民衆深切的反動。

132.

Edmund Burke（生于1729—1797年）是一個演說家和政治家，爲當時作家中最多才善辯者之一。他生於亂世。當他生着的時候，看見英國併吞加拿大，印度，和喪失美洲合衆國，他也親見法國革命的暴亂。跟美國戰爭使他覺得極爲憂悶不安，在他態度高超"勸與英國和解的演說"(Speech on Conciliation with America)，他熱烈地請求跟這些殖民地講和，然而終于無效。

Burke 最重要的是他的"論高尙與美"(On the Sublime and Beautiful, 1757 年）一篇論文。他以爲能夠喚起我們畏懼恐怖的才是高尙。這種理論之所以非常重要，突際上是因爲它幫助當時驚魂動魄的Goth體小說的流行。

George Crabbe（1754—1832年）於取材上面脫離因襲派的詩歌，但是他却嚴守因襲的詩律。他是 Suffolk 海岸，Aldeborough 地方一個窮鹽吏的兒子。這位自己求學的詩人的少年時經過許多辛苦的奮鬥，在1780 年上倫敦去，這時候他除了一些詩稿之外，身上簡直不名一文。後來才得 Edmund Burke 大發慈心把他從窮困中救出，叫他去他的家裏住并介紹他作個‘圖書館’(The Library)的出版者。他的詩極爲暢銷，因此 Crabbe 才能够讀書和受聖職。不久自己就得主掌一個教區了。在1783年他出版他的“鄉村”(The Village)一書。此後他過着一種幽靜安適的生活，受他的教友的敬愛，并分配他的時間，會 他教區裏的居民，讀書和去田野間採集植物的標本。

他最著名的詩“鄉村”(1783)是他最好的作品。他這無僞的詩把以前詩中常講到關于鄉間的快樂和鄉人的美德的謊話，盡情暴露，所以他算是人道主義運動的先鋒。

雖然他用Pope做模範，和受人家叫做‘Pope穿毛織的長襪’(Pope in worsted stockings)，但他不僅是個摹仿者。他的詩律是Pope的，材料却是他自己的。因爲在專歌頌富裕，顯貴和智識階級的文學時期，他却去專寫貧民的生活。他的缺點是自己不能創造一種新文體來適應他所要說的。他的負盛名是因爲他描寫貧民階級的窮困和奮鬥的公正忠實態度。Byron稱他做'對于自然最嚴酷，但是最好的描寫者'(Nature's sternest painter but the best)。然而這時代最偉大的詩人還是一位蘇格蘭農夫。

133.

Robert Burns (1759—1796年)，這位蘇格蘭的農夫詩人是一個勞動者的兒子。他在Ayrshire的Alloway的一間低小的泥屋裏出世，這泥屋到現時還存在。他的父親時常青黃不接，備極困難，他在"小農夫的星期六晚"(The Cotters' Saturday Night)中把這小農夫(指他父親)描寫得極爲逼肖親切。

他的幼年在農場中做小工，這不但干礙他的教育，并且摧殘了他的健康，或者甚而縮短他的壽命。

這位青年的理想力開得很早。在他的父親的家裏有個老婦，他在冬天的晚上極喜歡聽她說蘇格蘭傳說中的奇異的故事。他從她聽到關于女巫，神仙，惡魔，鬼怪，患鬼敎堂和還一類故事，後來他遂把這些可貴的材料用在他的詩中。

到他稍微大起來了，他就讀"旁觀者"(The Spectator)，Pope 的著作，Shakespeare, Locke 的"論文"(Essays) 和"Sir William Wallace 的生活"(The Life of Sir William Wallace) 這些書。最後這一本書使他發生反對英文的強烈的感想，并引起他著作"Scots Wha hae wi' Wallace bled"，（按即"Scots who have with Wallace bled""曾與 Wallace 枕戈待旦的蘇格蘭人啊"）成爲現在蘇格蘭國歌。他的詩從靈感上說，純粹是鄉間的而决不是中古的，有的似乎是他在農場的禾稻耕作時念成的，人家把這些詩抄寫傳佈，吟咏于各處鄉間的墟市，和酒店裏。

他跟 Jane Armour（一個石匠的女兒，後嫁給 Burns) 的戀愛竟招到嚴正的長老會的譴責。Burns 要報復這些非難者的寃讎，寫了"兩個牧者"(The Twa Herds)，"虔誠的 Willie 的禱告" Holy Willie's Prayer)，"笨拙的領導者"(The Unco' Guid；按即 Unco' 即 Uncouth) 等譏諷詩譏諷他們。

Burns 不耐煩住在這田野間，終于决心遷居他處。為要籌備充足的旅費，他在 Kilmarnock 出版他的一部詩集(1785年)。出他意料之外，這部書一出版竟名利兼收。Edinburgh 社會(即蘇格蘭首都人士)要求要見他，在那里他正像 Carlyle 所說的：'在京都貴人美女的顯赫輝煌中，陪着滿身珠寶的公爵夫人赴宴'。然而不久他又重返耕農。又不成功，結果就一個微小的位置，做個西岸委頓的海口 Dumfries 的稅吏，每年得七十金鎊的俸祿；從此未嘗升官。他的 Jame II 派的歌贈美太子 Carlie ("Bonnie Prince Charlie")，他贈給法國革命黨的四架小礮，和他的縱飲無度把所有進階的機會都失掉了。所以他只做個 Dumfries 薄俸的驗量麥酒的稅吏，空度一生。僅三十九歲就夭折在那里。

Burns 在世界的抒情詩人中站極前列。他超越各支派的抒情詩。他的情歌和飲酒歌，山歌和擁護 Jame II 派的歌；他咏家庭生活的歌如 'John Anderson, John，我的愛" (John Andersen, my jo, John)；和回憶歌如“Auld Lang Syne”等爲全世界的蘇格蘭人所熟諳和吟咏。

他的自然詩像贈“可憐的Mailie”(Poor Mailie, 一隻受寵的母羊名)的幾節，“贈田鼠”(“Lines to a [Field-] Mouse”)，“贈一朶山上的延命菊”(to a Mountain Daisy)，他對于下級動物和花的熱切的同情全都流露出來。因爲他認爲這些都是大生物界的一部分。在他的“無論如何，人就是人”(A Man's a Man for a' that)這一類的叛變社會的詩，我們聽到一種革命的新的民主主義的呼聲，提倡人格而貶抑貴族的特權。“兩隻狗”(The Two Dogs)是另一首這一類詩，用兩隻狗的會話來議論社會的差別。

在他的敘事詩如“Tom o' Shanter”，“聖市”(Holy Fair)，和“普度節”(Hallowe'en)，我們得到一種蘇格蘭農民的生活的眞切和幽默的描寫。在他的譏諷詩他也超人一等。其中全都不像Pope的苛刻。這些都是表白痛恨僞善與卑鄙。其中三首最著名的還是應該說到：

1. 在“兩個牧者”中他嘲笑兩個牧師因爲他

們的神學的熱心起了不堪入耳的爭吵。(註)

2. 在"虔誠Willie的禱告"他盡情描寫一個自滿和不敬虔的利己者借着宗教的假面具，來掩護他的自私自利。

3. 在"死和Dr. Hornbook"(Death & Dr. Hornbook)他嘲笑一個塾師，('dominie')，他為要謀生，竟大胆地不但賣藥而且開方。'死'碰着Eurns就對他說明自從這教ABC的博學教授在鄉間行醫後，他('死')自己已經無事可做了。

134.

Burns的文学。 Burns在本鄉及國外的影響比任何蘇格蘭作家還大，但是在英格蘭他的讀者却有限，因為英格蘭人不容易懂他最好的詩中的語言。

(註) 他不喜歡'Auld Lichts'，這Auld Lichts是人家在辯論中稱嚴厲的舊喀爾文教徒(Calvinists)的，新派的稱為New Lichts。

誰信正教的，………………………就像John Konx,這無論如何不是Burns的宗教觀念。

Burns 寫詩極少純粹用英國文言，大半都是蘇格蘭底地方音 (Lowland Scotch)（註）和英文參合而成的。離 Burns 很久的以前，蘇格蘭的詩與散文就有自己另有的一種文言叫做蘇格蘭語 (Scotch，參見34節)。所以 Carlyle 弄錯了，他說 Burns 是用一種粗俗的方言著作，只有他所住的國中一小省人能懂'。Henley 和 Henderson 在對于這位作者的"百年紀念刊"(Centenary Edition) 中曾經證明 Burns 是蘇格蘭歷代騷人詩翁最後的最好的作家。所有以前的作家只是名傳一地的，限于蘇格蘭的。直到 Burns 才替這北方英文 (Northern English) 在英國文學和世界文學上爭到一個位置。他自己常常推崇 Allan Ramsay（死于1758年）和 Fergusson（死于1774年）這兩位先進者爲他的導師。

然而，在天才的高超，感覺的深刻，表現的生動逼眞，Burns 實凌駕以前的任何蘇格蘭作家之上。

（註）'Scotch' 這字在蘇格蘭文說 'Scots' 或是 'Scottish'。

135.

在蘇格蘭與英格蘭文學上的雅谷黨的主義(Jacobitism)。那些雅谷黨人(Jacobites)只承認Stuarts皇室才是大不列顛的眞正的王，而Hanoverians不過僞朝而已。蘇格蘭高地人人都是忠心的雅谷黨，盡心輸誠于這衰落的王朝。在1745年的叛變，漂亮而不中用的'少年謀位者'('Young Pretender')卽雅谷黨的'美太子Charles'(Bonnie Prince Charles)終歸失敗，這使在活動的雅谷派主義受意外的打擊。

說也奇怪，雅谷黨的主義勢力淹留在文學中，竟變成一種理想上和浪漫派的英雄崇拜，甚而保皇黨(loyalists)也是如此。逐漸的從蘇格蘭展佈到英格蘭去。這對于失敗的Stuarts朝的同情鼓起(1)蘇格蘭詩人寫許多優美的雅谷黨的歌謠；(2)激勵Sir Walter Scott來寫讚頌雅谷黨叛徒的散文和詩；(3)展佈到英格蘭，從Thackeray的歷史小說"Esmond"到Swinburne和Browning"俠客歌"(Cavalier Ballads)以及R. L. Stevenson的傳奇小說(見191節)，整個十九世紀的文學都可以看到稱述這叛徒的地方。

一個自鳴得意的雅谷黨員說：‘我們的主張結果一定勝利，因爲我們雅谷黨員寫民衆的歌謠，而那些 Hanover 黨員却只在制定民衆的法律’。

136.

William Blake (1757—1827年)是Burns同時的人。他終身住在倫敦，窮困而且受人怠慢，以彫刻過活。到現在才被稱爲神祕主義者，詩人和畫家，和勇敢而有獨特天才的人。有的推崇他是個登峯造極的藝術家，有的却侮蔑他爲瘋子。他有點瘋狂的情性是無可否認的。他偉大而瑰奇的創作，在他生時，全未受人注意。到十九世紀的中葉，‘拉飛爾前期’(Pre-Raphaelite)運動開始之時，才受人家的認識。

以抒情詩人論，Blake 是個浪漫主義的先驅。他1783年的“不識不知的歌”(Songs of Innocence)，和1794年的“經驗的歌”(Songs of Experience)是表現‘人類精神的兩種互相矛盾狀態’的兩歌集。在這些詩Blake比 Wordworth 先能用簡單的言語來表現詩人的深思，而他的抒情詩"贈文藝的女神們"(To the Muses)即已經被稱爲'黎明之前的號聲'。在其他的詩中即有Milton——他所熱心崇拜的詩人——的宗教上的高雅。然而Blake的神祕主義時或毫無結構和難懂。在文學上眞正的位置還沒有確定。比Burns更討厭'衰朽，無信仰的十八世紀'。

第十四章撮要

(浪漫主義的先驅者)

在(1)一個蘇格蘭少年Thomson用Milton的無韻詩所寫的"四季"詩，和(2)他用Spenser的詩節所著的"懶惰的城堡"這兩首詩，我們可以看到詩歌重復描寫自然。

在這兩首詩中，那所謂'詩體'的矯飾文體還可以看到。

Young的"夜想"是反對當時自私階級的宗教的一篇民主主義的抗議。Cowper的"課藝"代表詩歌開始用同情和迷人的寫法來論述卑賤人物，同時他又在"John Gilpin"中露出詩歌以純是幽默的而無苛刻或譏誚的見地。這趨向浪漫主義的其他的蹤跡，可見于各種的新時尚(1)古代歷史(如在Gray的"詩人")；(2)古代建築和封建時代的生活(如在Horace Walpole的Goth體故事)；(3)古代歌謠集(如在Percy的"古代逸詩")；(4)古詩的摹仿(如Macpherson的"Ossian"和Chatterton的所謂"Rowley Poems")。這時期也是英國最早的大歷史家Hume和Gibbon的時期。Edmund Burke(著"關于高尚與美")和Crabbe(一窮人之子)忠實地和同情地描寫鄉村的窮人，但是用Pope的詩律。

在蘇格蘭有Robert Burns出現。他是個偉大的抒情詩人和第一個引起英格蘭和歐洲的注意的蘇格蘭人。

在他的敍述詩"Tom O'Shanter"，"普度節"("Hallowe'en")和其餘的都用特殊的幽默來描繪蘇格蘭的農民生活。

他情詩和偏袒雅各派的抒情詩立即就傳誦于徧蘇格蘭，但他自己却以一個僻遠的海口的驗量麥酒的稅吏消耗一生。

同時另有一位浪漫主義的先驅 William Blake住在倫敦。他著作一些優美的抒情詩和一些無結構的長詩。是個埋沒在倫敦僻地的一個天才聰穎的人。

第十五章

浪漫派的叛變

137.

浪漫派的叛變 (Romantic Revolt) 時或稱爲浪漫派復興（Romantic Revival），是反對古典派(Classical school)的規律和因襲慣例的叛變。

這叛變不但反對十八世紀的詩律，押韻，和'詩體'而已，並且反對整個十八世紀的生活的見解——純理性，自私和無理想的觀察人生的方法。

領導這叛變的三位少年，Wordsworth, Coleridge和Southey，也曾一次熱心于法國革命黨所宣傳的改革理想。因爲他們位在湖邊，"Edinburgh評論報"(Edinburgh Review)輕蔑地稱他們爲'湖上詩人'(Lakists)，從此以後這名辭遂成爲他們的綽號。但是稱'湖上詩人'本來'孱弱與多淚的'(Weak and Watery)*的命意早就爲人遺忘了。

138.

William Wordswoth (1770—1850年)是浪漫派叛變的偉大的領導者。他希望使人覺得他們是大宇宙的一部分，致力于寫關于花，河和山的詩來喚醒他們一種崇拜的心境，神秘的感覺。在這裏重復依皈自然，完成Cowper和Burns所開創的工作。

Wordsworth 一生極爲平淡無奇，其中最熱

*"Edinburgh評論報"以此來指'牛乳與水'(Milk and Water)的革命黨人，'徒尚情感'的夢想家。Edinburgh嫌惡這湖上詩人，起先是因爲他們的政見太革命的，後來因爲他們太守舊。

闢的一節是法國革命。在1791年他離開劍橋大學時，他是多麼熱心于自由與正道的新理想，所以他去巴黎加入革命黨。但是'恐怖時代'(Reign of Terror)和Napoleon興起使他看到民主黨的危險。英格蘭的革命變成爲理論上的狂謬，不是在動作上狂妄。所以他一切不聞不問。從此固信世界的進步專在'正當的行爲'(right conduct)，并不在乎對于邪惡反對暴動。極端論者如Shelley因此詆毁他是個人道運動中的叛棄者。詩人Browning在"己失的領袖"(The Lost Leader)對他重復宣佈這極爲不公平的評語。

Wordsworth在遊歷法國之後，他遂擇居于他的故鄉Cumberland的Lake District的Grasmere，獻身于詩歌。

後來和他的太太與他聰穎的姊妹Dorothy遷居Westmoreland的Rydal山，在那里從1813年住到他死。

在1798年他出版跟Coleridge合作的極好的"抒情歌謠集"。這詩集代表英國詩的新紀元的誕生。牠的著名的"序言"(Preface)敍述新詩的使命。

這兩位詩人的理想是要造成一派自然和理想的詩。而可以說有兩種態度：Coleridge 是用關于傳說故事的奇幻的論題來引起讀者發生如聽實事的印象；Wordsworth 卽論述日常生活的題目加以傳奇故事的動人的寫法。

在"Lucy"與"孤獨的收穫者"("The Solitary Reaper"), Wordsworth 達到他的目的，但是在"我們是七個"("We Are Seven")，他專重白描，操之過激，彷彿幾乎完全拋棄藝術，所以有人批評他，說他使詩詞變爲兒童玩意。

他的"歌謠集"(Ballads, 1800年)，和"詩集"(Poems, 兩卷1807年)包括他的抒情詩的精華——反對 Napoleon 的十四行詩"自由"(Liberty)，"義務"("Ode to Duty")和"不朽"("Ode on Immortality")。

他住在山野空曠之間，與 Cumberland 的牧者和鄉人做朋友，致力在詩中表現他對于人與自然的祕密的關係的見解，他覺得詩人的本職是在乎闡發藏在普通事物，日常的工作和下等生活中的美，在"我們是七個"(We are Seven)中，那小女的玄奧理論是存意要使之比主人的疑慮較爲巧慧，和表示'死'之不足重輕。

在跟他同時的人的眼裏，他是個啞謎"Edinburgh評論報"中的Jeffrey導領着一班批評者非難他的詩和他的主義。實在Wordsworth的理論與行爲有許多易于攻擊之點，這是無可異議的。

139.

Wordsworth的主義。他因爲深惡Pope的拘泥和純理性的態度而極端反對之。他厭惡所謂'詩的文詞'而斷定散文的文詞和詩的文詞沒有根本上的差別。這種反對古典派文學家的矯飾的'詩的文詞'的態度未免太過度了。

他的另一種理論就是說，所有眞正堂皇的詩意最純粹的是見于鄉間的貧民——并非熱鬧都會中的窮人。——因爲鄉民才不斷地與自然接觸。這種理論是發源于Rousseau，跟頭一種理論同是一種過甚之說，然而在他的"序言"裏的中心理想，以爲用一種簡單的題目和簡單的風格就可以寫成偉大的詩，這是完全合理的。他有許多的詩都足以說明這點。

Wordsworth的詩可粗略分爲四類：

1. 詩，主要是敍事的，用"抒情歌謠集"的早期的自然主義的方法——其中一些過于力求樸實。

2. 偉大的幻想的辭(odes),十四行詩(Sonnets),和短敍事詩。在這時候已經拋棄了第一時期的過激的自然主義了。(兩首優美的十四行詩"贈Duddon河""To the River Duddon"和"教會的十四行詩""Ecclesiastical Sonnets"表現出Wordsworth對于最煩難複雜的詩體已經完全熟諳了。)

3. 沈思的與描寫的長無韻詩："小引"(The Prelude)"漫遊"(The Excursion)(Jeffrey用'偉大的詩'(great poem)來譏誚她)。

4. 他晚期的詩，當時他細心重讀Virgil和Milton而受他們的靈感；顯出一種高超和古典的嚴格的文體，例如"Dion"和"Laodamia"。

他第四期的詩專講國家獨立和自由，在這些詩中，他的愛護自由和憎惡專制，與Milton很像。他也像Milton因信人類幸福的要素專在人類的志操，知道德的意志，并不在乎成功，富裕，或權位。——這是"義務"，"拾牛蜞者"(The Leech Gatherer)和"Laodamia"等詩的中心思想。

Wordsworth 這自然的祭司長(High Priest of Nature)曾經爲英國詩造成三件大事：

1. 他把以前以爲太粗俗的字插進詩中，使詩的詞藻豐富。他的幾篇'序言'，雖然有一些是過甚之說，究竟還是英國詩學的最好的論文。
2. 他表現普通事物和卑賤生活的美和充滿詩意，使人恍然發見四圍身邊就是一個美的新的世界。
3. 他藉重自然和詩領導人們發生一種對神的感覺。

總而言之，Wordsworth 是對于現代英國詩的形成與感悟最有影響者之一，和英國空前未有的大文藝家。然而他的作品好壞不齊，他第一期的一些詩歌甚而有人說是笨拙的。不過我們應該拏他成功的來評判，不該管到他的失敗。

140.

Samuel Taylor Coleridge（生于1772—1834年）跟 Wordsworth 共享倡導浪漫運動（註）的榮譽。他所寫的是浪漫派的幻像（romantic illusion）的詩。

Coleridge 生于 Devonshire 的 Ottery St. Mary's（禮堂），他的父親（据說對鄉人講道引用希伯萊原文的聖經章節）就是一位牧師和小學校長。他的父親死後，人家就把他（當時他還是個小孩子）送進'基督醫院'（Christ's Hospital）——這是一間爲紳士們的孤兒而設的著名的慈善學校。其中的學生因爲他們制服是藍色的，普通都稱爲'藍衣學童'（Blue-coat boys）。暢快的

（註）這運動的宗旨見（1）Coleridge 的文藝論集 Biographia Literaria Chs. XIV, XVI-XX, 及（2）Wordsworth 的"抒情歌謠集"的"序言"。

"Elia 的論文"(Essays of Elia)的作者 Charles Lamb 就是 Coleridge 在這學校裏的同學,幷且在他的"論文"裏提及他的時候稱他爲'慈善學校的神童'(the inspired Charity Boy)。

Coleridge 進過劍橋大學,可是還沒有得到學位就退學。灌注着滿腹的法國革命的激烈理想,他跟他的朋友Southey 計劃在美國創設一個共產主義的小村——依他稱爲 Pantisocracy (註)。這一場'自由,友愛,平等'的夢,這兩個朋友與一個Bristol 商人的兩個女兒結婚(1795)。

Coleridge 不久就會着 Wordsworth,而且結爲密友。

這交際的結果遂使他們在1798 年寫他們的大作"抒情歌謠集"(見138節),這歌謠集的序詩是 Coleridge 的値得驚嘆的歌謠"古代水手"(The Ancient Mariner)。他在這個時期中所寫的

(註) Pant (=all=一切)+isos (=equal=平等)+cratia (=rule=統治),就是說一種人人平等人人統治的國體。

詩還有(1)優美的短詩"愛"(Love或Genevieve);(2)未完的奇幻的歌謠"Christabel"的第一部(第二部作成于1800年，但這兩部都到1816年才出版);(3)一篇關于東方的未完稿"Kubla Khan"，這是一篇在芙蓉坑上吞雲吐霧中的夢想。

Wordsworth說:'從1798年到1800年，Coleridge正在開花之期'，意思就是指這是詩人Coleridge的大理想的時期。

在1798年Coleridge和Wordsworth去遊歷德國。Coleridge在Göttingen大學研究，他的研究德國文學和哲學對于他本身和美國都極重要。

141.

德國的影響。 由于Lessing的"劇學"('Dramaturgie")引起他對Shakespeare作較有系統的研究。在他的"文藝論集""Biographia Literaria"中，第二十三章他敍述他自己，英國和德國都受到Lessing的大恩賜，因爲他幇助他們對于Shakespeare的新的認識。Coleridge的"關于Shakespeare的演講集"(Lactures on Shakespeare)

開一種文藝批評的新紀元：

1. 他教導英國尊崇 Shakespeare 爲一個登峯造極的文藝家而不僅是一個放浪不羈的天才。他說：'Lessing 證明 Shakespeare 的戲劇，在藝術的要點，忠實于自然，都比 Racine 和 Croneille 的作品較合于 Aristotle 的原則'。然而 Coleridge 是偏頗的。他過於崇拜 Shakespeare，而忘記他的英雄含有 Elizabeth 時代的許多的疵點。

2. 他把 Kant 的超絕哲學（transcendentalism）和 Shilling 的神祕論（mysticism）介紹入英國。Kant 曾經使他有一種較爲開拓鎭靜的政治眼光，不但把他脫出 Rousseau 主義（Rousseauism），而且由他而影響到像革命家 Godwin 這一班人。此外，德國哲學又從 Coleridge 的"哲理叢錄"（Aids to Reflection, 1825年）間接引起英國國教的神祕的形式禮儀的復興；這復興後就是後來所謂'牛津運動'（Oxford Movement）。

3. 在他的 Goth 體的悲劇"懊悔"（Remore 又名

"Osorio"），Coleridge 摹仿 Schiller 的"見鬼者"(Geistereher)的意旨，和因爲他對于德國的浪漫主義的神祕怪異的方面的興趣，遂促成在英國的同樣的運動和幫助Goth體小說所已引起的空氣。

4. 1800年他回去英國，把Schiller的"Wallenstein"翻成明暢的英文。

這本書是譯文中的傑作，雖然其中有一些錯處顯出Coleridge的德文學識并不高明，例如：把'Riesenge birge'譯做'huge mountains'（大山）；和'Dich straf ich Lügen'譯作'Thee I punish for thy lie'（因爲你的扯謊我懲罰你）等。

142.

Coleridge 其他的著作。 當他從德國回去英國，有一次跟 Southey 住在 Keswick，但是與他的太太離異之後就獨自飄泊到倫敦。然而，他從此有鴉片癮，所有的理想都消散了。雖然對於詩，哲學，和批評有各種大計劃都沒有寫出。Carlyle就在這個時候看見他，并聽見他對他的生徒所說的長篇的談話，把他比做'一個一百馬力的蒸汽機，汽鍋焚炸而擱在泥濘裏’(A hundred horse-power steam-engine, sluck in the mud with the boiler burst)。Lamb更乾脆地叫他做‘受傷的天使長’(damaged archangel)。

Coleridge做詩人的工作極少。他的墮落就是為着這個原因。

Coleridge是個幻想和神祕主義的詩人。雖然他的自然詩如“Chamounix的山谷中的黎明”(Sunrise in the Vale of Chamounix)等也足以引人驚嘆，但是他在英國文學上是以超自然的詩人著名。

在已經說過的三首詩——“古代水手”，“Christabel”，和“Kubla khgn’——的情節都是建基在‘奇幻的夢境’，遠隔眞正的世界。他從這種夢的世界他喚起一種奇幻的境界及奇異的人物。在他的戲劇“懊悔”中有一首歌，可以做這種超世界的夢境的佳例：

‘在悠長的夜裏，

And at evening evermore,

——在岸上的一間禮拜堂中

—— In a chapel on the shore,

—— 誦經的人淒切而誠敬

—— Shall the chaunters sad and saintly

—— 在慘淡的黃色燭光中

—— Yellow tapers burning faintly,

—— 爲你唸誦哀悒的禱文

—— Doleful masses chaunt for thee,

—— "矜憫的上帝"

—— Miserere Domine.

143.

Sir Walter Scott（1771—1832年）是浪漫派的叛變最早的領導者之一。他在蘇格蘭做浪漫主義運動的工作，正像英格蘭的浪漫派在英格蘭所做的。他復興久埋藏於蘇格蘭鄉間的故事，傳說，歌謠和民歌中而沒有人注意到的蘇格蘭古代民族的和平民的詩的精華，并使之第一次流行于較爲高尚的文學中。他在他的詩和小說都喚起一種古代蘇格蘭的壯麗的浪漫幻想，迷了全人類的心。

144.

Scott 的生活。Scott 生於 Edinburgh，出身于英格蘭與蘇格蘭交界的兩個舊家庭。據說他的族系比他的詩更值得誇耀。

他的兒童時代在蘇格蘭邊境，他的祖父的地方住過很久。

那是一個有許多的古城堡和傾頽的僧寺的勝地，當時 Scott 就喜歡那里的故事和歌謠。到了他成人而且當律師之後，有空還是搜集 broad-sides（灘上售賣的大張詩歌），古代詩歌，和考古學的雅谷黨的紀念物和斷簡零篇。他在一個假期中漫遊蘇格蘭高地，得人介紹認識一些曾經跟着'美太子 Charlie'在 1745 年謀叛的高地居民，非常喜歡。Scott 是個熱烈的文學界中的雅谷黨人（見 135 節）。但是在 1797 年當法國的恐怖時代，他加進一個農團。因此學到許多的軍事知識，後來做他的小說的材料。

在 Edinburgh 他得到一個很有利益的位置做高等民事裁判所 (Court of Session) 的書記。這差事使他有充足餘閒可以寫詩和做別種文藝的工作，不久就給他賺得許多的錢了。

1811 年他在近 Melrose 的 Tweed 地方的古僧寺的故址賣了一塊風景佳麗的田莊。自己建築一間封建時代的大宮邸，稱爲 Abbotsford House，住在那里像一個古蘇格蘭男爵，而兼詩人和考古家。在1820年這 Abbolsgord 的地主遂獲得一個男爵的爵位。

六年之後他的運氣大壞。一間他也有股份的出版公司虧十四萬七千金鎊。Scott 以爲在名義上他須得還這些債務，因而努力著作小說。然而這種任務竟害死他。死時是1832 年，正當'改革案'(Reform Bill)通過的那一年。

1832 這一年政見和文學都現出一種新紀元。封建思想和貴族的的小說在這時候讓路給 Dickens 的小說和新民主主義。

145.

Scott 的文藝生活可以分爲兩個時期。頭一時期他寫詩的故事，第二時期寫散文故事。兩個時期的論題是一樣的—— 浪漫的和封建制度的蘇格蘭。他的寫英雄史詩簡直可算是他的散文著作的預備。他的歷史小說與其說是描寫品性的小說不如說是冒險小說。他偉大的功績是放寬冒險小說的範圍而包含國家歷史，和故鄉的民間傳說。

在Scott的浪漫主義可以找出六種源流：

1. Percy 的"古代逸詩"（據說他還是十三歲的小孩子時候就讀得廢食忘餐）。
2. 含有深刻新穎，豪爽剛毅的人格的蘇格蘭通俗歌謠。
3. Coleridge的詩（見147節）。
4. 同時代的英人的影響，尤其是 Walpole 的 Goth體小說（見126節）。
5. Shakespeare，例如無所畏懼的 Marmion，和"Ivanhoe"中的哪曼勇士 Front de boeuf 都是受Richard III 的暗示。
6. 德國文學。

146.

德國對Scott的影響。 Scott是由1788 年聽見 Henry McKenzie 在 Edinburgh 的皇家會社，關于德國文學的演講，才第一次喚起他對于浪漫派詩歌的注意 。他的早期著作因此變成譯

Burger 的 "Lenore" 和 "野獵人" ("Der wilde Jager") 以及 Goethe 的 "Götz" 和 "妖王" ("Erl-konig") 這些詩。這些詩大有影響于 Scott。其中使人感到處處現出妖怪神祕的力量。這是惟有 Coleridge 獨自辦到，而是那些 Goth 體小說家所努力而失敗的一層。

Scott 的喜歡德國的歌謠，引起他搜集蘇格蘭邊境的古歌謠。他因此而搜集編纂的詩的第一卷叫做 "蘇格蘭邊境的歌曲" (Minstrelsy of he Scottish Border)，出版于 1802 年。

147.

Scott的歌謠史詩。 在搜集上文所說過的邊境的歌謠集的材料，他幷得到 "倭人與魔書" (The Dwarf and the Magic Book) 的故事。因此著爲他的歌謠史詩 "最後的歌者之曲" (Lay of the Last Minstrel, 1805)。

這是從 Coleridge 的歌謠 "Christabel", Scott 才得用歌謠的風格來敘述比較長的歷史故事的辦法。因此使他發明所謂'歌謠史詩'(ballad-epic) 的新的文體，在 "最後的歌者之曲" 中得到極爲顯著的成功。在這里他使用"Christabel"的詩律，這詩律對于慣讀Pope一派的詩的讀者有一種極大的影響。

Scott說，"最後的歌者之曲"意思是要敘說封建時代邊境的生活和風俗。他假定一個豎琴師，最後的詩人，來陳述十五世紀一個邊境的舊城堡的故事。這首詩最大的缺點是使讀者不易於了解其中的情節。

Scott其餘的詩的故事是：

1. "Mamnion"（1808年）是一個英國勇士的故事，他經過許多險阻之後，以一個軍人死於Flodden Field。蘇格蘭的James IV就在這次戰爭陣亡在他的忠誠的軍士槍林圍護之中。在Scott未寫此篇以前，已有幾百篇多半是粗鄙的歌謠，同是講這段戰事。

2. "湖上的淑女"（The Lady of the Lake, 1810年）敘述James V，如何微服出遊，在近Loch Katrine的地方迷路，被一個被放逐的貴族的女兒，湖上的女子Ellen Douglas救出，結果使他的父親Earl Douglas與國王和解，並使蘇格蘭低地和野蠻的高地部落重修舊好，結束了 Gael 和 Sasenach 兩族長期的宿仇。(3)"Rokeby"(1812年)。(4)"小島的地主"(The Laird of the Isles, 1813年)敘述 Bruce 的冒險和描寫Bannockburn的戰爭。

Scott其他的詩的故事就較不重要和較不新穎獨創了。

所有這些封建思想的史詩的弱點是詩中的主要人物的雷同和文體的泛散。遇有故址荒郊，Scott非照例描寫一番不可。但是，雖然是這些故事的人物缺少變化，可是充滿着動作和浪漫的事故，充滿着戰爭的贼聲，槍楯的衝擊，和人馬的步伐。詩中帶有嚴壯的音樂和鄉野生活的活潑的風味。Scott呈訴我們Marmion的大部分是在馬上'狂馳於山谷中'時所著作的。

當Scott寫詩的力量開始衰退的當見，他改變方針寫散文小說。因此產生著名的"Waverley小說"(Waverley Novels)。

148.

Scott的小說。 他的二十七篇Waverley 小說可以分做四類：

第一類關於蘇格蘭十八世紀的生活；

第二類關於更早代的蘇格蘭生活；

第三類關於英國歷史，都是在十八世紀以前時期。

第四類關於英國以外的。

Scott的第一篇小說是"Waverley"，不著名氏出版于1814年，此後所有這一系顯赫的歷史小說全稱爲Waverley。

Scott採用歷史史實極爲自由，特別是離開十八世紀的時候，因爲這是他曉得最清楚的時期。他爲蘇格蘭歷史所做的正像Shakespeare爲英格蘭歷史所爲的，描寫蘇格蘭人過去光耀的歷史使英人爲之贊嘆。他是第一個描寫表白蘇格蘭風景的佳麗和蘇格蘭農夫的堅忍敬虔與幽默使英人知道的人。他這樣使兩國互相欽佩。因此構成英格蘭和蘇格蘭兩國和睦比任何政治家的勢力還大。不但如此，他使蘇格蘭低地人和英格蘭人敬重高地的迦勒特人。

Scott以後，'plaid'（蘇格蘭的一種服裝；

格子花布）和'tartan'（格子花呢，蘇格蘭高地人多纏紮之）變成義俠勇毅的象徵，而在英格蘭與蘇格蘭還沒有合作之前，蘇格蘭人十之九都以爲高地人的服裝是一種强盜的衣服。

Scott的小說把國王，貴族，地主，以及强盜各種的社會階級介紹給我。然而他最大成功的是描寫比較卑下的人，如漁夫，農民，遊族，奴僕等。而且對於罪犯，强盜，海賊以及乞丐也描畫得維妙維肖。在他的小說中沒有感傷的成分，可是富有尙武的精神，幽默和動人之處，至於Scott 由 Shakespeare學來的許多東西中，最有價値的是用幽默的細節來映襯悲劇。

Scott和其他的浪漫派文學家重復採用Spenser 和 Etlizabeth 時代作家所用的已被遺忘的古語。Scott之後，像foray（爭戰），raid（掠奪），reiver（—robber一盜寇），mosstrooper（＝freebooter一海盜）這些字變成十分普通。Scott 並曾因爲實際上的須要隨時獨創浪漫派的新字。

149.

Scott的先進。在以前所提及的Scott的先進

（見126節）之外，總而言之，還有 Maria Edgeworth 和 Jame Austen 這兩位女小說家當得起這個稱號，Scott 自已也明明，自認受過她們的恩賜。

密斯 Edgeworth 在她的兩篇最著名的作品"外出者"（The Absentee）和"Rack rent 城堡"(Castle Rackrent) 中，敘述關於愛爾蘭農民與地主的關係。她極明明愛爾蘭，并把愛爾蘭農民所帶有的滑稽，方音，荒謬和苦痛（見196節）描寫得神氣活現。從她，Scott 才得到同樣地描寫蘇格蘭農民的意念。

150.

Jane Austen (1775—1827年)，十九世紀寫實主義的領導者，是 Fielding 到 Scott 間最偉大，最爲新穎獨創的小說家，她的書是寫於十八世紀之末，并描寫出當時比較高級的鄉村社會，——這些描寫帶一點尖利而溫文的譏詞。

她是反對浪漫派的；在"Northanger 寺"(Northanger Abbey) 中，她冷靜地調笑G.th 體小說，在"理解與銳感"（Sense and Sensibility）裏

調笑感傷小說。她最著名的書是"驕傲與偏見"(Pride and Prejudice, 1796年)。這是一篇喜劇，其中的情節爲一個驕傲的求婚者的長久的屈辱。在這小說所呈現的技術和美妙的滑稽能力使它成爲偉大的英國名著之一。

因爲她的著作描寫出靜的家庭生活所以也可以叫做'茶話的小說'(Novel of tea-table)。

這一派較後的一篇最有魔力的小說是Gaskell夫人的"Cranford"(1851年)，描寫一個老年怨女的鄉村。

151.

Scott的摹仿者。 Scott的影響至十九世紀都可以看到。這種浪漫性的歷史小說的流行傳徧歐洲。在英格蘭的重要的信徒是 G. P. R. James, Bulwer-Lytton, Kingsley, 和 Aintworth。最後這一人仿做Scott的信徒 Victor Hugo，著作關于古代的建築物和其中所發生的事項的書，例如"倫敦之塔"(The Tower of London)，和"古聖保羅寺"(Old St. Paul's)。連那起初譏笑"Ivanhoe"的 Thackeray，結果也寫一篇十八世紀的歷史小說"Esmoond"。

德國的 Willibald Alexis（他作 Brandenburg 的小說），和 Gustav Freytag；法國的 de Vigny 和 Victor Hugo；意大利的 Manzoni（I promessi spesi 訂婚者"的作者）都是 Sir Walter Scott 派最著名的作家。

152.

Bulwer-Lytton（1803—1773 年）是 Sir Walter Scott 的門徒中著作最多的。然而，他以為 Scott 的小說沒有足量的學識，而在他自己的小說情節中極力加進較多的哲學原理。結果他的書過重學術和細節。

他幾乎各種小說都寫過：(1) 社會小說，例如"Pelham"；(2) 歷史小說，例如"Rienzi"（Wagner 把她編為戲劇）；"Harold"（關于哪曼的征服英國 Norman Conquest）和"Pompeii 的末日"(The Last days of Pompeii)；(3) 神異和 Goth 體小說，如"Zanoni"和"一個奇異的故事"(A Strange Story)；和 (4) 罪犯小說，如"Eugene Aram,'和"Paul Clifford"。因為這種書褒揚罪犯，

那些感傷的罪犯小說有一種卑劣的傾向，而受 Thackeray 暢快地在“Punch”中的譏誚。因此 Bulwer 決定不寫關于犯罪，鬼魔和哪曼男爵的事，而著作三篇關于英國生活的寫實小說，最好是“The Caxtons”一本。

他也曾寫戲劇。其實他是當代最多才多藝的一作家，沒有一人不被他模彷過。

152a

Byron (1788—1824年)。Wordsworth 和 Coleridge 反抗十八世紀的詩體的因襲慣例。Byron 和他的一派人更進一步。Southey 叫他們爲惡魔派或“撒但派”(Satanic School)。他們攻擊英國社會，英國宗教，以及英國的君主政體。

Byron 是英國浪漫派的詩人。第一位直接影響民衆的作家。他所著的詩是僅僅限於他自己的經歷，甚且可算是一種幻想的自傳。

Lord Byron 是個厭世詩人 (Weltschmerz poet)，生於 1788 年，並和厭世哲學家 Schopenhauer 同年。

他是個倫敦人，他的父親是衛隊 (Guards)

浪蕩者的隊長。在十一歲的時候，這小孩子就承繼他的叔祖的爵位和財產，因爲他的叔祖死而無後。住在Harrow學堂幾年之後，這少年就升進劍橋的三位一體學院(Trinity College)。在那里不久他就因爲他的行爲越軌思想偏激而引起波折。當他還是個修業生的時候就出版他的頭一部詩，題名爲"時間與懶惰，少年Lord Byron作"(Hours and Idleness by Lord Byron, a Minor.)。"Edinburgh評論報"對於這一部少年的詩極力痛罵。這少年詩人爲要報復，發表一首用Pope的"Dunciad"的文體與詩節所寫的譏諷詩，叫做"英格蘭詩人與蘇格蘭批評家"(English Bards and Scotch Reviewers, 1809年)。在這肆無忌憚的譏諷文中，所有當時的作家都受他的貶譴。雖然這篇文句精警，但是還未完全明白當日文學界的潮流。

當他到了成年的時候，這少年伯爵做了一次大旅行，這是當時貴家子弟完成敎育的一種習尙。他遊遍西班牙，Albania，希臘，士耳其和小亞細亞。在Constantinople時因爲泅過Hellespont 海腰，轟動一時。

他帶着他對於見過的人民和地方所描寫的兩節的詩從地中海回來英國。這著作出版時題名爲"Childe Harold 的遊歷"（Childe Harlds' Pilgrimage)。這書一出轟動一時，而Byron突然受倫敦上流社會所欽仰崇拜。他接着立卽又出版許多模仿 Scott 的文體，倉卒寫就但是閃爍奪目的詩的故事。讀者們已經厭倦Scott的蘇格蘭高地人的故事，欣然轉愛 Byron 所著關於希臘殘酷的山民和地中海東部回教徒更加奇幻的故事。

在"The Giaour" "Abydos 的新娘" (The Bride of Abydos)，"海盜"（The Corsair）和她的續篇"Lara" 以及"Corinth 之圍" (The Siege of Corinth) 這一類故事中都巧妙地用回教徒和基督徒的風俗的不同，來增加其中情景的奇特。這些詩含有許多變幻無窮的風景；她們的缺點是對于其中的人物和品格沒有變化。

Byron 在這些詩中總是有兩位言行離奇人物（一個男主角和一個女主角），換過名字，迭次重演。他的男主角常是像那位'海盜'，是個'有千種罪惡而僅有一種好處的人'。他有憂鬱的形容，蒼白的面色，有吸引婦女的一種無可抗禦的魔力，并且常常除了一隻狗之外，沒有朋友。在每篇故事中也有一個女主角，她是一個淫蕩，忠心，多情，至死不渝的婦女。

他的"贈 Napoleon"（Ode to Napoleon, 1815年）也是屬于這期，是責斥 Napoleon 僅僅爲着自私和私人的目的而濫用權力。他也在此時寫他的"希伯來曲"(Hebrew Melodies)，和一篇神氣煥然的敘事詩"Mazeppa"。後者含有一段著名的描寫，敘述其中主角赤身裸體受人家綁在一隻野馬上，并且受豺狼的追逐而馳過野地。

153.

Byron 較爲成熟的時期。 Byron 的生活到1816年發一種變故。他的妻在結婚一年之後就脫離他，而輿論又極不公平，以爲這件事是這位詩人的不是，有種種令人難堪的批評他的話。他于盛怒之下，離開英國，而永不回來了。

以前他的憂傷悒鬱大部份是出于幻想的，

他的厭世比較是裝作的；但是到了這個時候，却有一種眞實的苦衷，而使他的詩含有一種新和受歡迎的眞誠的旨趣。這種眞誠在他譏笑英國的社會制度，政治制度，和宗教制度的時候尤其令人感到。

當他南下經過瑞士時，在那里碰着 Shelley，幷且兩人住在一起讀Goethe的“Faust”。Byron在這個時候所得到而傳進他的著作中的較爲高亢的靈感可以在他的“少年勇士Harold”的第三部和其他受瑞士的風景與Shelley的影響的著作，“Manfred:戲劇”(Manfred : A Drama)，以及敘事詩“Chillon的監犯”(The Prisoner of Chillon)中窺見。“少年勇士 Harold”的第四部和 Tasso 的悲訴”(The Lament of Tasso) 卽寫于 Venice。

Byron在意大利碰着美麗的女伯爵Guiccioli幷跟她戀愛。同時也深讀意大利的文學，繙譯Pulci的諷刺詩，在他自己的“Beppo”和“Don Juan”中幷摹仿 Pulci 的幽默的文體。後者是一首滑稽的長敘事詩，譏誚英國人所有神聖的各種事物，是他空前最有詩意的譏諷文章。

在這時候也寫了一篇關于一個太子沉溺于奢侈的生活的戲劇，叫做“Sardanapalus”。這表現出Byron的渴望脫離自暴自棄的生活，而走進負責有爲的生活。

在1824年他坐船去希臘，并幫助希臘的叛徒爲獨立的奮鬥。然而他的身體當不起這種風波，戰爭剛剛要開始的時候就逝世了。

Byron是歌頌‘自由’的詩人。他由旅行漫遊想要達到他的自由的理想。他熱誠地摯愛自然山水。但是他重要的工作是做英國生活的諷諷家，并不是自然界的解釋者。他的力量是含蓄在嚴厲地憎惡英國社會和所有欺詐虛僞的習慣。然而，像一個現代的大諷諷家Meredith所指出的，他的致命傷是誤取一種反對社會的態度，因此他自已變成一個滑稽的人物。如果以叙述故事論，Byron只有微小的創造力量和微小的想像力。

他是個偉大和有魔力的人，但不是偉大的導師或深刻的思想家，并且他時常寫出極粗率的英文。在新近幾年他的詩大失其浪漫的光輝，但是這地中海化的英國人的閃爍燦爛的熱情還是迷醉着讀者們的心。

154.

Byron 體。 歐洲大陸曾受 Byron 的個性和作品無限量的影響，Byron 體的裝作風行一時。法國的 Alfred de Musset，德國的 Heinrich Heine，俄國的 Lermontoff 都自認是他的信徒，和裝作是厭世者。

在德國這種Byron 體是見于（1）Heine的"漫遊記""Reisebilder"（一種像"少年勇士Harold"的散文）和"希伯來的歌曲 Hebräische Melodien"，以及他的一些厭世（Weltschmerz）詩和他的憎惡人類；（2）像 Herwegh, Hoffmann v. Fallersleben，和 Freiligrath 這些政治詩人。他們都像 Byron 認定所有的帝王都是暴君，并且固執着'惟有革命，這世界才能夠免受地獄的污辱'；（3）Liliencron 的"Poggfred"（摹仿 Don Juan）；（4）Treitschke的美妙的"論 Byron"（Essays on Byron），表現出連這君主政體的大擁護者也受着 Byron 的顯耀的人格的魔力；（5）甚而偉大的詩人

Goethe也一次熱烈地深信他。在"Faust"中的人物Euphorion就是代表Byron。他舉出Euphorion來表現一個人同時含有浪漫理想和古典理想。Goethe以爲Byron是個大有希望的人。然而，Goethe在未死之前就曉悟他把他的英雄的身份估量得太高了(註)。

155.

Thomas Moore（生于1779—1852年）Moore之于愛爾蘭文學猶如Burns之于蘇格蘭文學的功績。他重新彈起'愛爾蘭寶貴的豎琴'(dear harp of Erin)的琴音(註)。

在Moore活着的時候，他就被人稱爲'他的朋友Byron的縮影'(shortened shadow of his friend Byron)，連在英格蘭也比眞正的大詩人像"抒情歌謠集"的兩位作者還得民望。但是愛爾蘭

(註) 參考Brandl, "Goethe's Verhaeltuis zu Byron", Goethe Jahrbuch, 卷二十。

(註) 豎琴是迦勒特人故有的樂器，他們古代文學詩詞的表徵。

的現代作家（見196節）對于主張Moore是愛爾蘭詩人的話都嗤之以鼻。

Moore還是Dublin大學的學生的時候，就跟圖謀要叫法國來侵佔愛爾蘭的祕密革命黨發生關係。剛好在Tyrone的反叛（見53節）之後兩世紀，在1798年愛爾蘭起而反抗英國的統治。法國的軍隊還沒有登陸，這叛變就壓服了；在1802年英國用一種預防的手段，將在Dublin的愛爾蘭國會移到倫敦去。一種新的事變突然發生于1803年，叛首Robert Emmett被捕而且把他當一個賣國奴縊死。在他的朋友Moore看起來，他是個主義的殉難者。

Moore因為他的鄉國的不幸深覺刺戟。在1807年他開始發表他著名的"愛爾蘭歌曲"(Irish Melodies)，這是他從國中通俗的歌曲中搜集出來的一些抒情歌。所以他們的根源在幾方面正跟Burns一樣，而且比較可以唱的。一些是滿含着迦勒特的淒慘（例如"The Harp that once through Tara's Halls" & "Oft in the Stilly Night"）。其他像"夏天最後的玫瑰"（The Last Rose of

Summer）因爲她們樸質的感情成爲平民的嗜好品。她們暗示Byron做著名的“希伯來歌曲”。Moore也出版“故國的歌曲”(National Melodies)和“神聖的歌曲”(Sacred Melodies)。

他的名傳一時的假東方史詩“Lalla Rookh”(1817年）是一篇結構精巧的連環組織的故事。

Moore編纂“Lord Byron的信札與日記”(Letters & Journals of Lord Byron, 1830年）。爲要向Byron的家屬討好，他不幸燒毀許多文件。

156.

Percy Bysshe Shelley（生于1792—1822年）。Shelley像他的朋友Byron，一生攻擊他的同胞的慣習和見解。但是Shelley不單是個叛徒，而且自認是個改革家。他對于改革社會的熱情充滿于他的著作。他相信用詩和哲學可以把世界改良做一個新的樂園——眞像天一般的幸福世界（“a happy Earth reality of Heavan.” 見Queen Mab IX）。他所有的詩和他改革的計劃的要點是他的渴望一種理想美，這一種美他以爲在當時的社會情狀中無從達到。

Shelley 是出身于一個富裕的 Sussex 的舊家庭。受敎育于伊頓(Eton)公學和牛津(Oxford)大學。因爲他寫一本擁護無神敎的小册子，被牛津大學開除。事情弄得更糟了，他跟一個比較未受敎育的女子結婚，而爲他的父親所否認。這結婚變成非常不幸。Shelley 發見他的妻對于他的革命的計劃和理想旣不了解也不同情，這種理想正像他在當時所寫的一首詩"Queen Mab"(1813年)(註)所表現的。

在這一首詩中，Queen Mab 是一個仙后，領導詩人的靈魂周遊世界。她指示他過去和現在的政府，宗敎，和社會的殘酷的所有的不公平和邪惡的制度。然而同時她預言一種充滿希望和幸福的未來——'因爲不滅的世界不獨含有罪惡，而且也帶有醫治罪惡的方法'(for the eternal world contrains not only the evil but also the cure for it)。同時，在"Queen Mab"中我也可以找出

(註) Queen Mab (迦勒特語 Mabh=兒童) 是"Romeo and Juliet"的第一幕第四景中所提及的一個仙女。

Rouseau和他的英國信徒，教訓小說“Galeb William”的作者Godwin的主義的痕跡。在他的長敍事詩“回教的反抗”(The Revolt of Islam)中也可以看見同樣的影響，他在那里擁護女權和婦女的解放。他主張廢除君主政體，基督教，和結婚。Godwin的女兒Mary Godwin深爲同情他的觀念，以後不久，Shelley的嫡妻自殺，于是這位詩人就跟她結婚。1815年Shelley著作一篇“孤獨之神”(Spirit of Solitude, 别名Alaster)，寫一個青年正在空費心機，圖謀實現理想的人間愛，這就是描他自己的一種圖影。

1816年他在瑞士遇見Byron。從這一年Shelley開始寫壯麗的“贈靈知的美的歌”(Hymn to Intellectual Beauty)。這一首詩代表他的生活和著作的一個轉機。從此以後他的信念和他的終身事業就明白了。他獻他的一生于‘詩’和‘美’——‘深永的美麗獨能廓淸|世界上的黑暗的奴隸制度’(awful Loveliness that alone can free | The world from its dark slavery)。

從1818到1822年他住在意大利。在1822年，的夏天一日，他坐船沿岸駛下而正在回來的當兒，到Spezzia 海股的地方，遇着一陣大風把他的船捲覆，幷把這位詩人掩沒了。後來他的身屍冲上岸來，照政府的命令，在沙灘上焚毀，Byron和Leigh Hunt都來參與這悲慘的典禮。

在意大利的時候（1818—1822 年）是他最好的著作時期。"含羞草"(The Sensitive Plant, 1820年)，"Atlas的女巫"(The Witch of Atlas, 1820年)，和熱愛的狂詩"Epipsychidion"（指'關于靈魂的小文' a little script of the soul）這三首詩都表現出詩人的渴望理想'美'。一首會話體的詩"Julian and Maddalo"給我們悲觀者Byron和幻想者Shelley(——'the Utopian')的不同的形像。

關于Shelley 的戲劇著作只有兩種重要的。(1) Prometheus 解放"Prometheus Unbound"是受Aeschylus 的 Prometheus 受縛"Prometheus bound"的靈感的一個高尙的抒情戲劇。其實那幷不是一個戲劇，因爲她比較是一組讚頌民主國的的壯麗的歌曲，而不是行爲與情緒的描寫。Prometheus代表因爲革命結果從君王的統治下解脫出來的'人道'。(2)"The Cenci"是一種寫實的戲劇，根据1599年在羅馬城發生的舊意大利罪案的故事。這戲劇使純善反對純惡。其中情節是敍述一個心地高尙的女子 Beatrice Cenci 如何受她的窮凶極惡的父親的壓迫，不得已跟她的繼母和她的兄弟合謀來刺殺他們公共的魔王。Shelley 大爲改變眞正的故事來適合他反對天主敎的自己的成見。

"Adonais"是一篇紀念Keats的高尙的輓歌。Shelley常犯的大錯點是過于修飾詞藻，但在這首詩中因爲限于題目而受節制。并且這就是她何以在Shelley較爲短簡的抒情詩中算得最好的一篇的理由。"雲"(The Cloud)文筆縱橫奇峭，"雲雀"(Sky lark)，"西風歌"(Ode to the West wind)，和她"贈夜"(To Night)，"久矣乎，你不來臨"(Rarely, rarely comest thou)給他能夠在世界抒情詩大家中佔一個位置。

Shelley之所以滿懷愛惜人類，滿做着民主主義的夢，是受他所謂'Rousseau的聖名'(sacred name of Rousseau)和'革命'的感動的。在他比較晚期的詩的文體都不斷地進步，越來越完善；判斷力也比較清楚準確。他像Wordsworth似的，沒有幽默並以爲詩中雜入喜劇的成分是一種罪過。

157.

John Keats（生於1796—1821年）像Shelley一般的年少夭折，也像Shelley一般的追求'美'而消耗一生。然而Shelley以爲詩不過是一種目的的工具；這就是說改革世界的工具；Keats却以爲詩自有詩的目的。他說：'一種美的事物就是一種永遠的快樂'(A thing of beauty is a joy for ever)。

關于Keats的生活却沒有甚麽說。他的父親在倫敦管馬房。他十六歲就離校（在那里不曾讀希臘文）去拜一個江湖外科醫生做先生。

到他出版了他的"詩集"(Poems,1817年)的第一卷，他就熱烈地純粹獻身于詩歌。接着第二卷"Endymion"在1818年，第三卷在1820年都出來了。然而他的身體中着癆病，逐漸衰弱，到羅馬去已經太遲了。僅僅二十五歲就死在那里。他的墓就在一個秀麗幽靜的地方，正當基督新教的墓地之外，恰像Shelley在他的"Adonais"（第49—50節）中所描寫的。

Keats經過讀Spenser的作品才成爲詩人。他順次受Spenser, Shakespeare和Milton這些人的魔力所制服而重復把這些偉大詩人的所授的豐富的情感吐露于英國的詩。

他所出版的只有三卷的詩。他的頭一卷"詩集"含有極可貴的兩篇，(1)"睡覺與詩"(Sleep and Poetry)，她揭露Keats的浪漫派的詩的理論；(2)高潔的十四行詩"題初見Chapman所譯的Homer""On First Looking into Chapman's Homer"。

第二卷"Endymion"開頭第一行就是'一種美的事物就是一種永遠的快樂'。其中是古代希臘關于月中女神愛一個塵世的少年，牧羊童子Endymion的故事。這一篇詩很難理解。Endymion是一種像Keats自己一般的詩人或藝術家，經過一次跟天上的勢力者接觸所以他的生活帶有一種高曠的理想，并且從此以後摯愛理想美。

Keats的第三部和最後的詩集是出版于1820年。包含他所有最好的著作，—— 這些著作使他能夠置身于英國不朽的詩人之中。其中最長的詩是"Hyperion",爲一首宏偉而斷碎不全的希臘神話的Milton體的無韻詩。他的題材是老神族的亡滅。這些老神族是歸Hyperion領率；但是受Apollo所帶的一班比較少年的神族所推翻,因爲這些少年神族美麗的原故。

另外"Lamia"和優美的歌謠"無情美女"'La Belle Dame sans Merci" 這兩篇都是敘述少年勇士沉迷于美婦的蠱惑而到失敗。結果這婦人一個是女巫，一個是巨蛇。—— 繼後兩篇也是關于古代的題目：(1)"Isabella"或名"巴西爾之盆"(The Pot of Basil, 這是根据 Boccaccio 的Florence地方的故事，敘述Isabella的愛人Lorenzo被她的兩個恃財而驕的兄弟所謀殺，並敘述Isabella 對于已亡的情人的忠心；(2)"St. Agnes之夜"(The Eve of St. Agnes, 見234節)。

最後，這卷中含有五首偉大的短詩："贈夜鶯"(To a Nightinagale)，"關于一希臘古瓶"

(On a Grecian Urn)，“贈心知之神”(To Psyche)，“贈秋天”(To Autumn)，“憂鬱”(On Melancholy)。這五個題目有幾個能受Pope的採用？

Keats的詩明顯易見的歸入兩類：(1)一些關于希臘的神話；(2)一些關于古代的題目。在所有這些詩我們找出一種新浪漫派的名言：因爲美而愛美，因爲在生活中在藝術中美是世上最好的東西，就使（像在“Lamia”中所說的）美只是純粹幻想也是如此。

Keats是英國詩人中最愛希臘的，說也奇怪，他的希臘神話的學識是從“Lempriers的古羅馬希臘字典”(“Lempriers's Classical Dictionary)中得來。

因爲Keats浪漫運動達到牠的頂點。他死之後，接着是一個沒有詩人的時期。但是他詩的魔力和情感在Tennyson和寫實主義者Prae-Raphaelites時重新復生。對于英國以後的詩和藝術都有莫大的影響，支配整個十九世紀。現在又開始影響德國，其于Hofmannsthal和Slephan George尤爲顯然易見。

第十五章撮要

(浪漫運動)

浪漫派的叛變是跟着法國革命而來的，而且在詩中併進革命黨的自由理想。牠的領袖是Wordsworth和Coleridge。William Wordsworth(生于1770—1850年)當法國革命的時候在法國住過幾年之後，就擇居于Lake District，獻身給詩歌。

在1798年，他和Coleridge出版"抒情歌謠集"。他的"序"是宣佈一種新派詩學的宣言。斷定用簡單的題目和簡單的詞藻可以寫成偉大的詩。幷又斷定如此可以把日常的生活弄成有故事傳奇的魔力，和使傳奇的和超自然的題材引出眞實的印象。Coleridge的"古代水手"是後一說的明顯的例，而Wordsworth的"我們是七個"是第一種的詩。

Wordsworth除了像"漫遊"這種長無韻詩之外，還有許多美妙的抒情詩，短詩，和十四行詩。眞是費解，他寫出一些登峯造極的詩同時又寫出許多毫無價值的詩。然而我們評定他應該是用他最好的做標準。因為他最好的詩曾經把他造成做英國文學上的偉大原動力之一。

Coleridge（生于1772—1834年）是浪漫派中最古怪的。除了他印入"抒情歌謠集"的文字之外他又著有"Kubla Khan"和"Christabel"，這都是帶有超凡的夢境的奇幻的暗示的詩。後者明明是受Percy的"古代逸詩"中的舊歌謠的詩人所影響。

Coleridge從德國回來之後就繙譯了Schiller的"Wallenstein"。在他那一篇擁護Shakespeare的戲劇的構造方法的"關于Shakespeare的演講集"也可以看到他受德國的影響。

然而最使浪漫文學通俗的人是Edinburgh的律師Sir Walter Scott。

Sir Walter Scott（生于1771—1832年）的兒童時代是在他的祖父的家中混過的，他的祖父的的家是在蘇格蘭邊境，那里極多古代傳說和故事。到他成人的時候就譯了一些德國歌謠，和搜集編纂邊境的歌謠，自己又寫了一些浪漫的敍事詩，讀起來像一種範圍展大的歌謠，因此稱爲'歌謠史詩'。這種詩最重要的是："最後的歌者之歌"，"Marmion"和"湖上的貴女"。這是空前未有的創舉，并且曾流行一時。

甚而比他的詩的故事尤其著名的是他的散文故事，或稱歷史小說。這種歷史小說的第一篇爲"Waverley"，發表於1814年，論到雅谷黨員由美太子Charlie統率在1745年的起事。接着又有二十六篇，最好的像"Ivanhoe", "Old Mortality", "Kenilworth", "Midlothian之心"(The Heart of Midlothian), 和"Rob Roy"都是講英格蘭和蘇格蘭的往事。他的其他的小說就講外國的史事。

Scott的書把蘇格蘭生活描寫得維妙維肖，并包含從王侯以至乞丐各種各樣的人物。他們使英格蘭人了解和尊重蘇格蘭人，這是以前沒有誰做到的。

Lord Byron(生於1788—1824年)是繼Scott而起的詩人。在一些赫奕的詩中，他把Napoleon時代歐洲革命黨的熱心吐露發表出來。

經過在劍橋大學做修業生一次的放蕩生活

之後，這位少年貴族遊歷南歐，游過Hellespont海腰，寫詩，囘來英國，成爲著名的詩人，跟英國社會爭吵，永居國外度其殘生。後來因爲希臘革命黨的緣故，自願幫助他們奮鬥而死於希臘。他最著名的詩是“少年勇士Harold”，“Chillon的監犯”，和譏諷滑稽的史詩“Don Juan”。他也寫像“Cain”和“Manfred”等戲劇，有的認牠是高逸的詩，有的却以爲是狂言。這些戲劇正像他的詩有許多變幻不同的景色，但是缺少不同的人物。

他的富豔而不奇峭的文體比較是近似十八世紀的詩人，而不像十九世紀的大詩人。英國人都以驚異的眼色注視他，然而未嘗眞實像外國似的欽仰他或愛他或愛他的詩。

Thomas Moo.e是愛爾蘭的詩人，“愛爾蘭歌曲”的作者。他是Byron的朋友，并在Byron死後，編“Lord Byron的信札和日記”。

第二班浪漫主義者包括Shelley和Keats。

Shelley（生於1792—1822年）是個理想家。他的早期詩“Queen Mab”現出他在叛抗當時的政府與宗教。他的重要的詩是他在1818年跟他的繼室 Mary Godwin 住在意大利時寫的。"Prometheus Unbound"是一篇壯麗的抒情戲劇，他在那里唱出他所愛的論題——'人道'從以前曾經蹂躪他的帝王中解放出來。一篇存意反對羅馬教皇的戲劇"The Cenci"，說到一個十六世紀的可怕的罪案。Shelley 所有最好的著作是他的秀麗的抒情詩和短詩，和"Adonais"。"Adonais"是紀念Keats二十五歲，當1821年死於羅馬的一篇親切熱烈的輓歌。Shelley 離開 Spezzia一年，自已也就溺死了。

John Keats是一個倫敦馬房夫的兒子，因爲讀 Spenser和Milton 的作品而變成一個詩人。他著作一些浪漫派復興的最特色和最理想的詩。他較爲早期的詩像"Endymion"（取題於希臘神話）都含有許多的缺點。繼以一些富於浪漫性的詩，如"St. Agnes 之夜"，歌謠"無情美女"，和偉大的短歌"關於一希臘古瓶"和"贈夜鶯"。

Keats 的影響英國詩正和 Wordsworth 相顔

頑。

在所有這些浪漫主義者中，Wordsworth以其愛自然，Coleridge以其神祕，Scott以其剛毅，Byron以其自私，Shelley以其理想，Keats（或者是其中最偉大的）以其富於想像各自卓別。

第十六章

Victoria 時代的初期

（散文作家）1832—1863

158.

改革。　十九世紀的上半世紀是受哲學家 Jeremy Bentham（生于 1748—1832 年）所支配。他的格名是'實利：或為最大多數謀最大幸福'，(Utility: or the greatest happiness for the greatest number)。他和他的門人，實利主義者，認為這才是民主主義的眞義。Bentham 圖謀改革（1）法律，（2）監獄和（3）英國憲法（British Constitution)。他最重要的成功是1832年的改革議案通過。用擴大選舉權，和重複分配出席權來改革國會，所以大而新的工業都會遂第一次得大政權，因此由貴族階級所統轄的英國移歸中等階級支配了。

一個新時代從此開始。科學注重于工業，而英國驟然從農業國變成工業國，從美麗的國變成醜陋，烟霧瀰漫，和大工廠的市鎮的國，從半封建制度變成半民主制度的國家，引起Wordsworth, Ruskin這些人的恐慌。Bentham等所謂激烈派(Radical)的改革家還不以爲滿足，想把英國造成一個眞正的民主國。

Victoria時代也發現一次莫大的慈善運動，來救濟許多陷落窮困中的下等階級。有一次運動要給他們有比較好的敎育和比較合人道的法律，以及來在困苦的生存競爭中。幫助和保護他們這種運動，和敎育那幾百萬的選舉者使之稍微懂得選舉，大部分是文學，尤其是小說的功績。

三個大散文作家是這時代的導師——Carlyle, Dickens和Thackeray。這三個人都熱心改革，但是他們，尤其是前兩位都譏笑痛罵那多數政治改革家所以爲理想世界的希望所寄托的代議政府。因爲其實，'平民政府是一事而代議政府又是另一事呢！'

159.

Thomas Carlyle（生於1795—1881年）是當代偉大的倫理的導師和鼓勵的人，並是那一世紀的文學中最偉大的重要人物。他代表變浪漫派的蘇格蘭清淨教。

他出身於蘇格蘭清教徒的家庭中，他的父親是Ecclefechan的一個卑微的石匠。他去Edinburgh念書是帶有想做長老會的牧師的理想的，但是進了大學時就決心要獻身於文學了。

當他讀Mdame, de Stael關於德國的書時，他明白德國人所想的已經跟他們所做的不同了，因此立志讀德文。費了許多心力才得到一本Schiller的書，翌年才再得到"Wilhelm Meister"和"Faust"。

他在他的青年時代經過一次懷疑期間。但

是了解 Goethe 之後，立即就開始一種新生活。他已經曾說‘永久的是’(Everlasting Yea)，曾說‘是！人生是好的和光榮的’(Yes, Life is a good and glorious thing)了！並這樣的拋棄他暗淡的厭世的人生觀。他當 Goethe 是他的救命恩人一般的感激，而他對於德國文學的熱心引起他介紹德國的大作家給他的同胞。因此而變成介紹德國哲學入英國的宣傳者。他著作一本“Schiller傳”(Life of Schiller)，和“關于德國浪漫主義者的論文”(Essays on the German Romanticists)，從此以後他的一生和思想都染有德國哲學的色彩。

但是 Carlyle 不是個抽象的哲學家，比較是 Fichte 和他的德國導師所預備下的題目的開講者。他的著作都有影響行為，有裨實際的目的。他的“裁縫受補綴”(Sartor Resartus)，或稱為“衣服的哲學”(The Philosophy of Clothes)，是一種想像的自傳體小說，很有幾分是模倣“Wilhelm Meister”的。在這書中他說做一個人并無須好衣服或外觀，但是須要高尚的德性和真誠的愛。

這是他用浪漫派的寫法的第一部書，但是稍微帶着所謂 Carlyle 的文體 (Carlylese)，深有外國色彩，火山一般的熱烈。他從 Jean Paul Richter 採用這種文體，故意用驚人的材料和語氣，像 Richter 喚醒他一般地來喚醒英國的讀者。他成功了。雖然如此，這是一種很獨特，很古怪的文體，是不應仿效的。

他在"英雄與英雄崇拜"(Heros and Hero Worshop)一書中，舉起 Luther, Shakespeare, Dante, Burns 和其他大人物來說明他以為歷史是從一些偉大人物造成的，而跟平民和國會沒有關係的理論。這一種主義就是他三種歷史著作的根基：(1)"法國革命史"(The History of the French Revolution)，這書中為自由的熱烈憤激，已經有人說他是'比法國革命自身尤其革命'；(2)"Oliver Cromwell 的信札和演講集"(The Letters and Speeches of Oliver Cromwell)和(3)"Frederick 大帝史"(The History of Frederick the Great)。

"Cromwell 的傳"(Life of Cromwell)廓清人們對於這位偉大的清教徒領袖的種種不對的觀

念，並排解對他的一些謗毀的傳說。

在寫"Frederick 大帝史"的當兒，Carlyle像一個羈留戰地的訪員似的跑到德國去考察Silesian戰地。把 Frederick 時的戰亂，朝庭和大人物描寫得非常入神。

Carlyle在"新憲主義"(Chartism)和"過去與現在"(Past & Present)論述當時社會的大問題。在這兩部書的後一部中，他稍徵舉出十二世紀的僧侶轄下的英格蘭來跟現在的工業英國對比。在他的"晚近論文"(Latter-day Pamphlets, 1850年)，他論到英國監獄，國會和其他的地方都應該改良。

Carlyle 的文學批評是很良莠不齊。他的"Burns論"(Essay on Burns)是超脫優越的，而他的"Scott論"(Essay on Scott)却是荒謬百出。他的非難Scott的小說只因為牠們是遊戲文章而不是教導的。

經過Carlyle之後，德國的幽默家 Jean Paul Richter才極其著名於英國。De Quincy(生于1785—1859年)把他譯成極好的英文。最大受 Jean

Paul的理想所影響的人是George Meredith（見188節），他的幽默的哲學直接建基于Richter的風格。

Carlyle的教訓。 Carlyle在反對當時只崇拜物質的富裕的時候他說評量人的價值是在乎他的品格，幷不在乎金錢；人應該以盡義務和工作而生存，不應用快樂做目的；所有神聖的工作是眞誠去做正當的目的，利益人類，和榮耀上帝。因此他教出一種力行的宗教。

他也說民主政體是錯誤的，和百姓受偉大的人管理比國會好；至于要如何去選出這種大人物他却沒有說到。他相信時候一到這種人就會出現。

160.

Lord Macanlay（生于1800—1859年）。當時另一位著名的歷史家和論說家是Thomas Babington Macaulay。他的卓越的論文像那些關于"Clive"，"Warren Hastings"和"Milton"等篇之所以值得注意比較是因爲牠們玲瓏入畫的文筆，而不是靠深奥的思想。

他的"從James II到革命的英國史"(History of England from James II to the Revolution)是最使他成名的著作，是Thackeray的"Esmond"(見170節)重要的根据之一。——Nacaulay的目的是把歷史寫成像Scott的小說那樣的逼眞動人。但是Macaulay是個民黨和熱心的改革家，在寫英國反對純粹專制的大戰爭的當兒，他的評斷常常是有成見和不公的。然而，他是滿含着壯麗精巧的段落，這是無可否認的。因爲他常常脫離民黨的政治家的身分而成爲操文弄墨的眞正藝術家。

他也寫一些活潑生動的歷史詩，像"古代羅馬歌"(Lays of Ancient Rome),"The Armada"(古西班牙的無敵艦隊名)，和"Ivry之戰"(The Battle of Ivry)。

161.

"Edinburgh評論報"(Edinburgh Review)。因爲要促進英國新的改革主張，一位蘇格蘭人叫做Jeffrey開辦一種"Edinburgh評論報"(1802)。這評論報爲民黨的主義大作宣傳，故尊王黨也開辦另一種評論報——“季刊”(“Quarterly”)——來與牠對抗。這兩種報紙現在還存在。

雖然他們都聲明沒有政治傾向，但是“Edinburgh 評論報”和“季刊”都努力要用文學評論來影響政治。這種文章叫做“Essays”是(一種稍有誤傳的名詞)因為一些 Macaulay 的這種所謂“Essays”發表在“Edinburgh 評論報”上，當印成單行本的時候，成了一本頗大的書。

“Edinburgh”的編輯 Jeffrey 是因為他武斷概括的批評而著名，特別是因為他毀罵那些湖上詩人。他說 Coleridge 的“Christabel”是‘囈語和狂言的混合物’，說 Wordsworth 的短歌“關于不朽”是‘模糊費解’。

Jeffrey 用‘聯想觀念’(association of ideas)來解釋‘美’；他說，我們所以看牧人的草舍為‘美’，這是因為我們把牠聯想到平安幽靜的牧人生活。

這“Edinburgh 評論報”的創辦者對於改良的許多建議中的一件是教育。他們要實現蘇格蘭鄉校的優越的制度于英格蘭沒有學校的鄉村。他們也引起改變殘酷的刑法。在當時偷上值五先令（Shillings）的東西的竊賊就可以懲以死刑，百姓們稍有瑣屑的罪狀就把他流放。

其他著名的評論報有"Blackwood的評論報"(Blackwood's Review)和"倫敦評論報"。著名可喜的論文家，"Shakespeare 的故事"（Tales from Shakespeare)的作者Charles Lamb就在後一種評論報中發表種種的論文（參考140節）。

在這些評論報中，"季刊"以從政治的立場來批評文學最冒惡名。例如他的野蠻地非難Keats是因爲他們相信Keats是個激烈派。

162,

人道主義的小說。 1837年之前，Scott 的封建小說的通俗是惟我獨尊的。然而，到Charles Dickens 出現，小說作品就生起一次的大變遷了。他使百姓們對於他們的時代比對于遠古有趣，和對于普通庸人的生活比對于高貴的勇士命婦有趣。

Dickens 是用英國經過 Napoleon 戰爭之後的社會狀況做題材。他把那些Bentham（見158節）

和 Carlyle 這一類人所宣傳的社會改革和更新社會精神的新觀念放進小說裏。使百姓爲着在新的大工業都會中，在製造廠中，在工場中，在倫敦的貧民窟和猶太人的住所的窮人和他們的兒女的眞正的困苦而流淚，來代替Goth體小說所引起百姓們替在古塔和城堡中的尼姑和處女的想像的遭難而戰慄。他想要喚醒他的讀者的同情和掃除所有社會的弊端。

Dickens 用小說和詩來喚醒人們提倡合于人道的改革，所以他是文學中改革運動的領袖。在詩的方面，這同樣的宗旨即見于Tom Hood 的作品（尤其是在"襯衣歌"(Song of the Shirt) 指斥給女工過薄的工價。

163.

Charles Dickens（生于1812—1870年）。Dickens是在 Portsmouth 出世，他的父親有一個時期在那里的海軍造船所當書記。當這小孩子的早期，他的家庭常常窮困着，所以他很少受教育。在他閑暇的時候他好讀 Cervantes, Lesage, 和幾位英國十八世紀的作家的書。這些書是他從他的父親的屋裏的骯髒的舊頂樓中找出的，對于他的文體常有影響。

他的家庭遷去倫敦（1822年）之後，他的父親因為負債被捕下獄。只十歲的機敏的小Charles就送進一個黑鞋油廠去做粘瓶標的工作，每星期賺六先令。很久以後，他在他的小說"David Copperfield描寫那幾年的做苦工，和受侮辱與虐待。

到他的父親家境好些，Dickens十六歲的時候，他在一個律師的辦事處得到一個位置(註)。他在這律師辦事處學會速記，不久就拚棄法律去謀新聞事業，成為"早晨記錄"（Morning Chronicle)報館的國會訪員。

在他的餘剩的時候，他描寫了許多關于倫敦生活的小品。他的運氣來了，這些小品受各種的報紙所稱譽。後來刊成一本書叫做"Boz的

(註) 在他的著作中像Uriah Heep, Dodson and Fogg Sampson Brass和Dick Swiveller這些人物，我們可以決定他是從這學習法律時得來的。

小品”（Sketches by Boz），這一次的成功遂使他決定走着文學的路。

他的第二部著作是“The Pickwick Papers”（1837年）。驟然激動了全英國，從此之後他隨便寫甚麼英國人都貪戀地讀她。Lord Campbell說：‘給我寫那本書比做英國的大理院長我更得意’。

Dickens有莫大的著作力量。以下的三十三年中寫了不下十三個的長篇小說；編輯“家常談話”(Household Words)，後來編“月月刊”（Al the Year Round）這兩種月刊；而是尚有餘力在英國美國繼續公開誦讀。

然而他過于賣力。在1870年突然死在God山的他的家裏，留着一篇新的小說“Edward Drood的祕密”（The Mystery of Edward Drood）沒有寫完。

人家把他葬在Westminster寺的“詩人的僻隅”。

他的著作從出版之後屢屢再版。有一個專門研究他的作品的社會叫做“Dickens Fellowship"，刊行一種月報叫做"Dickensian"，而且全世界都有分社。

Dickens在文學上的大功績是發見和描寫現代的倫敦。他不但是倫敦和中等以下的社會的描寫者，並且也是對於這大城的黑暗的貧民窟貫進社會改革的第一個宣傳者。他因爲要把這種汚濁的窩穴變爲有趣，用故事和幽默來裝飾牠們。

164.

Dickens的作品。在"Pickwick Papers"中，他介紹給世界的是倫敦士人的一個好談科學的人的會社，他們的領袖是肥胖慈心和戴着眼鏡的Pickwick君——一種Don Ouixote, Wakefield的牧師和John Gilpin混合出來的人。這個會的會員陷入各種可笑的情狀，而常常是Sam Weller, Pickwick的詼諧滑稽和忠誠的奴僕（一種倫敦的Sancho Panza）去替他們排解。Dickens之前，這住在倫敦東城的本地人的富于滑稽性的事只有像Pierce Egan和Theodore Hook這些滑稽劇的作家採用牠。但是這些作家都缺少像Dickens所有創作的滑稽的想像力。

"Oliver Twist"（1838年）是盜賊生活的寫實故事。敘述一個工廠的小孩子如何加進猶太人Fagin所帶領的一羣倫敦賊黨中。他百方設計從盜窟中逃出，後來做一位正經的公民。Dickens說：'我在小Oliver身上意思是要表現'善'的天性，雖然經過非常的逆境還是存在'。所以"Oliver Twist"是一種草寇小說而帶有教訓的傾向。

Dickens開始寫他的下一篇小說"Nicholas Nickleby"（1839年）是計劃要表現像Dothe boys Hall (=cheat-the-boys=欺騙兒童)學校的Squeers君這一種吮人膏血的校長所設的野雞私立學校。然而結果寫成行傳體的冒險小說。主角Nicholas因為兩個富而慈善的商人Ch eryble弟兄的幫助渡過所有的難關。

"古玩舖"（The Old Curiosity Shop, 1840年）敘述小Nell如何因為她可憐的忠誠極力要從倭子Ouilp（債主之一）的手中救出她的破產的祖父（店主）。他們（指祖父與孫女）遍遊英格蘭，碰着許多怪異的險阻和許多新奇的人物。'可憐的小 Nell' 歷盡艱辛，正在將得救援之前逝世。

"Barnaby Rudge" 是暗殺案的故事。這本書的一部分是歷史小說的試驗，和說到1780年的'反羅馬教的教義和習尚'(No popery)的暴動，當時百姓放火燒 Newgate 和在一時期使倫敦陷于恐怖中。

"Martin Chuzzlewit" (1843年)是故意要暴露各種的自私。Dickens 從美國回來之後才寫牠，並在他坦白的有人說是含有惡意的——說到美國的情形的時深引起美國人的惡感。

"Dombey 和他的兒子" (Dombey & Son, 1848年)表現一個倫敦的大商賈的財產如何衰敗和他的心志因為失敗和倒霉而軟化。在這里也像他所有的作品一樣帶有明顯的教訓傾向，加進一羣的幽默人物來減輕他的悲劇。

"David Copperfield" 作于 1849 年。Dickens 在這里叙述他自己的生平(見 237 年)，又在"破屋"(Bleak House)續述之。在"破屋"他譏諷

責難英國的法律手續的麻煩和平衡法院（Court of Chancery）的辦事遲滯令人痛心。他說：‘我在“破屋”中故意站在平常事物的奇幻方面’。而這就是在他的大作品中的藝術的祕密。

他留遺下來的小說最重要的是描寫在Coke-town（黑國 Black Country 的某處）的工人騷動問題（Hard Times, 1854 年）；指斥負債人的監獄殘酷制度的“小 Dorrit”（Little Dorrit, 1857 年）；倫敦巴黎當法國革命時的傳奇式的寫照“兩城的故事”（A Tale of Two Cities, 1859 年）但是全部中無滑稽人物；勸戒趨炎附勢和忘恩背義的“大期望”（Great Expectations）；和“我們的朋友”（Our Mutual Friend, 18(5年）。

我們也不應該忘記 Dickens 所寫的“聖誕歌”（Christmas Carol），“鐘聲”（The Chimes），“火爐上的蟋蟀”（The Cricket on the Hearth，三書都是作于 1843—1848 年）這一些滿含混合寫實，幽默和奇想的特性，做聖誕節一般的嫵媚迷人的小故事。當時鬼怪故事很通行。Dickens 在他的“聖誕歌”才首先用溫柔幽默來寫述這種神怪的料材。所以在一些鬼怪故事中，以"聖誕歌"爲最風行一時。Thackeray評定那是一種公衆的利益，因爲她使個個人都覺得聖誕節是一個平安和好意的時候。這書實在敎說英語的國認聖誕節是個基督敎徒施捨的大節目。

165.

Dickens的品格。 Dickens有許多大錯處：（1）他要悲壯的時候常常變成哀豔恢誕（Melo-dramatic）；（2）他的感傷和悲惻處常常爲現在讀者所不喜，他的滑稽段落常常形容過當和怪誕不經的；（3）他作文的方法因爲印刷者的信差不耐煩地在旁催稿，使他一面構造情節，一面付印。據說，他對于書中下一章的內容常常跟讀者一樣毫無把握。然而他要解决替月報寫作的困難，無論如何的聰穎，這種做文的方法結構上難免發生毛病。—— 所以結果他的許多故事都是倉卒結束，使我們想起軍隊經過一次挫折之後混亂潰退的情狀。

另一方面說，他卓越的特長是誰都明白的。他富于生活，喜歡生活和相信生活。他的文體雖然並不精純，但常是樸質流利活潑，誠懇而明暢。他的慈善的心腸，他的篤信人類，他的好脾氣，活潑和感人的愉快取得一切讀者的同情。尤最者，他對於滑稽枝節，滑稽人物和滑稽局勢的創造力，和創作一班小說中的新人物，在文學上算是無匹的。總之，除了技術上的缺點之外，這位受'靈感的倫敦人'(inspired Cockney)是英國文學上最偉大和最獨到的作家。

165a.

其他的人道主義小說。 有許多的小說家從此步Dickens的後塵，採取社會問題做小說的材料。

1. Disraeli 在他的"Sybil" (1845 年) 描寫 Lancashire 在新憲派第一次暴動之後幾年中的工人狀況。
2. Charles Kingsley 跟 Dickens 一樣是個急進派小說家，在 1848 年勞動界暴動之後，努力用文學來發揮勞動問題，例如他的小說"酵"(Yeast) 和 "Alton Looke"。
3. Gaskil 夫人，她是 Dickens 的朋友，寫了三

個小說——"Mary Barton"（1848年），"Cranford"（1851年），"Nord and South"（1855年）；第一和第三兩篇是'工業故事'（Industrial stories），論述勞動問題。在敘事能力，豔麗和柔情上說，她的小說"Mary Barton"是那一世紀的一篇傑作。

4. Charlotte Brontë 在他的"Shirley"也討論同一的問題。

5. Sir Walter Besant 作有"各式各樣的人"（All Sorts & Conditions of Man, 1882年），因為這篇小說引起一次最重要的博愛運動；倫敦的'大衆之宮'（People's Palace）就是這本書直接造成的效果。這建築物用意在把沉迷于酒館的民衆救出，給他們在餘暇的時候有正當的娛樂。

6. 我們在一位最多產和佔勢力的英國現代的小說名家，倫敦大學的理學士 H. G. Wells（生於1866年）的初期小說中，看出人道主義的小說如何的演成譏諷，叛變和社會主義的小說。Wells的後期著作像"Tono Bun-

gay", "新 Macchiavelli" (The New Macchiavelli) 和"結婚"(Marriage)等都是'問題小說'(problem novels),用幽默的成分來裝點她,討論像結婚,現代的自由主義的不中用這一些社會問題和政治問題,並且存有教訓的目的。在"熱心的香客"(The Passionate Pilgrims)他討論婦女的參政問題。

然而把這些作家跟 Dickens 比較,我們覺得這種人道主義的小說已經有一種奇怪的變質了,這就是失了其中和諧的幽默。

Dickens 用 Hook 及 Egan 粗鄙的滑稽材料變成幽默,同時假重這幽默來宣傳他自已所熱心的人道。他的承繼者却保存這人道和社會問題而捨棄幽默。所以人道主義小說漸次變成關於現代工業主義產生出來的不幸的一種嚴肅而且暮氣沉沉的訓誨。這種凄涼氣象在 Dickens 最近的信徒,寫實小說家 George Gissing的小說中最爲明顯。

另一種在一時非常時髦的人道主義小說是 Beecher Stowe 夫人的"Tom大叔的棚屋"(Uncle

Tom's Cabin)。這篇小說關于美洲的黑人問題全不明瞭，和過重情感勸告美國南部的養奴的主人勿過殘酷和革除養奴制度。這本書使北美與南美之戰陷入難免（參見199節）。

166.

Charles Reade（生于1814—1874年）是個藝術家兼學者，可以算是Dickens的博愛派最偉大的作家。然而他最好的作品却是歷史小說，範圍完全不同。批評家Oscar Wilde 在他的"懸擬"(Intentions) 裏說：'我不曉得有一件比 Charles Reade的創作歷史更值得悲傷的事，他寫了一本美妙的書，就耗費他其餘的時間于一種癡愚的企圖，想要趨時，想要引起民衆注意監獄的情況和我們私立的瘋人院的辦理不良'。

Wilde 提及的'一個大著作'是"修道院與家庭"(The Cloister & the Hearth)。她像她的書名所暗示的一樣，表現中古時代一個人的心裏的愛與宗教的悲哀的矛盾。這可愛和悲壯的古代故事的英雄是個眞正的人和是 Rotherdam 著名的Erasmus（學者）的父親。

然而 Dickens 的信徒中最風行的是 Wilkie Collins（1824—1889），就是"白衣婦人"（The Woman in White）和"黃昏之後"（After Dark）的作者。

在美國 Bret Harte 用 Dickens 的觀察人生的方法而得到新的成功。他在短篇小說裏把人生理想化和傳奇化正像 Dickens 所做的，并且用親切的同情和詩歌贏得衆人的愛慕。

167.

John Ruskin（1819—1900年）是個偉大的藝術的批評家，跟 Dickens 一樣地是富于情感的人，跟沉迷于無節制的競爭時代，叫人各自爲戰的時代作戰。他極力敎人藝術和宣傳一種新的政治經濟來減輕這種制度的殘酷。

他是倫敦一個富葡萄酒商的孤子，在1836年，進牛津（Oxford）的'基督堂'（Christchurch 之前，只是在家裏受敎育，在1843年他匿名出版"現代畫家"（Modern Painters）的第一卷，這時候他只離書院不久。因爲他的文體和創作力，大爲感動人心，立卽被尊做第一個藝術批評家。這一本書的目的是要叫不列顛民衆正確地尊重壯麗顯赫的風景畫家 Turner 的畫和天才。Ruskin 在努力做這種工作的當兒，表現出一種自然的美和藝術的要求的新見解。他用淺顯生動的文字來講美術，使人人都能了解。接着第二至第四卷也出來了，描寫Florence和Venice 的偉大的宗敎畫家，并把他們跟Turner 比較。

Ruskin 繼出的書“建築術的七盞燈”（The Seven Lamps of Archlecture）和“Venice地的石頭”(The Stones of Venice, 1851—1853年）不但描寫 Goth 體建築的美，并且離奇地把這些美功歸于中古時代的道德制度和社會制度。

他固信道德跟藝術有密切的關係。這種理論引起他想要先給英國人養成一種比較完健的生活來形成比較好的藝術。他說，藝術不能夠沒有道德，而在窮困與愚蠢之中不能有道德。所以社會改革是藝術必要的基礎。詩人 William Morris 實際上從這個立場出發而成爲一個改革家，甚而并且成爲一個社會主義者。

Ruskin 的著作從這一點起，幾乎都有一種博愛，教訓和人道主義的傾向。在像"到這個最後"(Unto this Last, 1860年)和"Munera Pulveris"這些書中，他非難現代所根據的資本和工資的經濟制度。他說那一國產生最多好人的及快樂的人，那個國家就是最富裕。他認Carlyle是他的導師，常常同Carlyle討論他的學說。

Ruskin 從這空談理論進而實行博愛和着手一些計劃。他提出改良倫敦勞動階級的房屋；他提出許多計畫，以供討論，例如用造路代替操兵來給牛津大學的學生做鍛鍊身體的遊戲，勞工植民；提倡家庭工業，像手工紡織和織麻布；在疏濬開墾他家鄉 Lancashire 的 Coniston Water 的溼地。

他晚期著作最著名的是(1)關于書和讀書的正當方法的談話"胡麻與百合花"(Sesame & Lilies)；(2)"時間與潮流"(Time & Tide)；(3)"Fors Clavigera"(寫于1871—1874年)，後兩篇是寄給英國工人的兩組公開的信；和(4)他的自傳"過去"(Praeterita)。

在英國再沒有一位作家有這麼大的辯才和

文字描繪(word-printing)的筆力。他的文體滿含着色彩和音律。他的形容的天才和比喻的豐富是無窮的。

在他早期的作品他採用Hooker(見79節)和古代敎士的堂皇華麗的長句。在"Fors"和其他的晚期著作他的文體就大變了,比較簡潔和沒有那麽華麗,讀起來好比好的英語談話。

168.

Charles Kingsley(生于1819—1875年)是個歷史小說家。他生在所謂新憲派(Chartist)運動惹起英國工人騷動的時候,所以他也寫了一些勞動問題的小說。他傳敎和著作竭力工作改良勞動階級的狀況。他的關于當日的社會問題三篇小說,以"Alton Locke"爲最著名。

他的其他的小說都帶着宗敎和愛國的趨向。在他的歷史小說"Hypatia"他敍述十五世紀基督敎跟異敎在Alexandria的鬥爭。在另一篇歷史小說"Hereward the wake"他描寫在Ely四周的溼地的盎格羅撒遜人跟哪曼人最後的爭鬥。他最好的小說"嘿向西!"(Westward Ho!)"

描寫西班牙無敵艦隊(Armada)的時候 Devon 鄉人勇敢的事蹟。他的"水嬰兒"(Water Babies)是一篇教兒童們愛自然的故事。

他所寫的抒情詩中有一篇"Dee的沙"(The Sands of Dee)是現代短詩的好模範。

169.

Thackeray(生于1801—1863年)。Dickens從倫敦中等以下的貧民階級採取他的材料。另一位天才完全不同的大幽默家Thackeray,却因爲他對于中等以上和貴族階級的卓奕的描寫而完成Dickens所開始的工作。他們在作品中都詳細叙述Victoria時代的民主主義。

Thackeray 因爲他的幽默的精緻和文體的卓特算是所有英國小說家中最偉大的。

他生于Calcutta,是個駐印度的高級文官的兒子。因爲他接近印度的官界,所以他能描寫像Joe Sedley(虛榮市場 Vanity Fair 中的人物),勇敢的Major Geoghega, 和Colonel Newcome這一些居印度英人的模型。

當這小孩子五歲的時候就送回英國受教

育。航行中他們的船暫時泊在 St. Helena，他在那里看見'Corsica島的妖精'(Corsican Ogre)拿坡崙，并且聽見說那妖精'每天吃三隻綿羊，及所有他能够捉到的小孩'。

他大部分是在Charter house（倫敦的著名公立學校）受敎育，他在他的書中却詆毁這間學校做'Slaughterhouse'(屠場)。他寫信給他的母親說：'現在這里有三百七十個學生，而我却希望有三百六十九個'。後來，他從那里升進劍橋大學。

他在 1828 離開大學去歐洲大陸遊歷。在1830年他參觀Weimar——(他在他的小說裏稱爲Pumpernickel)——并受Goethe的歡迎。

到成年時期他得一份剛剛夠用的財產，就去巴黎研究藝術。他因爲投資于一個新的報紙，和一部分似乎是因爲賭博，轉瞬把這些錢花完了。在1836年他結婚，第二年無可奈何地回去倫敦賣文爲生。

他爲"Punch"和"Fraser雜誌"(Fraser's Magazine)寫幽默的小品文，短歌和短篇小說。他替"Punch"撰述及繪畫對于他是非常重要。因為這使他發見和養成他所有的幽默家的天才。(Punch到現在還是像Thackeray的時候一樣，爲一種文學上的滑稽報紙的最好的模範，實行諷諷社會和政治的一種最有益公衆的任務)。在"趨勢者的筆記"(The Snob Papers, 1846)他表現出一些活潑流利的諷諷小品文字，敘述倫敦俱樂部的生活，特別是那些他所叫做'Snobs'(勢利人)的生活。所謂snob就是那種對于自己品格的卑賤自欺欺人的一種人。

這"趨勢者的筆記"刺中英人的弱點，比較重要的草寇小說，詼諧諧語的傑作"Barry Lyndon"更大大地引起注意。她表現一個愛爾蘭人誇張的回憶錄，敘述他在Frederick大帝的軍隊中當兵，和在日耳曼各國所看見的生活。

170.

Thackeray的五本偉大小說。"虛榮市：沒有一位英雄的小說"(Vanity Fair: A Novel without a Hero)在1847年開始出現，立即使Thackeray在小說創造者和著作者之中取得最高的位置。因爲她的寫實主義，而開始一個新紀元。

"Pendenis"（1848年）接着出版。故意用公正的寫實主義來描寫當時英國普通人士的生活。Arthur Pendennis在許多方面看起來，似乎就是Thackeray自身的寫照。

在"Henry Esmond的歷史"（History of Henry Esmond, 1852年），Thackeray寫出Anne女王時代和James II 黨員在"老謀位者"（Old Pretender）的時候的陰謀的栩栩如生的景象。這本書代表從一種新的立場敍述的歷史小說的再生。這本書用寫實方法描寫過去，這就是說，用當代的作家的口吻去描寫他。他的文體故意模仿Anne女王時代的作家的語氣。在"虛榮市"Thackeray曾嘲笑Scott 和他的虛構過去的描寫。在"Esmond的歷史"他努力用寫實主義的方法來敍述歷史，這主要是受Macaulay的"James II 朝的歷史"(History of the Reign of James II)的感應。

"The Virginians"是"Esmond"的續篇；告訴我們當美國革命時代Esmond一家在美國的生活。

Thackeray 再出的書是他最通俗的著作"The Newcomes"。Colonel Newcome 以一個貧困的領養老金的人可憐地死于 Charterhouse，是英國文學中最著名的情節之一。這良善的印度少將是 Thackeray 的理想上的模範君子(Gentleman)。

除了這五本偉大小說之外，Thackeray 又著有"十八世紀的英國幽默家"(English Humourists of the 18th Century, 就是著"Esmou;d"以前的預備研究)，"玫瑰和指環"(The Rose & the Ring)，兒童故事中的名著，"四位 George 王"(The Four Georges)，和"循環論文"(The Roundabout Papers)這些形形色色不同的文體表現出他多才多藝的天才。

171.

Thackeray 的品格。Thackeray 的心正像他的才智一樣的偉大。他兼有這些特長所以能夠造成做一個當時偉大的幽默的譏諷家。

他像一切的譏諷幽默家一樣地受人家掛上嫉世主義(Cynicism,)的罪名。然而他并沒有嫉世；他未嘗蔑視人道主義。他公平地描寫他所看到的人生，并不像一種傳說，或像他的讀者所希望他看的。他痛罵他所以為是當時的民衆的壞風俗和過惧，但他痛罵時是用一個偉大人物和偉大的藝術家的愛，公正和幽默。

172.

科學與信仰的爭戰。全十九世紀再沒有一本書像Darwin在1859年出版的"物種的原始"(Origin of Species by Natural Selection)這部書對于世界的文學和思想有那麼遠大和變革的效果。她給宇宙一種新的旨趣，并開人類歷史上的一新紀元。

那似乎是反對所有的宗敎信仰，和推翻所有人類所崇拜的廟宇。一時Darwin受四方八面集中的攻擊惡罵。人家說他的理論使人陷于禽獸的地位。然而，逐漸就現出Darwin所謂遺傳下來(descent)的理論，實際上却是進步上升(ascent)的理論。'生命是經過泥土來的，但不是出于泥土的'。

173.

Charles Darwin生于1809年，跟Tennyson，

Gladstone, Poe 和 Lincoln 同年。在離開劍橋大學（1831年）的時候，他就被任爲英國軍艦 Beagle 上的自然科學家，出發去南海攷察。經過五年的離國以後，他回來英國，堅忍地工作把他腦中已有的觀念形成科學的條例。在 1859 年出版“物種的原始”，在 1871 年又出版“人類的遺傳”(Descent of Man)。

他的工作是由他的信徒和辯護者 Thomas Huxley（1825—1895年）斷續，而他的論斷是由跟他有同樣的研究的偉大哲學家 Herbert Spencer（生于1820—1903年）所證實，其中後者的哲學體系完全是根據適應全宇宙的進化論。這 Spencer 和跟他同時代的大人物，實利主義的擁護者 John Stuart Mill（生于 1806 — 73年）的哲學對于全文明世界都有深長的影響。實利主義說行爲的用處（這“用處”就是指能產生幸福）是非眞正的根據。實利主義者都以爲哲學是一種達到社會改革和政治改革的工具（見158節）。

Spencer 和 Darwin 所開創一種進化科學的新紀元，難免有深刻地影響于想像的文學。所有的人都不能置之不理；不是贊成他們便是反對他們。有的擁護有的攻擊舊信仰；有的致力要溝通新舊；有的絕望。那時候的詩人 William Morris 自稱爲'一個空泛時代的一個懶惰的歌者'，就是指這時代普遍的煩悶。

這科學與信仰的衝突可以解釋 Arnold Tennyson, Morris, Thackeray 這些 Victoria 時代的作家的著作中普遍的悲觀色彩。在別一方面，即引起Browning和Meredith這兩個不同的樂觀主義者的勝利的快樂。爲 Browning 的宗教的辯論詩的來源。一言以蔽之，Darwin 學說從 1851年 Wordsworth 死後，就已經成爲詩人的特性和智力的考驗準繩。

至于小說這Spencer的新理論即見于 George Eliot 和Hardy的作品裏。

174.

George Eliot（生于 1819—1880 年）是心理小說（精密分析人品的小說）的創始者，她的眞名爲Marian Evans。她的書充滿着當時的宗教問題。她最長于描寫中等以下的階級，店主，商人和她生長的，英格蘭中部(Midland)的村夫。她敘述英國生活最好的著作為"Floss上的磨坊'(The Mill on the Floss)，"Adam Bede"(1859年)和"Silas Marner"。在1863年她出版一個描寫Florence地方在Savonaroda時的生活的歷史小說"Romola"。"Middlemarch"雖然一些關于哲學的章段可算小疵，或者可以算得她最好的著作，表現宗教中新舊觀念的衝突。

我們在George Eliot的早期小說裏比任何地方更能夠深悉當時英格蘭的勞工階級因Wesley的工作的效果(見131a節)所發生的新教運動的復興(Nonconformist revival)。她觀察世界的新穎獨特的方法，她滿腸的同情人類，她優美的幽默和她大胆的寫實主義使她成為最偉大的小說家之一。

她的地位只比Thackeray差一等。

第十六章 撮要(Victoria時代的初期)

社會改革和中等階級得勢的時代的三個大作者是Carlyle, Dickens和Thackeray。

Thomas Carlyle（生于1795—1881年）是蘇格蘭石匠的兒子。德國文學和哲學對他大有影響，他全部的教訓和文字的體裁都染着牠的色彩。他的重要作品有"Sartor Resartus"，"法國革命"，"Cromwell 傳"，"Frederick 大帝史"和"英雄和英雄崇拜"（一些講義）。他是當時偉大的倫理導師。

他替工人階級熱烈求請公平待遇，引起文學上的一種慈善運動，就是所謂人道主義。

Charles Dickens（生於1812—1870年）的早期生活經過許多的苦境。他第一篇重要的著作"Pickwick Papers"由其中關于倫敦東城的居民的生活的描寫露出他有滑稽作家的天才。接着所出的小說于幽默描寫倫敦生活之外，含有改革社會明顯的宗旨。

"Oliver Twist"是關于倫敦盜寇生活的故事；"Nicholas Nickleby"描寫小孩在壞的寄宿學校裏的可憐的生活；"古玩舖"；"聖誕歌"；"Barnaby Rudge"是一種歷史小說的嘗試；"Martin Chuzzlewit"攻擊美國生活；"Dombey 和他的

兒子”陳述一個驕傲的倫敦商人遭辱的故事。

從許多方面看起來，“David Copperfield”是他最好的著作。這本書在1849年出版，正當“Tom Jones”出版後一百年。是一種自傳體小說。

Dickens工作過度，在1870年就早死了。他是英國最得社會歡迎的小說家和幽默家。他的書雖然充滿着滑稽人物和滑稽的情景，但是因為寫作倉卒結構欠妥而損其價值。但是這些都充滿着英國的風調。

繼Dickens而起的人道主義的小說家，最著名的有Disraeli, Kingsley, Gaskell夫人，Charles Reade, Beecher Stowe夫人和Walter Besaıt。

在Dickens的承繼者的手裏，人道主義小說的傾向或宗旨變成太顯露。結果到了George Gissing的著作這種寫實主義就覺得令人難堪。

William Makepeace Thackeray（生于1811—1863年）脫離Dickens的下等社會的喜劇，轉入描寫英國中等以上的階級的譏諷喜劇。他是十九世紀最偉大的譏諷家。起先是替滑稽譏諷報“Pu·

nch”撰述小品文字。他第一篇成功故事“虛榮市”(1847年)是倫敦上等階級的生活的諷刺描寫，爲要鄭重表示她的寫實主義的特性起見，他稱這小說做‘一個沒有英雄的小說’。其中用一個言行不檢但非常聰穎的女野心家Becky Sharp做主人翁。

他的其他的小說是“Pendennis”, “The Newcomes”, Anne女王時代James II黨陰謀的故事，“Esmond”, 和續編“Virginians”。

Thackeray雖然是大譏諷家，但也是一個最慈心，最文雅的人。他未嘗嫉世。他的譏諷是大幽默家，大藝術的譏諷；他對于他以爲是當時百姓的壞風俗和罪惡，尤其是趨炎附勢，毫不姑容地痛罵。

Thackeray死前四年，Darwin發表他的“物種的原始”，書中包含着進化的理論。她的效果在這下半世紀的思想和文學都可以看得出來。最利害的是引起詩和散文都有一種悲觀的傾向。第一個能夠拋脫這種勢力的是Meredith。

第十七章

Victoria時代的散文

175.

Victoria 時代的浪漫主義。 因爲 Keats，Shelley 和 Byron 這三位前途大有希望的少年詩人的夭逝，似乎英國的詩文或者將有幾代的衰落。然而那曾經引起浪漫主義的觀念和要求却沒有死。在 Byron 死後十年以內，兩個天才大不相同的詩人 Tennyson 和 Browning 就出版他們的頭一部詩，并開始一個浪漫主義的新時代。

這證明十九世紀的Victoria時代是英國文學黃金時代之一—— 富於偉大的詩人和偉大獨特的人物。

我們可以說十九世紀浪漫主義的第一期到1832 年 Scott 死爲終止。第二期就在那一年，Tennyson的"Shalott的貴婦"(Lady of Shalott)出版爲開始。

第三浪漫時期，或者叫做浪漫主義的"拉飛爾前期"Prae-Raphaelite運動，在1850年Rossetti的一些詩在"種子"(The Germ)報上發表爲開始。Prae-Raphaelite派除了Rossetti兄妹之外，還有William Morris和Algernon Swinburne。

176.

Lord Tennyson (1809*—1892年)發輝光大Wordsworth和Keats所傳下詩人的盛業。

Alfred Tennyson 是一個舊系的英國敎士的兒子。他在劍橋大學受敎育，假期間就回到他

*注意：生于1809年的有 Tennyson, Darwin, Gladstone, Lincoln。

的父親的牧師住宅，那里離 Lincolnshire 那些淫地池沼只二十哩左右。他許多的詩都是寫着這些沼澤的風景。

Tennyson 的頭兩卷"詩集"(Poems)先後在 1830 年和 1832 年印出。這些詩像"Shalott 的貴婦"和"吃蓮者"(The Lotus Eaters)這幾首，文字玲瓏，格調秀拔，報告一位大詩家的出現。

他 1842 年的"詩集"另有一種比以前深刻，熱烈，細膩熨貼的音調。其中含有一篇充滿着勇敢的抵抗性和决心的獨角劇(dramatic monologue)"Locksley Hall"，和壯麗的英雄史詩的斷片"Arthur 王之死"(Morte d' Arthur)。從他發表他的早期著作時，這位詩人就感受一種災難頻仍的生活：(1)他的父親死了，致使他須要養給自己；(2)他的密友 Hallam 在 1833 年死了；(3)他在 1836 年就對一個女子戀愛，因為沒有錢一直拖延到 1850 年才結婚。這些事變都幫助他在 1842 年以及以後的詩增進深刻的情調。

1850 年 Tennyson 發表他記念他的亡友 Arthur Hallam 的最著名的作品"In Memoriam"。那是

用同樣的詩律寫的一部抒情詩集，也是他當他的朋友死後三年裏的憂鬱和疑惑宗敎的記載。這詩他起先寫得像輓歌似的，可是結果變成詩人對於靈魂不滅的信仰的熱烈的申辯，或者更加恰切地說，變成對於永生的一種偉大讚美詩。

Tennyson 在那個時期的痛苦的最後的痕跡是見於他的獨角劇"Maud"（1855年）。那是一個戀愛者在他的愛人（一位鄉間地主的女兒）的窗下唱情歌被捕的故事。他受她富而驕的兄弟的侮辱，被迫決鬥。決鬥之後，她的兄弟被他殺死了。Maud(女子)因此當他做殺人兇手而鄙棄他。在失望中他從軍到 Crimea 去。——這首詩是反對當時僅僅崇拜物質上的財富的抗議，并且可以看做 Tennyson 的個人詩的時期的端末。

在第二時期他從 Malory 所載"關於 Arthur 王的故事"採用題目，這是他很久以前寫了"Shalott的貴婦"之時，就迷醉的一部書。結果寫出"王之歌"(Idylls of King 1857—1872，計十二首)。這些用無韻詩寫的故事都有寓意,因爲他們都是故意'要表現靈肉的爭鬥'。Tennyson說:我用 Arthur 王指靈魂,用'圓席'勇士指人的情欲和能力。像 Spenser 一樣的,他把 Arthur 王當做人的靈魂爲要求得完善而向上奮鬥的模範戰士。在他下一次出版的書中的一首詩"Enoch Arden"裏,Tennyson 用一個卑微的水手的人物來描寫同樣的勇於自制。我們可以叫這詩做一種民衆之歌或貧民生活之歌,(Idylls of the People, or Idylls of the Humble Life)與"王之歌"(見上文)相對。

其他詩歌,像(1)"復仇"(The Revenge),描寫一隻英國戰艦當跟西班牙戰爭時以寡敵衆的英勇,(2)"贈 Wellington 伯爵的短歌"(Ode to Duke of Wellington)和(3)"輕騎的進攻"(The Charge of Light Brigade),Tennyson 醉心于新的帝國主義,讚美英國人的毅勇和愛國。

從 1895 年以後,在他的晚年,Tennyson 寫了三篇一組的戲劇:(1)"Harold"(2)"a Becket"和(3)"Queen Mary"。他的意思是要用戲劇概括敍述英國歷史的三大時期1.哪曼征服(Norman Conquest),2.大主教和國王(Archbishop & King)的鬥爭,這就是指國家與宗教之爭(State & Church)了,擁護基督教的戰爭(the fight for Protestantism)。

Tennyson 的天才在當時就受人認識了。在1850年受封爲桂冠詩人,到1884年又升爲貴族。他的淵博的學問,深刻的感覺,描寫美妙的抒情詩和英雄史詩的力量,因信藝術斷不能夠離開道德,以及他偶然(像在"Queen Mary")的哀豔,把他造成一位Victoria時代貴重的代表。

Tennyson 生時的大問題是科學與宗教的衝突。他對于這問題只算躲避,沒有解决。

177.

Robert Browning(生於1812—1889年)從各方面看起來都是跟Tennyson極其相反的。

他是個浪漫派詩人而有一部分却反對浪漫主義。因爲他嫌惡文詞華麗的詩正像他痛惡幻想和神祕的詩。他做詩的宗旨在要歌頌品性和行爲,并因信人類是只爲着讚頌上帝而生存。所以他的敎訓和他的文體完全跟Carlyle一樣。崇拜Tennyson的流利和工巧的詩體的人對於Browning帶着參差不齊的音律和平凡的押韻的粗澀艱深的辯論詩似乎只有視為怪誕而已。

178.

Browning的生活。 Browning是一對有錢父母的兒子，出世和長大都在倫敦。因為是個違反國敎的人，所以牛津大學，劍橋大學都不肯讓他進去讀書。照他自己說，他唯一的大學是意大利。他的學問是自己得來的，喜歡埋鑽於異書古籍中。做文又喜歡引用這些書籍，所以他的詩中含着許多難懂的僻典(註)。

他的生活順適愉快。經濟獨立，他的書沒有銷售對他幷不大關係。1846年結婚之後，他住在意大利工作，十五年間燕居自得。但是1861年他的妻死了，意大利給他種種不堪的回憶事物

(註) 'Browning社' (Browning Society)已經出版一本"Browning通檢" (Browning Encyclopedia)來幫助讀者明瞭這種疑難生僻的地方。

印象，所以他還居倫敦度其餘生。1889年十二月死於Venice，當時他正去看他的兒子。

Browning 摯愛意大利，所有的著作都有她的色彩。

179.

Browning的作品。 他的著作比Tennyson大約多五倍，大概可以分做兩大時期：

第一時期包含他的浪漫派戲劇的實驗時期；第二時期就是他寫獨角戲的時期。這種獨角劇(dramatic monologs)是他寫他最好的著作的文字構造，是一種只有一個演述者的戲劇。這演述者用敍述他以前和別人所做過的一些親切的經歷來顯露他的品性（註）。在戲劇和純粹獨角劇（用無韻詩）之間有一種Browning所謂浪漫派抒情詩(Romantic Lyrics)和短歌(Ballad)。這些詩和戲劇體的抒情詩(Dramatic Lyrics, 有押韻的獨角戲）形成一種戲劇和獨角戲的過渡時代或連結物。

(註) 所以獨角劇純粹適合三一定律。

在 Browning 的第一時期或實驗時期裏最著名的詩是：（1）一篇論題上稍徵像 Goethe 的"Faust"的抒情詩劇"Paracelsus"（1835年）；（2）一篇講 Charles I 的 Strafford 的大臣的受審和定罪的歷史戲劇"Strafford"（1837年）；（3）一篇抒情詩劇"Pippa Passes"（1841年）。如果當做戲劇看，這些作品是失敗的。她們的精粹在乎 Browning 用文字來分析和描寫人品；她們的致命傷卽由於沒有能力描寫性情之發於動作。

Browning 第二時期的獨角劇中，最好的代表作品是見於"男和女"(Men & Women, 1855年)"劇中人物"（Dramatic Personage），"戒指和書"(The Ring & the Book)，和兩集"戲劇的田野詩"(Dramatic Idylls)(1879—80)。

在所有這些戲劇的或半戲劇的的詩，Browning 都不肯承認是表現他自己的意見。介乎兩大時期的一個的中間有一卷宗教詩叫做"聖誕之夜和復活節"（Christmas Eve & Easter Day, 1850年）。其中的詩都是用詩人自己的名敍出，并不是用任何想像出來的第三者；這詩告訴我們

Browning 對於生死問題的意見。在這裏像在"Prospice"和其他晚期詩一樣，詩人熱烈的表示深信靈魂不滅。在他的許多稍微短的詩裏，Browning 要激勵他的讀者崇拜忠誠，有爲和勇敢。例如，在他激烈的"俠士的歌調"(Cavalier Tunes)，他給我們一種關於我們讀 Scott 時已經提及的文學上的雅各黨主義的模範作品(見135節)。"Pheidippides"敘述一個希臘使者當 Xerxes 進攻希臘時從 Athens 奔到 Sparta 去求援的故事。"Hervé Riel" 是一個 Breton 地（法國北岸）的航海者的故事，他領導法國艦隊經過有許多礁石的海道，使英國艦隊不能追逐，而得脫險。"我們如何從Ghent帶了好消息到Aix"(How We Brought the Good News from Ghent to Aix)用着急促的音律來敘述一次英勇的驛使的故事。"法國營房裏的小事"(Incident in the French Camp)表現一個少年軍官英勇忠心於Napoleon。另一個著名的詩"Hamelin的彩服的吹簫者"(The Pied Piper of Hamelin)講德國的一個傳說。

他在無韻詩最能表現出他是個能夠獨創詩

體的藝術大家。

Browning 自以為是客觀的和戲劇的，其實不然。他純粹是個講道詩人。他的教訓的要點是一種樂觀主義 (Optimism) 在一個懷疑宗教的時期，他在人類中探求人性的神祕的熱烈正像 Wordsworth 探求自然的神祕一樣。

180.

Browning 作品的艱澀費解。 Browning 曾經以艱澀晦奧著名。大家知道 Carlyle 的笑話——Carlyle 的太太讀了他的詩 "Sordello" 還不曉得 'Sordello' 是個人名，地名或是河名。

以上所說到的短詩都極其簡易，然而許多 Browning 的長詩却實在難懂。這難懂的主要原因全在他除了求讀者理解之外，餘都不管。他未嘗希望用文字的音節來感動吸引讀者的想像力。他輕鄙和諧的音節，詞句的鏗鏘和腴詞譬況。他只一意描寫跟德性和學識有關係的生活，深信今世最重要的意義是修練品性預備來世的生活。

Browning 的難懂的其他原故是技術上的：

1. 過趨簡約。(a)用簡字的習慣，i'代in，o'代on或of等等；(b)省略那些普通對於造句的清楚和不淸楚很重要的字〔連續代名字(relatives)，輔助云謂字(auxiliaries)；〕(c)摹仿(Carlyle)要簡約意義而創作複合字；(d)喜歡用已經廢棄的字。

2. 他常從故事的中段的敍述起，任讀者把全詩詳細地讀完，再來綴合那些分割的枝葉。

Browning的詩因爲反對浪漫主義的委靡香豔對於當時文學潮流確有矯枉過正恢復健全之功。

181.

Elizabeth Barrett Browning(生於1809—1863年)是Victoria時代最偉大的女詩家。她在歷史上的位置得稱爲Cowper與十九世紀的浪漫主義的中間人物。

他的早年受過一次波折，把她早已脆弱的身體弄壞了，經過幾年她須在她倫敦家裏。隱居暗室，做個病人。

在這患病和幽隱生活的長時期中（1821—1844 年），她的詩才不但不逐漸埋沒，反而，一年比一年深刻，强烈和創新。

她的早期詩（1833 年之前）顯然受 Pope 和 Byron 的影響。他的第二時期就是她非常美妙的宗敎詩和深思詩，表現她個人的沮喪的安命的詩，以及像"兒童的呼喊"(The Cry of Children) 這一種人道主義詩的時期。後者一篇是爲在礦裏和工廠裏工作的窮民兒女呼籲一種熱烈的母性愛的詩。

她刺心動人的詩"Cowper 的墓"（Cowper's Grave）也是屬于這一時期，表現她感慨自己的命運與"破落戶"(The Castaway) 的作者相同。

然而，在 1844 年她就開始一種新生活了。她跟一個偉大的詩人 Browning 互相戀愛。她的"葡萄牙人所贈的十四行詩"(Sonnets from the Portuguese）都是在還沒有結婚的以前寫的，其中表現她的愛，她的希望和她關于前途的大幸福的驚皇失措的心境。這"葡萄牙人所贈的十四行詩"——這書名故意含糊，和欺瞞一班不曉得她的愛人綽號她做'The Portuguese'的讀者——跟Shakespeare和Rossetti的十四行詩佔着同樣的位置。

她結婚之後就到意大利去，幷在那裏度其殘生。這形成她的第三時期，(或意大利時期)的十五年，顯出她寫抒情詩的能力已經衰退她耗費她的精力於她操縱不大來的政治論題和社會論題。例如在"Casa Guidi 窗"(Casa Guidi Windows)她描寫意大利人要脫離奧國人管轄的奮鬥。她的一篇長敍述詩"Aurora Leigh"(她最後所寫的戀愛故事)含有人道主義改革和社會改革的意旨。這論題寫小說比寫詩適合。

另一個當時的女詩人是感傷而流暢達的Felicia Hemans。

182.

Raphael以前的畫派(Prae-Raphaelites)或新浪漫派運動(New Romantic Movement)。 1848年有四位畫家在倫敦聚會幷創設所謂'Rapheal以前的繪畫會'(Prae-Raphaelite Brotherhood)。這一小派的叛徒的宗旨是抗議當時崇拜Raphael所代表的藝術因襲慣例。他們并不是要不理Raphael。但他們却要恢復Raphael以前的畫家的作風，使藝術醇樸，深摯，而飄逸。然而大家都嘲笑他們和他們的象徵畫，并且不要牠們，直到偉大的藝術批評家Ruskin才出來替他們而辯護。

'Raphael以前的主義'（Prae-Raphaelitism）起先只用於繪畫。然而，不久他們擴張到文學來，并且，雖然糊糢不明，可是爲利便起見還是用做這象徵的浪漫主義的新支派的名稱。這'Raphael以前的繪畫會'（P. R. B.）的創設者是個少年詩人和畫家Rossetti。

182a

Dante Gabriel Rossetti（1828—1882年）是在倫敦出世。他的父親是個意大利的逃難者，跟一位英國女子結婚并住在英格蘭，自己也是個詩人和批評家。

這小孩子在很早的一年就翻譯 Bürger 的"Lenore"做英文和披閱Dante深奧的二冊本書，顯出他心中的浪漫傾向。他也譯了一部"古代的意大利詩人"（Early Italian Poets），這譯本現在認做是一種傑著。

當從事於譯以上一書時，Rossetti寫了他的著名的Raphael以前的畫派的詩"福氣的女郎"(The Blessed Damozel，見238節)。

Rossetti就是詩人，又兼是畫家。他的愛護的人Ruskin說他從研究古代彩色書稿學到他的值得驚嘆的配色工夫。在1849年，他畫完第一張畫"Mary聖母的處女時期"(The Girlhood of Mary Virgin)。從此他的時間就是專用於畫圖和寫詩二種藝術，——他認為這兩種藝術是互相補充。因此他常常用他已經致力在繪畫中表現過的題目寫詩。

Rossetti的詩可歸兩大類：(1)十四行詩類，這些詩的靈感是從他的意大利人特有的情緒發出來的，并且含滿着Dante的神秘主義和熱情。這一類包括他最好的著作，特別是101節的十四行詩"生命之屋"(The House of Life)；(2)歌謠類。這些歌謠都是得Percy的"古代遺詩"的早代英國的浪漫主義的靈感。

Rossetti最著名的歌謠是：(1)"王的悲劇"

(The King's Tragedy)，這詩是描寫着 Catherine Douglas的英勇的行爲，她用她的臂擋門，拒抗蘇格蘭James I的一些謀殺者，因爲勇敢地希望保全國王不惜犧牲自己的手臂；(2)"白船"(The White Ship)，敍述1120年載着少年太子Henry回英國的船如何沉沒；(3)"拐杖與頭陀袋"(The Staff & Scrip)，敍述一個香客勇士驅逐女王Blanchelys受蹂躪的境土裏的敵人犧牲自己的生命。

Rossetti的詩的著作雖然數目不多，範圍有限，可是因爲她的技術精巧，結構妥貼，並含有意大利人特長的剪裁工夫，所以得到很高的位置。

他和來跟他合作的Raphael以前的畫派曾經受人家指爲詩的肉慾派(Fleshly School of Poetry)。他們的敵人說定他們是以爲肉體比靈魂偉大，聲音比意識重要。Rossetti在一篇論文裏熱切地否認這肉慾主義和唯物主義的罪名。

183.

Christina Rossetti (生於1830—1894年)有體裁

的鑒賞和文字的精練一點不亞于她的哥哥。她的宗教抒情詩的深刻動人是舉世無匹的，并且叫我們記起十七世紀的偉大宗教詩人Herbert和Vaughan。然而她的靈感純粹是個人的，跟那些作者并沒有關係。

她的早期詩就在Raphael以前的繪畫派的會的什雜"種子"(The Germ)發表。說也奇怪，她的第一集詩"魔市及其他"(Goblin Market & Other Poems)正跟Browning夫人最後的詩集同時發表。

183a.

William Morris (1834—1896年) 是十九世紀浪漫主義者裏最多才多藝的藝術家和最偉大和最有價值的敘事詩人之一。

在牛津大學當學生時，從他跟將來變成神祕主義的畫家Burne-Jones的友好就露出他的心的傾向了。假期到法國去遊歷，使他對於中古建築含着滿腔熱忱。無怪他後來會受Rossetti的影響，而變成那一派'要從藝術的路來達到早已遺忘了的古代傳奇中的世界'的詩人。

在1858年他發表"Guinevere的辯護"(The

Defence of Guinevere）和其他的詩，描寫中世時代和當時的華美。但是Morris努力要使現代生活比較美麗不但用詩做工具；而且自己去做美術的圖案畫家，并在1861年在倫敦開一間賣美術的壁紙，家具，彩色玻璃這一類東西的商店。這種運動曾經從Ruskin創始。他的目的是'要使英國的家庭比較相似優美的古代'，和改革英國人的嗜好。他也在Kelmscote開設一間著名的印刷所。這印刷所在英國革新現代的印刷術。在德國卽有著名的印刷局Insel Verlag和其他承繼這詩人畫家的計劃。

Morris的詩"Jason的生死"(The Life & Death of Jason, 1867年）和"世界上的樂土"(The Earthly Paradise, 1868 — 71年）代表他的第二時期的開始，—— 這是他的中古時代文體的敘事詩的時期，詩裏滿含着離奇的古字。

Morris把Chaucer當做他的先師，并且沒有誰能夠像他在他的故事"世界上的樂園"的敍事描寫那麼近似Chaucer。然而，有一種大大的不同，因爲Morris的藝術理論跟Spencer一樣，使他不敢採用Chaucer的幽默。

在他的第三時期，Morris翻譯哀斯蘭語（Icelandic）而開始寫英雄史詩。他在1876年出版他的傑作"Sigurd the Volsung"。此外又翻譯"Aeneid"，"漫遊"（Odyssey），和古代英文史詩"Beowulf"。

在他的生活的後部，他變爲一個社會改革家。他說：'大工業革命的結果早已變成非人類的生活，所以應該做的唯一的事情是把社會重新建造在一個新而健全的基礎上'。因此他變成一個社會主義者。

Morris 在他的藝術上看是個模範的浪漫主義者。不滿環繞着他的世界上的生活，因爲他的美的追求，而遁入他所想像造出的中古時代的幻想和夢境的情態世界。

他是恢復 Raphael 以前的一派的所有詩人的最强有力的，他的用詩來敍述古代傳奇很有幾點無不値得跟Scott媲美。他的詩的缺點是組織不大嚴密，和不管所有的修飾如何，很少達到捉住人生最深刻的問題。

184.

Raphael 前期派的不滿現代世界。 神祕者 Rossetti 遁進中古時紀的詩和 Dante, Morris 遁進日耳曼的神話 (Saga) 和 Chaucer。第三個 Raphael 前期派 Swinburne,狂驟地追求那種在現代生活不能找到的美，因而跑回異致的希臘和文藝復興時代。這三位詩人的真祕是他們不能夠跟那一時紀的見地和理想相融合。科學和蒸汽的時代把他們信生活和信未來的觀念滅毀了，所以他們在一種理想的過去和藝術的幻想裏探求他的理想美。

畫家 Burne-Jones說：‘我所謂一張圖畫是一種空前絕後的美夢，——在地上沒有誰能夠解釋和記得，只能羨慕設想的地方—— 這地方的景物都是如神仙的美麗。’

184a.

Algernon Charles Swinburne (1837—1909 年) 生於倫敦一個古 Northumbria 家庭。他起先在 Eton 和法國受教育，稍後，二十歲時進了牛津大學。并在牛津大學跟 Rossetti, Morris 和 Burne-Jones 結

成生死之交，變成一個完成的希臘學者和一個熱心崇拜希臘的各種事物的人，同時深惡基督教，稱牠做'灰色的Galilee人的信條'（'the creed of the pale Galilean'，Galilean 卽指耶穌）。

所以他的浪漫主義變爲崇拜異教的希臘人的理想，幷不希奇。這種傾向最先在他的抒情詩劇"Atalanta"（Atalanta in Calydon, 1865年）裏露出。這戲劇和一首用聯句詩所寫的英雄史詩"Tristram"（全名 Tristram of Lyonesse, 1882年）是他的長著作裏最著名的。"Atalanta"代表他的精力最豐富的期間的開始，而"Tristram"代表終結。

在1871年他對於民主主義和共和主義的熱誠流露在一卷優美的抒情詩集"日出之前"(Songs before Sunrise)。其中包含着像"人之歌"(The Song of Man), "Siena", "止步於羅馬城前"(The Halt before Rome)這些醉心自由的詩。

Swinburne的少年時代和中年時代最好的幾年，專心於著作關於Mary Stuart的偉大的一組三篇的歷史劇(trilogy)。那三篇戲劇組成這一組的是“Chastelard”（1865年），“Bothwell”（1874年）和“Mary Stuart”（1881年）。這些戲劇跟上面已經說過的希臘的抒情詩劇一樣，是一種‘書本上的戲劇’(book-dramas)，這就是說，她們并不是要實在在戲台扮演；如Swinburne所說，只是給一種理想的戲台和給一種能够了解他們的理想民衆。

雖然在他的詩裏有千變萬化和迷魂的與音樂節奏，可是他的作品只給我們感到單調。他激動我們，但是不能够改變我們。‘他似乎只建基在文學上而不是在自然上’。他的狂流般的思想似乎未嘗深入和澄清過。他的朋友George Meredith在他的“利己者”（The Egoist）的序裏描寫人們‘要脫離現代思想的病態而奔投Hymen（司婚的女神），奔投Bacchus（葡萄酒神），結果是空走一場’，這話或者就是指Swinburne。更仇視他的批評家曾經批評Swinburne的文體，說是詞章最美義理最乏。

還有兩位近於Raphael前期派的著名的作家Walter Pater和Coventry Patmore。

185.

Walter Pater（1839—1894年）寫了一些英國空前的關於藝術的最好的藝術批評，例如批評“Winkelmann”，“Michel Angelo”，“Da Vinci”和文藝復興時代的其他的英雄。他的傑作爲“Epicurus的門徒Marius”（Marius the Epicurean）。這是一篇敘寫英國所有的古代生活的最好的小說，其中論到一個羅馬的少年貴族的生活與心靈上的衝突，這貴族是生長在古代的異敎信仰消滅基督敎方興的過渡時代。他“理想的肖像”（Imaginary Portraits）也是很卓越的。

Coventry Patmore是個天主敎的浪漫主義家，寫了一些很好的詩，其中有一篇讚頌結婚的愛的美妙精純的長歌叫做“家裏的天使”(The Angel in the House)。

186.

牛津運動（The Oxford Movement）再現出Victoria時代的浪漫主義的另一方面。在此中我們看到浪漫派復興對于英國國敎的影響。這種運動是想要恢復從宗敎改革之後就廢除了的中古時代的教儀，舊禮式和舊教條，而使教會的儀禮有比較深刻的靈性。一些這種運動的領袖後來竟完全捨棄英國國教而改進天主教。美妙的讚美詩"慈光前照"(Lead, Kindly Light)的作者 Cardinal Newman 是其中最著名的。他的小說"Callistes", 敍述一個第三世紀時基督教跟異教的理想主義的衝突的故事，曾經受 Kingsley 的一篇反對天主教的小說"Hypatia"所辯駁。Newman的傑作"靈生記"(Apologia pro Vita Suâ)或者就是英國文學裏最好的宗教生活的自傳，辯護他改教的理由。

從Newman的時候起，這恢復天主教，(中古英格蘭的宗教)，在大不列顛就跨進一大步了。在倫敦的 Westminster 的美麗的新禮拜堂就是這宗教復古的明顯的記號(參見141節)。

187.

Matthew Arnold(生於1822—1888年)在英國文學上佔着一個獨特的位置。雖然是個詩人，然而最有名的還是他的散文作品和"批評論文"(Essays in Criticism)的許多關於現代文學的卓越的論文。在他的散文著作，他極力要打破他的同胞狹窄的偏見，而使英國的文化跟歐洲接觸。

假使我們在他精巧的"Wordsworth 的紀念詩"(Memorial Verses to Wordsworth, 1859年)裏看起來，詩人Goethe和Wordsworth在Arnold的眼裏是現代思想的偉大的代表，而Arnold的論文大使英國較爲了解這兩位詩人。

在散文上他的安閒的譏諷文體非常生動有力，又有創造新穎動人的成語的天才。例如'Philistine'和'Philistinism'(=市儈)就是他使之成爲表現當時英國人的沾然自滿的流行字。

Matthew Arnold的詩良莠不齊。他的眞正的詩人的才力都寄托在他的精神的渴望和惋惜的詩和抒情詩。像"夏夜"(A Summer Night)，"Dover 海灘"(Dover Beach)，"Wordsworth 的紀念詩"，"贈Marguerite"(To Marguerite), "Rugby 小教堂"(Rugby Chapel)這幾篇文體雄深雅健，可算爲表現某種心境的不朽傑作。

第十七章撮要

(Victoria時代的浪漫主義)

Victoria 時代顯然有一種壯麗的浪漫派的詩歌復興。是個富有偉大詩人和偉大人物的時代。他的代表詩人是Tennyson 他在1850 年 Wordsworth死時受封爲桂冠詩人。

Alfred, Lord Tennyson (1809—1892 年)是個用字的藝術的偉大名家,承繼和發展 Wordsworth 和Keats的詩的傳統。

他是Lincolnshire 的教士的兒子。離了劍橋大學之後,經過困苦的奮鬥而後成爲一位詩家。他直到1850 年才能夠結婚,這一年就是他的詩現出一種轉機的時候。他的主要作品是(1)一篇輓歌,或者比較切當地說,一集宗教抒情詩"紀念"(In Memoriam, 1850 年);(2)一篇獨角劇"Maud";(3)許多講Arthur 王和他的勇士的故事的短英雄史詩"王之歌"(the Idylls of the King);和(4)一篇窮民生活的史詩"Enoch Arden"。除了許多短抒情詩之外，他又著作關于英國歷史的一個三篇一組的戲劇(trilogy)。

Tennyson的作詩是憑肉慾與情感為出發點，而加以中世紀宗教觀念的制裁。

他同時代的偉大人物 Robert Browning 從智識和剛毅的樂觀的方面立論。Tennyson 的詩是情緒的，Browning 的却是議論的，幷多少帶有哲學的；在浪漫主義者疲痿之後可算是一種宏壯健全的格調。他相信品性和行為，而不以虛幻地恍惚彷徨和耽迷空想為然。他的第一時期全都努力于浪漫派的戲劇，像"Paracelsus" "Pippa Passes", "Strafford" 和"道德之沾污" (The Blot on the Scutchean) 等。

他的第二時期是他的抒情詩劇和獨角劇的時期，——在這種調合抒情詩，英雄史詩和戲劇的詩的文體他得到最大的成功。"戒指和書" (The Ring & Book) 就是包括一些獨角劇。他的長的心理詩是很難懂的；他的短歌像"彩服的吹簫者" (The Pied Piper) 和"我們如何帶來好消息" (How We Brought the Good News) 等，比較上算是簡易極了，并且各種課本裏都有牠。他的天資聰穎的太太 Elizabeth Barrett Browning 著了一些像"兒童的呼喊"(The Cry of Children)一類的人道主義詩，優美的宗敎抒情詩，和一篇長詩叫做"Aurora Leigh"。後者這首詩只是一篇用詩體寫的含有主義小說。

Raphael 前期主義者。 這世紀的中葉之近前，有一個會叫做'Raphael 前期主義社'(Prae-Raphaelite Brotherhood,=P. R. B.)他們努力要把更大的熱情，力量和神祕主義引進藝術界。Raphael 前期主義是一種浪漫主義的復興。牠最重要的袖領是 Dante Gabriel Rossetti，他以畫家兼詩家而成名。他著了(1)"十四行詩集"(2)"歌謠集"前者摹仿中古時代的意大利作家，後者採取中古英國的模型。所有他的詩都有優美的體裁。跟他多少相近的是：

1. Christina Rossetti, 因為她的宗敎詩著名；
2. William Morris (1834—1896年)，"世界上的樂土"(The Earthly Paradise), 和翻譯，哀斯蘭，盎格羅撒遜，希臘，以及拉丁的英雄

史詩的作者；

3. Swinburne。

Algernon Charles Swinburne (1837—1909年) 尊崇古代希臘的理想宗教爲勝過英國的現代文化。

他的"在Colydon的Atalanta"(Atalanta in Calydon)是叛抗和悲觀的戲劇。"Lyonesse的Tristram"(Tristram of Lyonesse)是他最好的英雄史詩。他也寫了很多的"歌和歌謠"(Songs & Ballads),其中許多都傾向革命。他的許多戲劇，包含他的三篇合一的戲劇"Maria Stuart"，他說是給理想舞台的而不是給現實的。

他的詩是很音樂的，然而意義却常是晦澀的。不同情的批評家曾經說他含着極多的音調但很少意義。

Walter Pater 寫了一本古典派小說，及流麗的論文，"Epicurus的門徒Marius"(Marius the Epicurean)描寫Marius Anrelius皇帝時的羅馬生活。

當Victoria時代的中葉，一種悲觀主義的潮流淹遍英國。Darwin在1859年所出版的"物類的原始"(Origin of Species)把科學與宗教的衝突愈加劇烈。這時候的宗教懷疑的影響是見于Tennyson的灰色絕望;Browning的明亮樂觀的詩歌;Raphael前期主義者的遁進中古風習去找慰安;Walter Pater表現人們站在新舊信仰的十字街頭進退維谷的作品;牛津運動的渴望成聖;以及George Eliot和其他當時的作者的心理小說和哲學小說。

十九世紀的重要年月		國王	
	十五章至十九章	Hanover	皇室
1805	Trafalgar之戰	George I	1704
1806—13	半島之戰(Peninsular War)	,, II	1727
1815	Waterloo之戰	,, III	1760
1821	英國開第一條鐵路	,, IV	1820
1821	聯合帝國人口20,000,000		
1832	大改革的議案 (Great Reform Bill)	William IV	1830
1835—48	新憲派(Chartist)政治運動	Victoria	1837
1848	在澳洲發現金鑛		
1853	Crimea之戰		
1857	印度叛變(Indian Mutiny)		
1870	開Suez運河		
1882	征服埃及		
1899—1902	南非洲戰爭(Boer War)	Edward VII	1901
1911	聯合帝國的人口46,000,000	George V	1910

第十八章

近代文學

188.

George Meredith（1829—1909年）是 Victoria時代最後的大小說家。

Dickens 用小說做人道主義改革的工具；Thackeray 用牠做譏諷的工具；Meredith 却比他們較爲是個詩人，努力要替小說做像 Raphael 前期主義者替詩所做的事情，就是要把幻想藝術的熱情和深摯引進小說裏（"Richard Feverel"）。Thackeray 的社會譏諷小說到了他的手就變成一種高等喜劇的小說(novel of high comedy 例如"利己者"The Egoist)。他的作品在幾方面看起來都可以認爲跟感傷主義和Dickens的下等社會的喜劇相反。

Meredith 跟 Dickens 一樣是生于 Portsmouth。他在 Rhine 的 Neuwied 的著名的摩理徽亞學校(Moravian School)受教育。到來了倫敦,他就獻身于文學和爲着謀生起見而投進新聞事業(註)。在1866年他在澳洲做戰地訪員。

他的頭兩本書只是薄薄的一卷詩和一個用富于詩意的散文所寫的奇幻古代故事"Shagpat的剃頭"(The Shaving of Shagpat)。他們引起我們準備讀他的第一篇偉大小說"Richard Feverel 的受試"(The Ordeal of Richard Feverel, 1859年)。這傑出的書雖然有 Shakespeare 體的幽默和跟 Romeo

(註)當時倫敦的大日報是:"泰晤士報"(The Times),"日日電報"(The Daily Telegraph),"標準日報"(The Standard),"晨報"(The Morning Post),"日日郵報"(The Daily Mail)。Meredith 在他臨晦的時候就是替"晨報"撰述。

和Juliet一樣悲慘的戀愛故事，但經過二十年才有再版。那是一個上流家庭的少年的生活和受鍛鍊的歷史，當他陷入情網之時，因他父親過于關心，不肯放任，而終誤其一生。

Meredith的第二時期（1860—1870年）是他的散文和詩的卓著的實驗時期，這時期裏最主要的小說是"Evan Harrington"和"Rhoda Fleming"。

到"Harry Richmond的冒險"（The Advantures of Harry Richmond）和"Beanchamp 的經歷"（——'s Career）出版，他的第三和最偉大的時期就開始了。

在1879年"利己者" 出版。這本書替他爭到一個高等社會喜劇作家的無上的位置。這本書應該跟他的絕妙的批評論文"喜劇論"（Essay on Comedy）一起讀，其中的大意旨都是夤緣于Jean Paul Richter。Meredith以爲喜劇對于社會的效用是改良社會，因爲牠能夠使民衆笑自己的錯誤和淺薄。在"利己者" 宛然嘲笑Dickens的倫敦俗人的喜劇似的，他要使我們看'文明社會的宴會上'所看到的喜劇。這書中的主角Sir

Willoughby Patterne 是個勢利人，受過戀愛的試練時，見出其毫不足道。實在的，這部書可以叫做"勢利鬼遭殃的喜劇"(The Comedy of the Humiliation of a Snob)。其中含有趨勢附炎行爲的分析和心理。

他再一個偉大小說"十字街頭的 Diana"(Diana of the Crossways, 按 Diana 是一位司森林及保護產婦的女神的名)出版之後，Meredith 漸漸陷入喜歡用警句的毛病。Meredith 本意要言簡意賅，但事實上反使意義模糊。

Meredith 在文學上的大榮耀是把 Shakespeare 的戀愛故事的美點用于小說。他所有的情節的基礎都包括着戀愛和結婚的問題。固然，他的書含着很少的動作和冒險，但是表現出對于自然和人類的精細的觀察，並且充滿着描畫入神的人物和富于詩意。他代表英國文學的進步的新止境——愉快地，勇毅地愛人生和信世界與信將來。

189.

野外遊戲的小說(Novel of Sport)。 一個性質絕對不同的著名小說家是退伍的陸軍少校 Whyle-Melville（生于1821—1878年），他的關于野外遊戲和獵狐的精妙的小說寫出英國鄉村生活的新穎可信的狀況。"Market Harborough"是其中的代表作品。

190.

Thomas Hardy（生于1840年）是英國小說的新寫實主義（new or Darwinian Realism）的偉大代表。他描寫人做受時間和命運的傀儡。

人家曾經稱他做英國的 Zola。他的自然主義小說都帶着暗淡的色彩，留給讀者一種暮氣沉沉的心景。牠們都是講作者長久居住的英格蘭一部分'Wassex'。他所出版的二十卷書裏最著名的是"返鄉"(The Return of Native), "Tess of D'Urbervilles", "遠離狂妄的羣衆"（Far from Madding Crowd）和"晦運的猶太"（Jude the Obscure）。這些作品從藝術的立場和文學上的細精工夫看起來，是英國文學裏的偉大傑作。

跟 Hardy 的譏刺的，講運數天命的小說很不同的是——（1）R. D. Blackmore 描寫鄉夫和自然的富有魔力和詩意的小說，例如"Lorna Doone", 和（2）作家 R. L. Stevenson 的純粹傳奇故事。

191.

Robert Louis Stavenson（1850—1894年）。Stevenson 寫冒險小說，講破船海盜，找金窟的人，俘虜，私販者而獲得老少的愛好。像 Defoe，他喜歡敘述遠地的海洋，（像他在他的"兒童的詩集" Child's Book of Verses 所說的），那里是另一個天空之下，|鸚鵡島橫立海中|白鸚和山羊在旁望守，|看孤寂的 Crusoes 造艇。所以 Stevenson 的大半的書都像"魯濱孫飄流記"一般的沒有一部分談到戀愛。然而，他比較還不是 Defoe 的信徒而是 Scott 的，他的故事是冒險小說和品性小說最好的混合。他的題旨，他的蘇格蘭人的幽默和深摯惻隱，以及他的文體的簡樸流暢和優雅，使他的文章讀得有趣。他最好的冒險故事為"藏寶島"（Treasure Island）"拐誘"，(Kidnapped), "Catriona", "Ballantrae的主人"（The Master of Ballantrae）。

Stevenson在Samoa德國殖民地消耗他的晚年歲月，死後就葬在那里一個山邊。

192.

Rudyard Kipling是第一位作家，使英國讀者想像到印度的勝景和英人在印度的生活。

他在1865年生于Bombay。兒時送去英國受教育。到他重返印度，就在Lahore做一種報紙的副編輯(1882—1889年)。

他當這時候替印度英文報紙所寫的小品和故事到1890年在倫敦印單行本，立即傳誦一時。

此後Kipling又寫了許多散文和詩歌的書，除了印度之外，而且談到不列顛帝國的各部分，并在新近幾年變成一種帝國主義和大英勢力的詩人(Poet of Imperialism and of Greater Britain)。

Kipling寫過(1)短篇故事；(2)小說；(3)短詩。他最好的成績是'短篇故事的結構，并且英國第一位用這種文體得臻絕境的作家。他第一部這種書"山中的平常故事"(Plain Tales from the Hills)是一集寫實故事講到英國在印度的守衞隊的軍士生活，英人在印度的社會生活，以及土人的生活。"三個兵"(Soldiers Three)是他最有幽默的書的一本，表現一種英國軍隊所造出的兵。"無線電的故事及其他"(Wireless & Other Stories)講當Boer戰爭時在南非洲的英國軍隊;是他的最後或帝國主義的時期裏的作品。

關于他的長篇故事，"Kim"(Kim: A Novel, 1901)算最好。其中描寫着一個在印度的愛爾蘭小軍官的雜種的孤兒Kim的冒險。Kim在印度人社會生長後來成爲一個軍中的密探，經過各種的冒險，使我們明白印度人的生活。

Kipling最令人陶醉的著作是"林藪的書"(Jungle Book)。這是復興中古時代講禽獸故事(beast epic)意外的成功作品。其中講一個男小孩Mowgli如何受一隻母猳哺乳，如何與野獸(即所謂'林藪裏的百姓'(people of the jungle)穴居野處和如何學牠們的智識和喜歡跟牠們在一起。這書充滿着印度的神祕的風味。

他著有很多的詩。在他的詩裏他講(1)軍隊生活，例如"營房的歌謠"(Barrack Room

Ballads)；(2)英國海外商業和保護商務的海軍的故事；(3)母國和殖民地的故事。

在"七個海"(The Seven Seas)和"五國"(The Five Nations), Kipling做一個熱心的帝國主義者極力要用他所寫的來喚醒英國，給牠明白負有開化和殖民的大强國的使命。

Kipling這些詩的幽默，眞實和通俗的音節都是從倫敦的跳舞場得來的。雖然抑揚頓挫，節奏諧洽但是其中許多却因爲太寫實了，而致粗鄙。

雖然他專事寫實，並多殊語及專門名詞，Kipling所寫的還是浪漫性的故事。他的故事描寫現代印度和林藪，——機械和蒸汽時代；鐵甲艦，郵船，和不定期的載貨輪船，——講英國工人和她的海外領土以及英帝國所管轄的海洋。

193.

詩和戲劇的分離。 Elizabeth時代的戲劇衰退之後，大約兩百年英國都沒有悲劇的作品。十九世紀之初，戲台都從法國引進傳奇劇來。

Melodrama'（卽譯為傳奇劇者）這個名詞本來的意義只是奇情劇（Sensational drama）而加以音樂，但是漸次變成他現在的意義。我們現在的'Molodrama'是指一種全靠劇情，離奇情節，浮靡的傷感和佈景的效力，而忽略描寫性格的戲劇。其中的壞人物都是慘無人道的匪徒，好人物却似天使一般；幷且結局總是有情人皆成眷屬，自作孽天網難逃。

然而，有一個時候，像Byron或Shelley這些詩人的文學上的浪漫戲劇，論理似乎可以產出比較好的東西；可是他的戲劇雖然壯麗堂皇，但他們的論題如果扮演出來不是太頹廢（"Cain"，"Manfred"）便太可怕（"The Cenci"）。Bulwer Lytton的傳奇劇"Lyons的婦人"（Lady of Lyons，1838年）和"Richelien"比較成功。Browning的"Strafford"（1837年）和"道德的沾污"（The Blot on the Scutcheon 1843年）是詩人要在戲台上復興浪漫戲劇的最後的嘗試。

從此以後，像Browning，Tennyson和Swinburne這些偉大詩人索性不寫給戲台扮演，而幾乎完全自己限于描寫書本戲劇（參見184a節）。

194.

現代戲劇復興。 Victoria時代英國的戲台全都受傳奇劇(melodrama)和滑稽劇所壟斷。但是，到1880年一種新的戲劇勢力使戲院復生。這新勢力就是Ibsen的寫實的問題劇。他使傳奇劇受一挫折。告訴戲劇作家和民衆，現代的戲劇可以做正經的'人生的批評'而同時保存戲劇的趣味。然而Ibsen的寫實主義太過于樸質而沒有詩意，不能夠在英國有多大的進步，所以須先混合浪漫性質的成分，才能受社會歡迎。

曾經受過最後三十年的這種新潮流影響的五位散文戲劇的主要作家是：

（1）Pinero（生于1855年），因爲他竟敢寫一個帶着悲劇的收場的戲劇"Tanqueray的繼室"(The Second Mrs. Tanqueray)而驚動所有的人。然而，他的主要戲劇却是描寫時俗的喜劇(comedy of manners)的復興，寫實譏諷而帶着滑稽風趣。

（2）Henry Arthur Jones（生于1851年），他開首是寫傳奇劇，但是進步到寫譏諷喜劇。（"撒謊者" The Liars, "僞君子" The Hypocrites)。(3) John Golsworthy, 他在他的寫實戲劇做着人道主義小說的工作，例如"法律"(Justice 關于監獄的改革)，"爭鬥"(Strife, 關于現代的同盟罷工)等等。(4) Oscar Wilde (1856—1900年)，著有像"一位卑賤的婦人"(A Woman of No Importance), "正經的重要"(The Importance of Being Ernest), "一個理想的丈夫"(An Ideal Husband), "Windermere 夫人的扇子"(Lady Windermere's Fan, 又譯爲"少奶奶的扇子")這些譏諷社會的喜劇，和一篇描寫性慾和流血法文的浪漫悲劇"Salome"(中譯"莎樂美")。(5) Bernard Shaw。

195.

Bernard Shaw (生于1856年) 跟 Wilde 一樣是愛爾蘭人。他著作關于現代中等社會的問題劇，從社會主義的改革家的立場來批評這中等階級。被他所譏刺的人瞧不起他，當他是個好諧謔而不負責的愛爾蘭人。他嘲笑各種事情和所有的人，并且尤其喜歡玩笑 Victoria 時代的社會風俗習慣和感傷的故事。

Shaw是一位社會主義者，相信蔬食，改革拼音，主張女權，反對武力，反對資本主義。

所有他的戲劇都有敎訓的傾向。他的缺點是比較富于議論而少動作。有人說他是'討論的戲劇'(Discussion plays)，那些劇中人物自身都是善發議論，富于智識，弱于情感。然而Shaw的長篇議論都詼諧百出，他的怪論，峭麗新奇，他的劇情奇拔不凡，又能捉到現代生活的精髓，他的諷刺又帶着這樣優美忠實的描寫，所以他獲得許多的崇拜者和門徒。他的觀念也許不很對，也許他不是個很偉大的戲劇家，然而，他正像主張武力的女權運動者和俄國的無政府主義者眞心爲社會謀幸福，並且深信其改革社會祛除百病的良方。

他最著名的作品是(1)"Warren夫人的職業"(Mrs. Warren's Profession)，(2)"Candida"；(3)"誰能知道"(You Never Can Tell)，含有一個倫敦的幽默老茶房關於結婚的哲學；(4)"陸軍中校Barbara"(Major Barbara)，關於結婚；(5)"人和超人"(Man & Superman)在這裏作者致

力要證明是婦女向男子求婚不是男子向女子求婚；(6)"天命所托的人"(Man of Destiny，關於Napoleon)；(7)"John Bull 的別的海島"(John Bull's Other Island, 關於愛爾蘭)；(8)"魔鬼的信徒"(The Devil's Disciple, 關於美國的獨立戰爭)。

193.

愛爾蘭的文學復興。　在愛爾蘭的文學復興從1890年就繼續發展，是一種要復興愛爾蘭故有的文學的有趣的運動。

像Edgeworth女士和Charles Lever(生於1806—1872年)這些作家的愛爾蘭小說，都只是從英格蘭地主階級的立場來表現愛爾蘭的農民。現代愛爾蘭的反對英國的文學復興是要表現愛爾蘭農民是迦勒特人(與英國民種不同)。并且希望要復興迦勒特古代精神和鄉間傳說，甚致於迦勒特語言。這一班熱心家努力的結果，現在鄉村的小學就敎古愛爾蘭語(卽迦勒特語)，將來難免在英格蘭和愛爾蘭之間形成一種新的隙礙。古代愛爾蘭的傳說，歌謠神仙故事和民間流行的傳說都細心地搜集。并且也在 Dublin 造着一個'愛爾蘭文學戲台'(Irish Literary Theatre),其中所扮演的戲劇彙用迦勒特文與英文。

這種復興的領袖是 William Butler Yeats(生於1865年)。這一派裏另一位著名的作家是 Lady Gregory。

197.

W. B. Yeats 著有詩意的散文小品,詩和戲劇,並編纂 William Blake 的作品。做一個神秘家論,人家有時把他跟 Maeterlinck 相比。他所代表的愛爾蘭浪漫派的倫理,可以在他的"善惡觀念"(Ideas of Good & Evil, 1905)一書裏看出。在這本書,他爭辯着,人類的精神生活,靈魂的生活和冒險是唯一重要,而肉體的生活却不值甚麽。這是法國神秘主義者 Villiers de Lisle-Adam 的教條,他說,'至於只是活着,我們的跟班會的'。(As for mere living, our servants will do it for us。)

Yeats 的散文故事,抒情詩,和戲劇充滿着神秘主義的意旨。散文劇"伯爵夫人 Kathleen"

(Countess Kathleen)是他的哲學思想的好例。女伯爵是愛爾蘭饑荒的地方的貴婦。在惡魔要來買窮人的靈魂的當兒，他大發慈悲來救那些飢民，給他們錢可以買糧食。然而結果他的金錢花完了，她絕望的把她自己的靈魂賣給惡魔商人來救濟那些受難者。所以她算是犧牲她自已的得救而保全他們；然而她在末日審判的時候，却得到赦免，因爲上帝是憑內心來審判，並不是憑事實。

反對英國的傾向在這戲劇裏非常明顯，惡魔商人就是英國的地主。

Yeats 其他的戲劇有"碗湯"(The Pot of Broth，一個喜劇)；"嚮往之地"(The Land of Heart's Desire)；"滴漏器，寓意劇"(The Hour-Glass, A Morality)；"冥淵"(Shadowy Waters)。這是要把詩放入戲劇的一種嘗試。但是她們都表現出 Yeats 比較是個多思想的詩人而不是戲劇家。這一派唯一的戲劇作家，他的戲劇才能眞眞有影響於英國的只是 J. M. Synge。

George Moore（生時1857年）是跟這一派有關係的主要小說家。然而，在他許多的書裏，法國影響（Maupassant, Flaubert）比愛爾蘭更加明顯。他曾經著作一部美妙的短篇故事集，論述愛爾蘭的事情，所以叫"荒蕪之地"（Untilled Field)。在他的理想的寫實主義上，這本書是愛爾蘭文學復興最好的產品之一。George Moore他寫過法國浪漫派的故事像"Esther Waters"和"Evelyn Innes"。後者是一個唱Wagner曲的導唱女伶(Prima donna)的生活的故事，也是英文中最好的一本藝術的和音樂批評小說。

198a.

田園派（The Kail-Yard School, Kail＝中古英語 cole＝cabbage＝白菜）是蘇格蘭小說作家的國家派，他的主義是在他們的蘇格蘭的卑賤生活的故事裏採用蘇格蘭的方言。最著名的田園派作者是Ian Maclaren, J. M. Barrie（在他的"一個紗窗"A Window in Thrums和"古代田野詩"Auld Licht Idylls 就可以看出他嫵媚動人的文體和柔婉的幽默）和"Stickit牧師"(The Stickit Minister)

的作者S. R. Crockett。

198b.

現代最著名的小說作家是 Maurice Hewlett, H. G. Wells, De Morgan, John Galsworthy, Mrs. Humphrey Ward, Aruold Bennett, Quiller-Couch 和 Conrad。

第十八章撮要

(近代文學)

George Meredith (1829—1909年)竭力要興浪漫風調的小說。他的"Richard Feverel的受試" (Ordeal of Richard Feverel) 充滿着在小說裏空前未嘗看到的詩意和 Shakespeare 式的幽默。他的傑作和最新穎獨創的小著作"利己者"(The Egoist)是一種上等生活的諷諷喜劇。Meredith 以爲喜劇應該引起智能上的歡笑的理論是詳敘於他精細的"喜劇論"(Essay on Comedy)。這篇論是反抗當日藝術裏流行着的滑稽劇和粗卑的喜劇的風格。

他的重要缺點是他的故意含糊，這種缺憾在他的晚後的著作裏漸漸明顯。然而他是所有的大小說家裏最能引人入勝，最能感化人的一位。

Thomas Hardy 曾經寫過自然派的小說，主要是關於Dorset鄉村的生活。其中最好的是"返鄉"（The Return of the Native）和"Tess of the D'Urbervilles"。Whyte-Melville 寫過一些關於英國的鄉村生活和獵狐的小說，以"Harborough市"(Market Harborough)爲最佳。

Rudyard Kipling 在他的講主人印度英人的短篇故事及後來的小說"Kim"裏，把在印度的英國軍隊以及士民的生活描寫得很有光彩，很切實；而在他的"林藪的書"(jungle Book)描寫着那些的林中生活的奇事。在他的詩，他以粗鄙可是富於同情性的寫實來吟咏普通軍士的生活（例如"營房的歌謠"The Barrack-room Ballads)。從南非洲之戰起，他變成一種歌頌展拓英國帝國主義的詩人。

Robert Louis Stevenson 復興冒險故事，在文

體上和描寫性格上都有令人驚異的效力。他最著名的小說是“寶藏島”(Treasure Island),“拐誘”(Kidnapped 和續篇 “Catriona” 。他死於德國領土Samoa島上。

除了偶然幾次復興 Shakespeare 之外，十九世紀的英國戲劇幾乎都是傳奇劇和滑稽劇。到了1870餘年間跟着Ibsen 的戲劇而生出一種新勢力，發起一種戲劇的復興。Pinero和 Jones開例拋棄滑稽喜劇和傳奇劇而寫正經戲劇。這 Ibsen派的新戲劇作家裏，Bernard Shaw 最能獨出心裁。他是個愛爾蘭人，是個社會主義者；他的戲劇很多議論，而不大採取情緒，非難Victoria時代的生活和文學的浪漫觀念和社會風俗。其中最完美的是“誰能知道”(You Never can Tell),“陸軍中校Barbara” (Marjor Barbara) 和“魔鬼的門徒” (The Divil's Disciple)。

‘愛爾蘭的文學復興’，目的在於復興愛爾蘭或迦勒特族文學來做愛爾蘭國家主義的基礎。他的主要領導者是 W. B. Yeats, 他曾經寫過一些很有詩意，很神祕的的戲劇，和許多抒情詩。George Moore 著了一本書叫做"荒蕪之地"(The Untilled Field),包含着許多關於愛爾蘭和愛爾蘭人的優美的短篇故事,此外又寫了像"Evelyn Innes"這摹仿法國派的比較長的小說。

小說演進的代表名著

中古傳奇 (Medieval Romance)

Malory 的"Arthur 王之死"(Le Morte d'Arthur)。

田野傳奇 (The Pastoral Romance)——

Sir Philip Sidney 的"The Arcadia"。

草寇故事 (Rogue Story)——

Nash 的"Jack Wilton"

法國的武俠傳奇 (The French Romance of Chivalry)

Madame de Scudery 的"Clélie"。

冒險故事 (The Story of Adventure)——

Defoe 的"魯濱孫飄流記"(Robinson Crusoe)

草寇小說 (The Picaresque or Rogue Novel)

Defoe 的"船主 Singleton"(Captain

Singleton)。

中等生活的小說(The Novel of Middle Class Life)

Richarson 的 "Pamela"

感傷分析的小說(The Novel of Sentimental Analysis)

Richarson 的 "Clarisa"。

幽默的性格小說(The Hamorous Novel of Charactor)

Fielding 的 "Tom Jones"。

冒險小說(The Novel of Adventure)——

Smollett 的 "Roderick Random"。

主義小說(The Novel of Purpose)——

Rousseau的 "Emile",(以及 Beecher Stowe 夫人的 "Tom 叔的棚屋" Uncle Tom's Cabin)。

Goth 體的傳奇(The Gothic Romance)——

Walpole 的 "Otranto 的城堡" (The Castle of Otranto)。

歷史傳奇(The Historical Romance)——

Scott 的 "Waverley"。

茶話的傳奇(The Romance of the Tea Table)

Jane Austen 的 "驕傲與偏見" (Pride &

Prejudice)。

海洋小說(The Novel of the Sea)——

Captain Marryat的"候補海軍仕官Easy"(Midshipman Easy)。

人道小說(The Humanitarian Novel)——

Dickens的"Oliver Twist"。

行傳體小說(The Biographical Novel)——

Dickens的"David Copperfield"。

寫實小說(The Realistic Novel)——

Thackeray的"虛榮市"(Vanity Fair)。

心理小說(The Psychological Novel)——

George Eliot的"Adam Bede"。

哲學的寫實小說(The Novel of Philosophical Realism)

Hardy的"Tess of D'Urbervilles"。

冒險小說的復興(Revival of Novel of Adventure)

Stevenson的"拐誘"(Kidnapped)

第十九章

美國及殖民地的文學

199.

美國文學的大時期。　英國領有美洲的殖民地，是早在 James I 在位的幾年，Shesepeare 預備離開倫敦去 Stratford（1608年）的時候。

那些移民始終還是服從他們的祖國，直到 1764 年，受不住英國的虐待才起而叛變。大戰之後，在1776年七月四日自己宣佈獨立。

在美國脫離英國的當兒就以一百五十萬人口自己組織一個共和國。他們的政府是‘屬于民衆，由于民衆，爲着民衆，和靠着民衆'(of the people, by the people, for the people, through the people)的政府。從此美國文學最明顯的特徵是熱心民主主義和排斥近似封建制度的各種東西。

美洲合衆國的歷史的第二個大變更爲1863到1865年的內訌，這就是美國南省拒絕解放黑奴和要求獨立的時候。經過嚴厲而長久的奮鬥和許多次的接戰之後，美國南部爲北部那些清淨敎省份（Paritan or Yankee State）所征服，而繼續服從于共和國。

200.

Benjamin Franklin（1706—1790年）是第一位著名的美國作家。在內訌之前，寫了"窮人Richard的曆書"（Poor Richard's Almanac）用他幽默的通俗的哲學，來敎導那里的移民如何才是個高尙而幸福的公民。這可敬的偉人的"自傳"（Autobiography）把美國從一個英國殖民地變成獨立國的時代（他自己生着的時代）敘寫得歷歷如畫。

201.

Washington Irving (1783—1859 年) 是跟 Addison 一類的幽默家。由于他的"紐約歷史" (History of New York by Dietrich Knickerbocker) 而第一次著名；在這里他婉約地笑謔新英格蘭的荷蘭人。在他著名的"小品集" (Sketch Book)，他記出他關于英國跟美國的印象。這些小品裏一篇描寫 "John Bull"，美國人心目中的英人；其他一篇描寫 "Westminster 寺" (Westminster Abbey)。第三篇講 "Rip Van Winkle" 的幽默的故事，這故事說一個 George I 治下的美國公民，他在樹林裏酣睡了，到二十年後醒起來，就發見他的國家已經是個共和國了。

202.

Fenimore Cooper (1789—1851年) 改變方針，用美國住在邊陲森林裏的人，紅印第安人，皮革商，偵探這一類人的生活來寫他的小說。他的題材都是森林和牧場的故事。他這種作品，如 "打鹿的獵戶" (The Deerslayer)，"最後的馬希坎人" (The Last of Mahicans) 和 "探路者" (The Pathfinder)，以及所謂 "皮長襪的故事" (Leather-

Stocking Tales):都是所有的兒童的愛讀品。他的缺品是他的描寫性格的糢糊。

203.

Edgar Allan Poe(1809—1849年)是個偉大天才但是心志薄弱的人,以短篇故事的絕藝的能手著名。他的故事集"神祕和幻想的故事"(Tales of Mystery & Imagination)的特徵,恰如他的書名所表示,是屬于Goth體的。他喜歡講神奇鬼怪驚魂動魄的故事。例如他的一個描寫尋覓寶藏的故事,其中領導者是個瘋子。其他如"瓶裏的手稿"(The MS. Found in a Bottle)描寫一隻患妖術的船駛到南極海破毀的一路情境。

Poe也寫詩。那些詩的音律淒楚動人,正合于他所敍述的希奇古怪的題目,例如,"烏鴉"(The Raven),"睡人"(Sleeper)。

204.

Nathaniel Hawthorne(1804—1864年)繼續Poe培植Goth體小說,採用他的精神來做新英格蘭生活的忠實的描寫。他的小說和短篇故事都有一種道德的根基,這是他的先進者(Poe)的故事裏常常缺乏的東西。這大小說家著名的作品是"七個尖頂牆的房子"(The House of Seven Gables),"大理石的神像"(The Marble Faun)和"紅字母"(The Scarlet Letter,這就是指"A"字代表"Adultery"="姦淫",爲淫婦受罰的徽記)。

205.

Longfellow(1807—1882年)雖然並不是個自成一家的作者,卽是個理想純粹高亢和學問淵博的人,是美國最通俗的詩家。

他許多年在哈佛大學(Harvard)當現代言語的教授。他的許多譯文之中,以很精當而差不多字字譯出的,Dante譯文爲最著名。

關于他的長詩,兩篇描寫古代移民在美國的生活:"Evangeline"和"Miles Standish的求愛"(The Courtship of Miles Standish)。這兩篇都是用稍微單調的六音步詩寫的。第三篇"Hiawatha"採取印地安人,獵戶,和荒野生活做題材,摹仿Fenimore Cooper的小說的文體。然而Longfellow把野蠻生活提高做一種英雄史詩的題目的希望却是失敗的。

他的短詩"村中鐵匠"(The Village Blacksmith),"前進"(Excelsior),"人生的聖詩"(The Psalm of Life)及其他也很通俗。

南北戰爭以後的文學

206.

Lowell(1819—1891年)雖然他的批評論也很著名,但由于他的"Biglow文集"(Biglow Papers),在美國文學上最得以一位詩人聞名。這"Biglow文集"含有對于他生時,尤其是關于南北戰爭,用Yankee土語寫的滑稽幽默膾炙人口的評語。因爲是北省人,Lowell是個熱烈主張解放黑奴的人。

他曾經一次做美國駐德大使。

207.

Walt Whitman(1819—1892年)是個農夫之子,是美國所有的詩人中最美國性的。在他開始著作之時,就决心絕對不肯抄襲前人外來的材料。結果文體缺少雅緻,而充滿着怪誕不經的思想和豪放的詞句。然而他的作品常有富于靈感和高曠理想的光彩。他是個美國民主主義的詩人，眞正的民主主義的浪漫作家。在英國跟這未經彫琢的天才一般的熱烈的詩只有 Blake。Whitman 是個純粹的表現主義者。他最著名的書是"草葉"(Leaves of Grass, 1855 年)和"擂鼓聲"(Drum-Taps, 1865年)。他曾經加進軍隊做義務的軍隊看護，而他的一些最好的詩都是受戰事的感動。他的兩首動人的抒情詩"前門院裏最後的紫丁香開了的當兒"(When Lilacs Last in the Dooryard Bloomed)和"我的隊長"(My Captian)。都充滿着對 Lincoln 和 Lincoln 所擁護的主義的熱切的英雄崇拜。

208.

Whittier (1807—1892 年)是個敎友會的詩人(Quaker poet)，也是個對于解放黑奴的熱烈的辯護者，他的一些最好的詩，如"奴船"(The Slave Ships)和"Barbara Fritchie"，都講到奴隸制度或解放黑奴之戰爭中事件。

美國的南北戰爭正是古時英國清敎徒跟保

王黨的戰爭的重演，並且這次也是清教徒做理想家和詩人。

Whittier 的長詩"積雪"(Snow-bound) 描寫着 Massachussetts 省的田野生活和冬天。

209.

Bret Harte (1835—1902 年) 是個詩人兼幽默家，爲現代文學上短篇故事大家之一。在他最著名的 California 的故事，他描寫着當大家掘金熱度最高的時候在金礦地的狂妄和浪漫的生活。這些短篇故事和散文田野詩最聞名的是"喧嘩營隊的命運"(The Luck of Roaring Camp) 和"紅峽之歌"(An Idyll of Red Gulch)。他的關于畜牧場和美國西部的大山峽的生活的流暢散文描寫，以及他短簡浪漫的敍事詩 (narratives in Verse) 使他得以幽默家和故事敍述家而名聞天下。

210.

Mark Twain 眞名 Samuel Clemens (1835—1910 年) 跟 Bret Harte 一樣是出身微賤。他的少年時只在 Mississippi 做領港者(註)，終究變成一種報

館館主，和美國國民的御用小丑 (court-jester)。他的"傻子漫遊" (The Innocents Abroad) 一書用幽默的態度，敘述一些美國人漫遊舊大陸的經過。繼此書之後有"Tom Sawyer 的冒險" (The Adventures of Tom Sawyer)，"游閒者的飄泊" (A Tramp Abroad)，和"Huckleberry Finn"。

Mark Twain 的書都敎他的國人應該頭腦淸楚，不爲新奇名目所眩迷。他最後的工作之一是幽默地揭穿所謂'基督敎科學' (Christian Science) 的熱狂。

211.

Oliver Wendell Holmes (1809—1894年) 是個較爲高雅的新穎可喜的和半哲學的幽默家。他是個大學的醫學敎授，而他最著名的書是"早餐席上的敎授" (The Professor at the Breakfast Table)。他的詩像"The One Hoss Shay"這些，用方言給

（註） Mark Twain 水手探河深淺所用之口號，義爲"兩段"卽"兩海尺" (two fathoms, twain 卽 "two in"之訛。

美國生活寫出一副幽默的圖畫。

212.

Ralph Waldo Emerson（1803—1882年）是美國的一位 Carlyle。他著有關于自然，歷史，文學和哲學的"論文集"(Essays)。他是他的國中偉大的民衆導師，眼看着美國崇拜物質上的財富的大危機，用他雄辯的文筆宣傳反對。

曾經有人說過，他缺少那種大哲學家所必有的深長推理能力，和缺少大詩人所必有的深長的興感的能力。他的思想常常在問題快要達到大解決之前驟然中斷。然而他的樂觀地信人類的使命，對于這彷徨疑難和唯物論的一世紀，是美國和世界的極好的導師。

213.

殖民地的文學。 英國的大殖民地——Canada，在 St. Lawrence 河的流域，有六百萬的人口；Australia 在太平洋，有四百萬人口；南非洲在 Orange 河的兩岸的英國荷蘭混合民族——到現在開始各自產生他們自己的文學。Canada 作家之中，George Roberts 及其獸類故事集像"紅狐"(The Red Fox) 和"絨默的獵戶"(The Hunters of Silences),最著名。在澳洲,詩人 Henry Kendall 和 Adam Gordon 曾經彈出抒情悲憤的新調,小說 Rolf Boldrewood 曾經寫出一個講森林裏的逃犯和冒險的很好的故事"武裝搶刼"(Robbery under Arms); Steele Rudd 曾經寫出一些關于森林裏的僑民生活的富于幽默的描寫,如"關于我們的選擇"(On Our Selection), "新的選擇"(New Selection)等。

好望角殖民地(Cape Colony)的代表是(1) Olive Schreiner, 在他還只是個處女的時候,因為寫了"一個南非洲的農場的故事"(The Story of a South African Farm)而驟負盛名;和(2) Sir Percy Fitzpatrick, 他曾經著過"卸羈"(The Outspan), 和"Bushveld的兵"(Jock of the Bushveld)。

第二十章

現代的英國詩律

214.

主要的英國詩律。韻詩之異于散文全在有規則的節奏(rhythm)。所謂節奏就是重(揚)音(stress 或 accent)有規則的重疊起落。一個抑音組(unaccented syllable)繼以一個揚音組(accented syllable)叫做'抑揚格'(rising stress 或 iambic stress),如'agáin','awáy';這一個程式以 x a 或 ◡—代表之。一個揚音組繼以一個抑音組叫做'揚抑格'(falling stress 或 trochaic stress),例如 súnny,

Lóndon。(程式:a x或一︶)

(1)抑揚格(the iambic ︶一)如下:——

How swéet | the moon- | light sléeps | upón | this bánk

︶ 一 | ︶ 一 | ︶ 一 | ︶一 | ︶ 一

這一行,以五的抑揚步(5 x a)組成;每兩個音組叫做一音步(a foot)。

(2)揚抑格(the trochaic 一︶)如下:——

以下的詩是揚抑格詩句(3 a x);其中每兩音組的音步叫做—'揚抑步'(trochee):

Nów the | dáy is | óver | = | 一︶ | 一︶ | 一︶ |

Níght is | dráwing | nigh | = | 一︶ | 一︶ | 一 |

Shádows | óf the | év'ning | = | 一︶ | 一︶ | 一︶ |

Stéal a- | cróss the | sky | = | 一︶ | 一︶ | 一 |

抑抑揚格詩句(The Anapaest, ︶︶一)如下:—

Not a drúm | was heárd | not a fú- | neral nóte |

As his córse | to the rám- | parts we húr | ried

最後的音組'-ried'是所謂'額外音組'(extrametrical syllable)。這和額外音組常常很有效力。

第一行'heard'和第二行'corse'之後發音中

停頓（phonetic break or pause），這就叫做'頓'(caesura)。

（3）揚抑抑格(the Dactyl, —◡◡)如下：——

Cánnon to | right of them

„ „ | Léft „ „

Vólley'd and | thúndered |（註）

（4）揚揚格（the Spondee, ——）只有寥寥幾字有這章格，例如Fárewéll。

"步"(foot)是計算詩律的單位。

一行含有一音步的叫做'單音步行'(monometre)；兩音步的叫做'二音步行'(dimeter)；'三音步的叫做'三音步行'(trimeter)；四音步的叫做'四音步行'(tetrameter)；五音步的叫做'五音步行'(pentameter)；六音步的叫做'六音步行'(hexameter)；七音步的叫做'七音步行'(heplameter)。

（註）Tennyson用這詩格是從Drayton的關于Agincourt之戰（Battle of Agincourt）的詩歌的啓示的（見第55節）

215.

抑揚格的詩律(The iambic metre)老早就算最普通的，並且用來寫比較莊肅的詩——英雄史詩，戲劇，抒情短詩，和輓詩。所有這種抑揚格詩最普通的是每行五個重音（或十音組）。這就叫做‘抑揚格的五音步行’(iambic pentameter)或‘抑揚格的十音組行’(iambic decasyllable)。牠的程式是：

⏑ — | ⏑ — | ⏑ — | ⏑ — | ⏑ — |

例如 Agén | the Knight | was prick |ing ón| the pláin|

假如兩‘抑揚格的五音步行’互相押韻，我們就叫做“英雄詩聯句”(a heroic couplet),這就是Pope和十八世紀的詩所愛用的詩律。

假如許多‘抑揚格五音步行’互相聯續下來而不用押韻的，我們把這種詩律叫做‘無韻詩’(blank verse),用于英國的戲劇。

‘抑揚格的四音步行’(iambic tetrameter)。另一種重要詩律就是‘抑揚格的四音步行’，長詩用的。Butler 在他的“Hudibras”, Burns 在他的‘Tam O'Shanter”, Tennyson 在他的“In Memorian”

(韻脚常變)，和 Sir Walter Scott 在他的傳奇詩都採用牠，例如：

The wáy | was lóng | the wind | was cóld |
The min | strel wás | infirm | and óld |

假如這'抑揚格的四音步行'與三音步行相間而用就叫做'歌謡格'(Ballad-measure)見于下面從"Chevy Chase"取出的兩節詩節：

God prósper lóng our nóble kíng,
Our líves & sáfetyes áll;
A wóeful hunting ónce there did
In Chévy Cháce befáll.

To drive the déer with hóund & hórn
Earl Pércy tóok his wáy
The child may réwe that is unbórn
The hunting óf that dáy。

其他用這種詩律的著名的詩有"林裏的嬰孩"(The Babes in the Wood)，"John Gilpin的滑稽歷史"(The Comic History of John Gilpin)和"古代水手"

(The Ancient Mariner)。

假如把這種相聯的'歌謠格'的二行印成一行，那末變成十四個音組，我們叫做一個'十四音組行'(fourteener)。Chapman著名的"Homer的譯本'(Translation of Homer)和Tennyson的"五月皇后"(May Queen)都用牠。

216.

揚抑詩律 (trochaic measure)卽較不常見于長詩。Longfellow的長詩"Hiawatha"，就算是這種詩律最好的模範，這首詩是用'揚抑格的四音步行'(trochaic tetrameter)寫的：

At the | dóor on | Súmmer | év'nings
Sát the | líttle Hí'a | wátha,
Héard the | Whísp'ring | óf the | píne-trees
,, ,, | lápping | of the | wáter.

Tennyson的"Locksley堂"(Lacksley Hall)和Poe的"烏鴉"(The Raven)是這種詩律的變形，併揚抑格的兩個四音步行做一行，而把最後的音步的弱音組省去：

Mány a | night from | yônder | vied | cásement | ére I |
wént to | rést

Did I | lóok on | Gréat O | rion | slôping | slówly | tó the |
wést

'六音步行'有兩種，牠們兩種都因爲引起關于他們在英國詩的位置的爭辯，所以很著名：

1. "亞歷山大格"(Alexandrine)是抑揚格的六音步行而在第三音步之後一頓。

程式：| ◡— | ◡— | ◡— || ◡— | ◡— | ◡— ||

這是因爲一篇關于亞歷山大帝的古代法文詩首先採用而得名。

Drayton 在他的"Polyolbion"，全詩都依照這種詩律；然而，漸次變成只用來收結一長節的短些的詩行，如 Dryden 在他的"詩集"(Odes)，Milton 在他的"誕辰詩"(Ode to the Nativity)。Pope 也嘲戲牠：

A needless Alexandrine ends the Song,

Which like | a wound | ed snake | drags its |
slow length | along ||

揚抑抑格的六音步行(The dactylic hexameter)

是摹擬希臘，拉丁的英雄史詩的詩律的。

程式：

—◡◡|—◡◡|—◡◡||—◡◡|—◡◡|——|

Howart thou | fallen from | Heaven, O | Lucifer, |

son of the | morning |

Longfellow的"Evangeline"以及Clough, Kingsley和Swinburne的長詩都用這種詩律。

217.

最著名的詩節構造。 詩節 Stanza, 每節在五行以內的，有時也稱做 verse）是詩裏組成一段的幾個詩行。

兩行一節的叫做 Couplet或distich（聯句）；三行節叫做 tercet, 同押一韻卽叫 triplet ；四行節叫做quatrain。四行英雄聯句而相間押韻的，例如 Gray 的"輓歌"，成爲一種'輓歌詩節'(Elegiac stanza)。

皇家韻 (Rhyme royal) 是七行十音組行或抑揚格的五音步行的詩節，押着 ababbcc（按卽字母相同的同押一韻卽第一第三行押韻，第二第四第五相押，第六第七相押）的韻。這是由

Chaucer 介紹進英國， 有時候叫做 'Chaucerian stanza（Chaucer 體詩節 ，見 33 節)。Chaucer 在 "Troylus & Creseide"和其他許多的詩都用牠。

八行節 Ottava rima（按：此係意大利語＝eight rime 二八韻）是八行抑揚格的五音步行的詩節，押着 ab ab ab cc 的韻；牠的用法的好模範爲 Byron 的 Pulci 的"Morgante Maggiore"的譯本。

Spenser 體詩節(Spenserian stanza) 是 Spenser 從意大利採入的， 由于八行抑揚格的五音步行，繼以一行亞歷山大格的詩句，押韻 a ba b b c bbc。從 Spenser 的"仙后"(Faery Queen) 起，就成了英國詩人所愛用的一種詩節。

十四行詩（Sonnet）的嚴密的構造是由十四行，而押 abba abba cde cde 這樣的韻來組成的。Shakespeare 的十四行詩卽爲三個四行節加上一對英雄詩聯句。

諸傑作的分析

"Beowulf"（作者不傳）

218.

題目。 一位叫做Beowulf的大英雄的冒險和英勇的事實。

詩的分段。 全詩6357短行，分成兩部分。上部描寫國王 Hrothgar 的美麗的皇宮，受妖魔Grendel和他的母親所蹂躪，和少年英雄Beowulf來平靜這個地方。下部描寫國王Beowulf跟蹂躪Geats族地方的吐火龍 Fire brake 戰鬥。

概要。 丹麥人的某一個國王叫做 Hrothgar他建造一間餐廳。這餐廳因爲壁上掛着赤鹿角所以叫做 Heorot（註）。他和他的朋友在那裏吃酒宴會，聽遊歌者彈着豎琴唱詩，但是不久却有個可怕的吃人魔叫做 Grendel，常常在每夜黃

（註） 盎格羅撒遜語 heorot=heort 現代英語 hert=hart=赤鹿（參照 Hirsch）

昏之後，偷着進來，並擄去許多在那睡覺的戰士。這樣地過了十二年，沒有誰能夠敵得過這惡魔的蠻勇。後來Beowulf聽到國王 Hrothgar 的慘狀，帶了十四位同伴從隔海跑來要拯救那個地方。雖然關于這間餐廳的謠言如何的壞，可是他決心要整夜在那裏守望。天甫黑，Grendel就跨過荒野間來了，猛然推開門，捉着Beowulf一個同伴。然而Beowulf比他更強。在接着劇鬥的當兒，Beowulf撕斷那惡魔的一隻臂膀，Grendel號叫着，逃回家就死了。

Beowulf 接着又襲攻 Grendel 的魔母，怕人的女妖在昏黑的湖底的巢穴，擊伏她並割了她的兒子的頭，帶回去做勝利品。此後 Beowulf 得到一些禮物和榮譽，帶了他的Geats族回 Hygelac王的地方去。

在這篇詩的第二部描寫着Beowulf跟一隻吐火龍(fire-drake dragon)的驚人的死戰。從上部所記錄的事情再經過很久的歲月，Beowulf已經是個耆老了。五十年前，Hygelac 死後，他就被人家選做Geats的王。現在，在他的天下久已太平的朝代之末，他帶着十一位戰士出去要從一隻怕人的龍的蹂躪下，救援他的百姓，爭鬥的結果，只有 Wiglaf 獨自勇敢地站在他的旁邊。Beowulf 中着致命傷，然而在他還沒有驟死之前，就把那隻龍打死了。這位英雄歡快地為他的百姓犧牲他自己的生命。人家把他的屍首在一個大火葬堆上焚燒了，把他的屍灰連着他的甲冑和王的珍寶，恭敬地葬在海邊大土堆上，在那裏可以由遼遠的地方望見。

批評。 這首詩的事跡和人物一半是歷史的，一半是神話的。Hygelac 是瑞典 (Sweden) 南部 Geats 的眞實的國王，他在六世紀之初曾經跟 Franks 打仗過。至于 Beowulf 可就在歷史上無從查考了。

這手抄本是十世紀的西部撒遜語。學者都以為她是根據七世紀的一種 Narthumbria（英國中部）語的原本。雖然都是用遊歌者所用的舊文體和詩律寫的，可是這篇英雄史詩並算不得所謂平民的詩。她的發達充分的藝術表現出她是文藝詩人的作品。

雖然這是壯麗的日耳曼系的英雄史詩，她的構造和描寫品性的精妙都不能夠羅馬希臘的古代英雄史詩相比擬。

然而她使我們明瞭古代日耳曼人的生活和性格——他們的好戰，他們的好詩歌，好海洋；他們對於自然的强烈的感覺；國王與百姓的眞誠的好感；他們的尊重女性；他們的剛毅英勇；以及他們的責任心。

在這異敎的故事裏，我們可以找出許多基督敎的觀念混進其中。例如，據說Grendel是出自Cain（聖經中亞當之子）。英雄Beowulf也不只是個Hercules，而是代表一種道德觀念。他是日耳曼英雄的典型，是‘他的國家的最尊貴的奴僕’和爲他的百姓的緣故而犧牲生命的王。

“仙后”

(The Faerie Queene, 1589年)

Spenser作

219.

題目。 這偉大的英雄史詩描寫太子Arthur

和許多勇士忍受着一些險阻，來訓練他們的義勇精神和道德。

詩的概要。 仙界的皇后Gloriana做十二天的大節日。十二個勇士，他們各為一種道德的代表和戰士，擔任替她做十二件大事，離開她的朝庭各自做各人的工作去。同時，少年太子Arthur，做勇士的打扮，穿着賢人 Merltin 給他的寶甲，動身要來Gloriana 的朝庭。他的目的是找他在幻夢裏會經看見過的命裏注定的新娘'仙后'。因為他是代表所有十二種道德結合起來的"盛德"，所以他相繼在那些勇士正當冒死險的千鈞一髮的時機碰着他們，幷救援他們。在十二天的末了一天，他到了仙后的朝裏，參加那全體的勝會，他跟 Gloriana 的婚約也就公佈了。

Spenser 打算用十二本書來包括十二次的冒險，然而Spenser 死時只寫完六本。第一冊包含着紅十字勇士(Red Cross Knight)的功績的故事。

第一冊的概要：

一個夏天的清早，一位披甲的勇士騎馬經

過郊野。正在四處追求那幾年來蹂躪那個國土的火龍(fiery dragon)。胸甲上掛着一個血紅的十字架，代表他的神聖的使命。

他的旁邊騎着白驢的就是那個地方的國王的公主 Lady Una。因爲她請求'仙后'讓紅十字勇士擔任這種危險的工作。她的侍童（一個懶惰的矮人）緊跟着她，然而他們還沒有到龍穴之前就碰着許多的危險了。起先就突然碰着一陣暴雨，他們不得不避到樹林裏去，哦，這末一來就入迷途了。這個森林是半截女人，半截蛇身的臭妖精"錯誤"(Error)的巢穴。所以這妖精和勇士引起一次拚命的決鬥。扼死那醜龊的妖精之後，勇士才再尋找他們的出路。第二，他們碰着一個狡猾的術士叫做 Archimago，他裝做一個虔誠的遊乞僧，可鄙地誘惑勇士，使他委棄 Una。經過許多更加危險的事情之後，這位勇士落在巨魔 Orgoglio（卽指Pride驕傲）的掌握裏，似乎永遠無望了。幸而 Arthur 太子要去仙皇的朝裏，剛好在這一瞬間騎馬從那兒來，Una于是向他求救。猛鬥之後，Arthur殺死那巨魔，從他的地穴裏把勇士放出，因此勇士和Una重新跑他們的路。結果那隻龍也死了，Una的父母得從銅塔裏放出。紅十字勇士跟Una結婚之後，又回去朝見Gloriana報告他的遠征的成功。

在這本書裏紅十字勇士代表'神聖'，Una代表'聖會'(Holy Church)。在其他的書用同樣的方法代'節慾'，'貞潔'，'友愛'，'公道'和'謙恭'。

批評。'仙后'是英國文學裏最壯麗的寓言。然而，因為她的難懂，所以并不是一種很普通的詩。她的難懂的四種大原因是：

1. 雖然寓言的時代已經過去，他還希望人家對這種兩重寓言還有趣味，這就是說，寓言裏的同一個人物常常代表一種道德，同時又代表一種歷史上的人。Gloriana代表上帝的尊名和Elizabeth女王，Duessa代表蘇格蘭的女王Mary和羅馬教王的教會，等等。
2. 她從Chaucer和Lydgate採用許多已經忘廢了的古文，并且這些字的意義和形式常常用錯。

3. 故事的線索常常因爲繁冗的描寫和旁文瑣事而打亂了。

4. 她是一種斷片的故事，如非有作者解釋全篇內容的一封信，讀者全然茫無頭緒。

然而，在十九世紀浪漫主義復興的當兒，因爲她的詩文的魔力，美麗和莊嚴，以及她的富于浪漫性的描寫，對於英國詩的發育上引起極大的影響。

（關於Spenser體詩節，見217節）

"Dr. Faustus的悲史"（戲劇）

(The Tragical History of Dr. Faustus: A Drama)

作者Marlowe, 1587年。

220.

題目。 一個偉大人物的生活，他出賣他的靈魂和來生的得救，換得現世的權力和快樂。

戲劇的內容。 中古時代的學者Dr. Faustus, 他曾經研究過各種的學問，然而他希望超過人類的野心却還沒有充足。結果他轉而趨向巫術，想要從此得到幫助。好天使對於他的意念極力勸阻，然而他只聽反對方面的話；他們的反對方面就是一些壞天使，他們都鼓舞他决心做去。因爲 Valdes 和 Cornelius 這兩個術士的導誘，Faustus 就跟 Lucifer（魔王＝Satan）的專使 Mephistopheles 訂立合同。這合同是用 Faustus 的血寫的，約定 Faustus 可以有二十四年的快樂和權力，但是二十四年之後，他的靈魂就得永遠下地獄。

第三和第四幕豎述那二十四年的一些比較古怪離奇和幼稚的玩樂。Faustus 到處遊歷，得知神祕的知識，在敎皇的朝庭惡作劇，招起 Alexander 和 Darius 的靈魂，和使 Helen of Troy 回魂（按：希臘傳說的 Menelaus 的太太；因爲被 Paris 所拐誘，曾經激起 Troy 城之戰）。

到了最後的時間已經近了，他覺悟自己的狂謬，然而懊悔，祈求和希望都沒用了。他懊悔萬分，咒詛自己和他出世的日子。時辰鐘正敲着半夜，逼地球上突然下了一場暴雨，魔鬼們匆匆衝進，把這憂傷的人帶到地獄裏去。

按語。這故事根據一本從德國翻譯做英文的攤上小册(chap-book)。Marlowe 的戲劇反而挐回德國，經過了幾世紀在德國用種種形式扮演。Goethe 熟識通俗的德國譯文和 Marlowe 的戲劇，重新表現這個故事，加上有女巫的一幕，Gretchen 令人傷心的故事，和重新創造 Mephistopheles 的驚人的形態。Goethe 看出 Marlowe 的戲劇比較是一種敘事詩而不是劇曲。其中沒有一貫的情節。第三第四兩幕完全不像戲劇，也不莊肅，而且表述 Faustus 的個性也不得法。摹仿宗教劇插進好和壞兩種天使也是一個弱點，因為善惡的衝突應該出自 Faustus 的本心，并不是外來的。

然而 Marlowe 的戲劇却富於詩意生動的段落，并且再沒有比她結局一段可怕的悲劇更合於戲劇的條件的了。

Shakespeare 的戲劇。

第一時期(自1591至1596年)

221.

Shakespeare 的第一或韻文時期是一個習練時期。

Henry VI. 第一部敘述一位得民望的英雄 Talbot 從軍去跟法國女英雄 Joan of Arc 打仗。因爲愛國的原故，把 Joan of Arc 用詆謗的筆調寫成一個女巫和一個壞名譽的婦女。

"Titus Andronicus"是仿傚 Marlowe 文體的粗糙浮泛的戲劇。雖然描寫着暴動和流血，可是幷不是戲劇的，——因爲除了行爲之外，幷不見有發揚個性的地方。

"錯中錯"(The Comedy of Errors)是一個荒謬絕倫的誤會喜劇。兩個雙生的弟兄屢屢被人誤認。他們的兩個僕役 Dromios 也是如此。根據 Plautus 的一個喜劇。

"愛的徒勞無補"(Love's Labours Lost)的標題是"尤費衣體"(Euphuistic)的，而敘述的也是"尤費衣體"的事情，就是所謂 Plato 式的友情和戀愛。在第一和第三兩幕描寫着一個醉心幻想的西班牙人(Spaniard)和他的侍童 Moth 討論愛的目標；及在這劇裏的別個地方，有絕妙地諷刺Lyly的時髦的朝庭文體。

"Henry VI."第二部開始把'玫瑰戰爭'(Wars of the Roses)編成戲劇。表現一個懦弱的國王跟他的男爵們的衝突。與Shakespeare其他的歷史劇一例是取材於"Holinshed的編年史"(Holinshed's Chronicle)。

"Henry VI."第三部(根據一個舊劇)現出受着Marlowe筆勢縱橫文體的影響。

"Verona的兩個紳士"(Two Gentlemen of Verona)是個浪漫派的喜劇，而結構疏弛。其中所謂'陰翳的荒野，人跡罕到的森林'已略帶後來所編"中夏夜夢"(A Midsummer Night's Dream)的風味。

"Venus & Adonis"是摹仿Ovid的一篇敘述戀愛的詩。

"Richard III"爲"Henry VI"的續編。其中的主角是Marlowe式和'陰毒的Macchiaval'(Murderous Macchiaval)一體的人物；他是個意志超人(Titanic will)，猛勇殘暴的人，不義而悖背的惡

魔。他的慾望和他的負歉的良心發生淒慘的衝突。他所殺害了的幽靈常來纏他，當生死的關頭他的臂膀忽失作用，而在 Bosworth Field 的戰爭爲Henry Tudor所擊斃。

Shakespeare在這里寫出Tudor王朝對於Richard的品性的偏見。

"Romeo & Juliet"是'愛'與'命運'的衝突的悲劇。

這篇故事的根據出於意大利故事。Montagues和Capulets這兩家貴族很久以前就結深仇。少年的 Romeo（Montague伯爵的獨子）跟年青秀麗的Juliet Capulet 互相戀愛，并且請遊僧 Lawrence作證而祕密結婚。然而這一對愛人總要受命運的擺弄。Romeo 竟違背原意在決鬥時殺死Juliet的堂表兄弟，不得已逃亡。Juliet 對於跟Paris 伯爵不稱意的結婚服藥裝死。Romeo 神志昏迷，跑來找她，以爲她眞已死了，自己服毒而亡。Juliet醒回來的時候，看見Romeo死在她的旁邊，因爲他的誤死非常絕望，也就自己刺死了。那兩家憂傷沮喪的父母在他們的兒女的死屍上重新和好，然而已經太遲了。

這'命運的戲劇' Fate drama 裏，許多部分都比較是抒情詩的而不是戲劇的。

"中夏夜夢"（A Midsummer Night's Dream）是浪漫的抒情詩劇：兩對 Athens 的愛人逃進近 Athens 的一個森林裏。那里是仙王 Oberon，和他的小使者 Puck, 以及仙后 Titania 盤居的地方。仙后中着魔咒，鍾愛織匠 Dick Bottom，所以 Oberon 用一個驢頭換去 Dick Bottom 的。在那 Dick Bottom 和一些小丑所扮演的滑稽插戲 "Pyramus and Thisbe" 上，批評家們看出是在諷刺 "Romeo and Juliet" 的。結果 Titania 和 Oberon 又和解了，Dick Bottom 也就重新恢復他的人形。Athens 愛人同時也回去 Athens 結婚。

"Richard II" 敘述着一個國王的命運，他的意志太薄弱，不足處置他的地位的困難。Bolingbroke 廢了他，纂了他的王位，自稱爲 Henry IV。

"國王 John"（King John）是個雜事連貫的戲劇，表現 John 跟他的一些男爵和天主教王的不和，John的屈服，和英國的恥辱。愚笨的軍士Faulconbridge，以及小 Arthur 懇求 Hubert 不要剜出他的眼睛的令人悲戚的情景，都是Shakespeare自己的創作，在古劇裏無從看到的。

Shakespeare 的第二時期

（從1596到1601年）

是偉大喜劇的時期。

222.

"Venice的商人"(The Merchant of Venice)是他第一個偉大喜劇，可是也很近似悲劇。他把兩種不同的情節奇巧地連結在一起：(1)寶匣的故事(The Story of the caskets, 其中的寓意是：不要重外觀)；(2)盤剝重利者Shylock 復仇的故事。Shylock 是放債的猶太人，他決心要報Antonio的仇，因爲他曾經受過 Atanio 的侮辱；Atanio是個 Venice 城的商家，向 Shylock 借過一千ducats(每ducat約值四塊七角錢)。然而Antonio的船不幸打破了，Shylock立誓要這破產的Venice人履行約定的契約——還他 Antonis 自己的一磅肉。Shylock已經拏起刀子正要割 Antonis 的肉的時候，却突然來了一位精明的少年律師盡翻全場局勢，而救出Antonio。這律師後來發見是Bassanio的未婚妻Portia化裝的，并不是別人，Antonio就全爲她的丈夫Bassanio的原故才向Shylock借錢。

此外又表現 Lorenzo 和 Shylock 美麗的女兒Jessica私奔的枝節小事。

“潑婦的馴服”(The Taming of the Shrew) 表現Petruchio 如何用種種的嘲笑和威嚇的方法，把一個情性乖戾的夫人(Katherine)化爲一個馴服親愛的婦女。

“Henry IV”把英國的歷史而混進幽默的色彩貢獻給我們。也可以叫做‘Falstaff 的喜劇’(Comedy of Falstaff)。Falstaff 的言論行爲以及太子 Hal 和他酒肉朋友的惡作劇，佔全書三分之二。

“Henry V”表現一個强健，愛國，而且英雄的王的事蹟。這一篇的中心描寫是 Agincourt 的戰爭。維爾斯人(Welshman) Fluellen代替Falstaff，做這一篇裏的滑稽人物。

"Windsor的快樂婦女"（The Merry Wives of Windsor）是個滑稽喜劇，內容是一些Windsor的貴婦女故意玩弄多情的Sir John Falstaff，把他當做笑柄。

"無事忙"（Much Ado about Nothing）是個喜劇。其中含着三種成分：（1）Hero和Claudio的愛的悲劇；（2）Beatrix和Benedict的愛的喜劇；和（3）誇張自負，但是慈心的Messina的法官長Dogberry的滑稽的粗野喜劇。Shakespeare在這篇劇裏的生動的散文對話，摹仿Lyly的戲劇的風調而遠勝之。

"萬事如意"（As You Like It）是Arden森林裏的野外生活的一篇可喜的喜劇。Rosalind被善猜疑的Duke驅逐出來，受她的女伴Celia和朝中小丑Touchstone的保護，化裝做一個少年，逃進森林裏去。在那裏她會着悒鬱的Jacques和她的受委屈而放逐的情人Orlando（舊故事裏的Gamelym，見23節）。經過許多次的擊鬥和冒險，結果她又跟Duke和睦，并和Orlando結婚。

"第十二夜"(Twelvth Night)是近似悲劇的一個喜劇。這個戲劇的中心是呆板的清教徒Malvolio，受人家的騙而相信伯爵夫人正在跟他戀愛，終於受慘劇的愚弄。

Shakespeare 的第三時期

(1601—1608)

223.

這是偉大悲劇，他的戲劇傑作和富於創作力的時期。

"Julius Caesar"(見67節)表現由於Brutus之死，共和的理想主義失敗的悲劇。

"Hamlet"是個心志猶豫的理想家的悲劇。

Hamlet王死了兩個月之後，他的寡后Gertrude 就跟他的兄弟 Claudius 重婚。他的兒子Hamlet 太子痛切地感到這是玷辱他的亡父的遺名，并陷於非常的悲觀。他的父親的鬼靈又來默示他，說他是受人謀殺的，叫他對謀殺者報仇，使他極爲恐慄。他深受感動，然而還是躊躇着，盡力要重新佈一局面來判斷他的繼父的是否罪魁。有一隊的優伶，表演一個國王被刺，被刺情形正如鬼魂所自述。Hamlet心中確信他的叔父有罪，然而又做不出甚麼。不久以後，Hamlet 把 Ophelia 的父親，元老 Polonius 悞做 Claudius殺死了。Claudius因此看出Hamlet有意謀殺，并要把他放逐去英國，打算在那裏令人暗殺他。在路上，這位少年太子發覺陰謀，又回去Denmark。國王使 Laertes 給他做擊劍的對手（遊戲的），後來Hamlet 中了毒劍的致命傷。可是當他還沒有死在他的朋友Horatio的懷中時候，Laertes就供認自己和國王的不義，Hamlet勃然狂怒，翻起來，把王刺死了，所以完成他先父的遺囑。

"報復"(Measure for Measure)是個暗淡嚴肅的喜劇。

"Venice的Moor人Othello"(Othello, the Moor of Venice)。根據：Giraldi Cinthio 所著的一篇小說。

一位美麗而年青的Venice 美女 Desdemona，受了Othello種種冒險的浪漫故事的迷醉，不管他的種族，違逆她的父親 Brabantio 的意旨，毅然跟他結婚。她跟着她英勇的將軍去 Cyprus 爭戰的時候，她坐着第二隻船，一路受着一個叫做 Cassio 的忠實的少年軍官的照應。Cassio 位置當時正升得比一個他的上級軍官 Iago 高。這陰險的惡徒 Iago 爲報他自己的私憤，暗地裏對 Othello 誣謗 Desdemona 和 Cassio 有曖昧行爲，并拿一條他從 Desdemona 那裏偷來的手巾放在 Cassio 身上做證據。Othello 不顧他的太太無辜可憐的哀求，把她勒死了。這悲哀的人到了發見他的悞會的當兒，陷於莫可名狀的失望和懊悔；然而已經太遲，也就在 Desdemona 的旁邊自己吻劍而死。而 Cassio 這時候已經做那個海島的提督，就把 Iago 拏去刑罰。

"Macbeth"（1606年）是講犯法的野心的悲劇。一個蘇格蘭的侍從和將軍叫做 Macbeth，他在一個矇矓的夜晚，騎馬經過一個荒野；忽然有三個女巫阻住他，告訴他將來一定會做一個國王，勾引他生起大逆不道的野心。他祕密把這件事情告訴 Macbeth 夫人，她於是勸他謀殺

Duncan王。一天晚上，這位國王避匿於他們的城堡，因此這件罪案就發生了。Macbeth變成國王，然而他內心的平安永遠消失了。爲要隱藏他的罪案，不得已又要謀殺別人。因爲他的朋友Banquo是猜中他可怕的秘密唯一的人，所以他竭力想謀害他。他的罪過也就愈陷愈深了。

Macbeth和他的妻到了這個時候就不斷地受他們犯罪的回憶所煩擾。Macbeth夫人變成瘋狂，而Macbeth結果在戰爭裏，被一個曾受他陷害的貴族的家人Macduff親手刺死Duncan的兒子Malcolm繼續王位。

"Lear"(1606年)。根據：Holinshed和Sidney的"Arcadia"。

Lear王是古代不列顛的某個國王，自己感到太老了，決意把他的國分給他的三個女兒，自己退位。在分配他的所有的時候，最小的Cordelia并不趨媚他。於是激怒他，不管Earl of Kent的忠告，把她趕出去，將她應得的分額全都分給Goneril和Regan。不久她的兩個殘酷的姊姊，大權在握，反把她們的父親在雷雨之夜，逐出戶外。他瘋狂起來，飄泊流連於國裏。Cordelia 從法國帶着一個軍隊囘來，但是她終於受人捉去，并在獄裏勒死了。結果Lear 的戰士們得勝，就有人帶他來看Cordelia。這老年的王抱着她的死屍，憂傷沮喪而死。

"Troilus & Cressida"。根據：Chaucer 等。這個戲劇是Shakespeare唯一的譏諷戲劇。

"Antony & Cleopatra"。根據：North 所譯的Plutarch的"名人傳"。

"Coriolanus"。在共和主義叛變的時候，羅馬城發生怕Aufidius 將軍的 Volscian 軍隊來攻的恐慌。由於一個最傲慢，最能幹的貴族Marcius的英勇才把他們的敵人擊囘，而取得他們的都城 Corioli。因此這位英雄受封爲 Coriolanus，并被那裏的元老院(Senate)選做執政(Consul)。然而居心無恆百姓又起來背叛他，於是他逃亡了，并受着Volscian人的保護，反轉導他們要來報復羅馬。當到羅馬城下之時，他的母親和太太被城民委托代全城人民請命，所以帶着軍隊囘去。他對他母親說：'媽媽，你救了羅馬，但是害殺你的兒子了'。當他回去的時候，Volscian人因爲他令軍隊退回，把他處死。

Shakespeare 的第四時期
或稱浪漫時期
(1608—1613年)

224.

"冬天的故事"（A Winter's Tale, 1609）。根據：Greene的"Pandosto"。這個戲劇寫出Hermione和Leontes，Perdita和Florizel（太子的浪漫的戀愛故事，以及詼諧的流氓Autolycus的惡作劇。

"Cymbeline"（1610年）。根據：Holinshed和Boccaccio。一篇散漫和草率寫成的戲劇。

"狂風"(The Tempest, 1611年)。一個遙遠孤零的海島，那里住着一位可敬的老人叫做Prospero，和他的女兒Miranda。一天他看見Naple的王的戰艦從那里經過。Prospero的叛逆無道的兄弟Duke Antonio也在船上，他就是許多年前把Prospero和Miranda丟在大海裏，要讓他們死了而自己篡奪公爵位的人。Prospero使用他的魔法，起了一陣狂風，打破那隻王的船。又差他的美雅的仙 Ariel 去救援他們，不讓船上一人淹沒。那些得救的旅客裏有一個是 Alonzo 王的太子 Ferdininand，爲要試鍊他的人品，派他替 Prospero 堆木材。他和 Miranda 發生戀愛。結局大家都和解了。Prospero 也賜宥他奸雄的兄弟，大家坐船回去 Naples，在那里舉行 Miranda 的婚禮。只放着 Prospero 的呆笨的奴隸 Caliban 在那個島上。

"Henry VIII"（1613年）講 Wolsey 的失權的故事。

"失掉樂園"

(Paradise Lost)

作者 Milton, 1667年

225.

題目。 在十二本書裏分敘人類的創作和墮落，以及 Adam 和 Eve 的逐出樂園。Milton 的以前很久就有個 Michael Angelo 採用這個題目來做（羅馬敎皇宮內）Sistine 敎堂的壁畫。

概要。 這悲劇的開頭一幕就在地獄裏，Satan的部衆爲着跌下來還昏迷不醒倒臥地上。起先是天上發生一次大戰，Satan帶領下的叛亂天使戰敗了，被對方把他們投下沸熱的大湖裏。Satan喚醒他們，在冥海中的Pandemonium魔宮，召集軍事會議。

Satan和他的同黨商量要圖報復再作一戰，希望能夠克服天堂；然而他們以爲用別種方法來報上帝的仇比較安穩。他們得到上帝創造一個的世界的傳說，決意破壞這新世界的幸福。Satan自己動身做一次奇異的空中遊行，偵察那新創造的地球的位置。經過許多困難才穿過'罪惡'(Sin)和'死'(Death)這兩個神怪所守着的地獄門，并經混沌的深淵的險刧，結果才瞧到在空中遼處的新創造的宇宙(第二冊)。

在上帝和他的兒子在天上談話的當中，表現神聖的超度計劃。過後，我們猛然看見Satan化裝着少年天使，穿過空中向日球進發。太陽神Uriel指導他到地球來(第三冊)。

Satan來到樂園，變做一隻鸕鷀歇在園裏最高的生命樹（Tree of Life）的一枝上，望下看 Adam 這美麗的樂園和住在裏頭的不識不知的動物。他聽見Adam和Eve晚上的禮拜和看見他們困倦了天眞爛漫地休息去，因此發生一剎那間的懊悔（第四册）。

這一晚上，他在夢裏誘惑 Eve，次早 Adam 安慰他，鼓勵他，兩人做過早晨的禱告，就在園裏做工去了。

第五，第六以至第八這幾册是關于 Adam 跟天使長Raphael的談話，他受上帝的委託，因爲 Satan 的奸謀特地來訓勉他。Adam 從此聽到天國的反亂和Satan的沉淪（第六册），地球的創造（第七册）的故事。在第八册，Adam 敍述他自己對于自覺的生命的蘇醒和神的替他預備一個伴侶。

Satan再來樂園，當Eve離開Adam在另一個地方工作的時候親近她。她開始諂媚她；Eve 聽到這蛇的話，非常驚異，但是他告訴她，他的口才和智力是因爲嘗試'智識樹'（Tree of Knowledge）得來的。經過幾度躊躇之後，她吃了那犯禁的果子，并勸誘 Adam 也吃牠（第九冊）。

他們違命的結果很顯然的。罪惡和死亡普遍全世界，萬物反常，獸和禽互相爭競不和——都表示樂園的喪失。

上帝預先說出他的兒子的最後的得勝。Adam 和 Eve 宣誓要悔改和懇求而希望赦免（第十冊）。

Michael 降臨，默示 Adam 人類歷史的演進——救世主的降生和人類的得救。接着就帶他們出所失掉的樂園，Cherubin 仗着閃爍着的劍把守着門前（第十一和十二冊）。

批評。 這偉大的聖經史詩的缺點在乎她的描寫性格。除了Satan之外，她所描寫的人物比較是代表一類的，不是個性的。因為，除了Satan的事項之外，Milton 過于拘泥聖經裏的故事。實在的，聖經裏的故事以其神學的教義和她的沉寂的寫法，都難于適合一首史詩。誰都要感到那吃一顆蘋果不足做發起那麼大衝突的關鍵。然而描寫Satan却是這首詩非常的成功，尤其是我們記起Milton以前，英國文學裏把Satan形成村夫似的的時候。不管 Milton 的用意如何，他似乎把 Satan 寫做這篇作品裏的主角。從Satan的不折不撓的心志看起來，是他所描寫出來的人物裏最入神，最英雄，最近人情的，常常引起我想起是Cromwell的一些特性。

然而，Satan是上帝的法律，人類的幸福的對敵；他的終于敗亡，意思就是指清淨教將來一定勝利。所以這首詩的寓意剛好跟詩中英雄詩義相反。

這詩的無韻詩的燦爛變化和宏壯，及音調和意義的和諧，誰都比不上他。

"捲髮的搶奪"

(The Rape of the Lock)

作者 Pope, 1711年。

226.

題目。　一個Anne女王的朝裏的紳士，某個Petre伯爵，曾經從美麗的宮女Arabella Fermor的頭上剳起一捲頭髮。Pope把這種瑣事寫做一篇戲仿的英雄史詩來表現Anne女王時代的社會生活的浮華。

概要。第一篇描寫Belinda在他的寢室裏剛剛睡醒，她的守衛者仙子 Ariel 看護着她。Ariel 曾在夢裏警告她有一種危刼。這是正午，——奇犬和朝庭男女起床的時候。這一篇以描寫這個少年貴女的梳裝檯做結尾。

第二篇Belinda在Thames河上遊船，圍繞着一些紳士和美麗的貴婦女。Ariel吩咐衆神靈須要特別注意護衛。

第三篇。遊船回來（Hampton宮），那些紳士和貴女就耍紙牌。牌子耍完之後，他們都在吃咖啡休息。然而，不幸的事從此發生了。雖然那些仙子的竭力守衛，可是某一個貴族却已經用一把剪刀剪去捲髮了，并且唱起凱旋的歌。

第四篇。以後他們就磋商歸還捲髮的問題，然而絲毫也沒效力，Belinda非常沮喪。那個貴族又不肯讓步。于是難免發生爭鬥了。

第五篇。爲要取回捲髮，紳士和貴婦們起

了一次可怕的半似英雄的苦戰。許多紳士們被那些美麗的對手的眼電射穿了心窩。然而，結局Zeus大發慈心也來干預他們，把那捲髮變成一顆星，來替他們講和。

批評。這首很可代表Pope一派對于詩詞用處認為不甚正經高尚的觀念。像Boileau的"Lutrin"一般，其中當一種瑣碎的爭吵做史詩裏的要點。而實際上，這首的文調比較是法國的，不是英國的。

他含帶諷意寫出歐洲十七和十八世紀（所謂rococo時代）士女的追逐及朝庭風俗的浮華。

這首詩的文雅的詼諧，簡潔放逸，和輕飄的譏諷，可以算得Pope時代的很好的代表作。

"Gulliver的遊記"

(Gulliver's Travels)

作者Swift, 1720—1726年。

227.

這本書本來的題名是："前外科醫生，歷任數船船主Lemuel Gulliver到世界上的幾個遠國遊歷，Gulliver'' (Travels into Several Remote Nations of the World by Lemuel Gulliver, first a Surgeon & then a Captain of Several Ships)。Gulliver 在這些旅行裏可以拏別的國家和他自己的國家比較，他的目的在乎暴露在英國的文化的空洞和愚蠢。

概要。 Gulliver在印度洋的一次旅行，他的船破了，他自己被海浪湧上一個地圖沒有記載的大海島的沙灘上，這個島叫做Lilliput。他們的一羣人裏只有他獨自沒有淹死，并且就在那沙灘上睡着。忽然他的鼻孔感到被一些不知何自而來的觸癢，于是就醒了。原來是一些六寸高的島上的小人向着他的臉射箭。他看見這些小生物感到非常的爽快，小得像他們一樣，竟也組織政府，這政府也有王，朝臣，國會，陰謀的政黨，不和的教派，并且根本他們所做的，正跟他的國民在 George I 治下所做的一樣可笑。而他們居然也跟他們的鄰國 Blefiscu (指法國)發生戰事，于是Gulliver 就替他們涉水去把他們的敵人的艦隊都拖上岸來。

然而，結果Gulliver還是逃回英國。

第二册描寫去 Brobdingnag 的旅行，那是六十尺高的大人的地方。在那里Gulliver被人家當做一個倭子賣給王的家裏當傀儡。所以他得機會，從容觀察那一國朝庭上的各黨派流行的粗鄙的風俗。這本書就是譏刺 George I 的倨傲自負的朝官。

第三册即譏諷Swift時代科學家的淺薄和古怪。

第四册。Gulliver到了Houyhnhums的境界。Houyhnhums是一種有學問和通曉哲學的馬，這些馬把 Gulliver當做一種猿 Yahoo看待。他憤然狂怒，因爲跟獸類並列，然而他回到家裏來的時候，看見他的國人的種種行爲，于是他結果以爲那些馬對于人類的卑污苟賤有正確的觀念。

批評。 這故事的本身是荒謬非常的。然而他說得這麼藝術，這麼沉着，并且逐項敘述得非常精密和一致，所以能夠引起我們的趣味甚而爲她陶醉。并且連小孩子也非常喜歡這個故事。然而，表面雖即似乎很簡白，其實却暗寫着對于人類最苛刻的譏諷。在小人的地域Lilliput, Swift嘲笑人類的卑污苟賤(註)。在大人的地域Brobdingnag，他譏諷他們非常的驕傲愚蠢。在描寫Houyhnhums，他盡力表現所有的人類都不如獸類。

因爲她的粗蠻，反對社會的結局，這篇故事越過譏諷文章的界限。Swift已不愛人類，而且對于人類也沒有甚麼希望，只有憎惡和輕蔑。這妨礙了他，使他不能夠跟Aristophanes和Rabelais一樣的列爲世界的最偉大的譏諷家。

"Robinson Crusoe"

作者Defoe

(1719年)

228.

題目。"York的水手Robinson Crusoe的冒

(註)至於這譏諷文的意思，可見於Swift自己在1775年九月二十九日寫給Pope的信裏所說的話。

險”（The Adventures of Robinson Crusoe of York, Mariner）是個飄泊者的故事，他墾殖開化一個荒島。

故事。 Robinson Crusoe 純粹出于喜歡冒險，少年的時就出海去了。他曾經有過幾次旅行；一次他被海盜捉去，費了幾年在 Algiers 做奴才；後來他逃離了，就在 Brazils 做個墾殖家。一次動身要去非洲添購一些奴隸，他的船在一個島邊衝破；一羣人裏只有他被波浪湧上沙灘上，獨自脫險。

用了無限的苦工和構想，他爲他自己造起一間房子，和自己預備衣服，食品，火燈和其他應用品。這算是他的幸運，因爲從那破船上他得到軍械和火藥，一些工具和帆布，以及粟種和大麥。那時候他就可以做麵包了。他又捉到一些山羊和鸚哥并且養馴了牠們。這樣獨居了幾年之後，一天他在沙灘上看到一個赤足的痕跡，大怕起來。原來是一些吃人的野人從大陸坐着獨木舟來這個島，帶着一些俘虜來舉行他們可怕的食人宴會。

Robinson 得火器的幫助，才救出一個他們的可憐的俘囚；這俘囚是個少年的蠻人，于是就變做他的奴才，把他名做Friday（星期五）。Robinson敎他英文，和告訴他關于上帝和聖經的道理。

在另一個時候，他又救了一個西班牙人，及 Friday 的父親。于是須要一種民約了，而承認Robinson統治這個海島的權。

他的物質上的困難已經克勝了，他的智識生活，精神生活由此開始。他開始記錄年月，和日記。在他孤居的時候，他忘記了上帝，直到一次地震，引起他的怖懼，才重新祈禱。

後來有一隻英國船泊到這個海島來，并把他帶同英國去。

因此我們看見 Robinson 如何由于自助和常識，戰勝他所有的困難。

批評。 第二部分，或者說續篇比上篇少了許多價值。沒有上篇的連絡，和爽利。沒有上篇的貫串和迷力。

早就已經說過了這一篇故事是一種寓言

（見103節）。而且似乎是一種兩重寓言。不但暗指 Defoe 自己生活裏船破的經過，而且表現一種開化工作的縮形——由于常識而克服物質上的困難；喚起人們的宗教心；教化蠻族的義務；用英文做一種教化的工具；以及如果人們住在一起，而要有一個有組織的團體，道德紀律，民約和固定的國家權力的重要。

然而這故事說得那麽簡樸和動聽，所以人們普通都喜歡她，讀她，而未嘗夢到其中有寓意。

這本書和一篇小說的大異點全在她并沒有注重各別的性格或心理，而且一絲毫也不曾涉到愛的方面。其中的人物都是代表種類的：Robinson是白種人；Friday 黑人；而西班牙人是天主教徒。

在第二部教人須要讓人家有宗教上的自由，甚而傾向羅馬天主教。

"Wakefield的教士"

(The Vicar of Wakefield)

作者 Goldsmith,（1766年）

229.

題目。 這故事描寫十八世紀，一個鄉下教士的家庭的家庭生活，受試，和遭難。表示那敎士因爲他的誠信仁慈，到末尾還是勝利。

情節。 敘述Wakefield的好敎士Dr. Primrose（註）和他的太太還有八個子女，一家在他的快樂的敎師住宅如何的幸福，到了他的敎師財產突然喪失的時候，他的環境于是完全變更了。因此這一家不得不暫時搬去一個鄰郡，在某一個 Squire Thornhill 的房子住着。災禍又接踵而至。少年Thornhill竟拐誘這位敎士的長女 Olivia 跟他私奔，雖然這個家庭的老友，慈心的Burchell 極力設種種方法來阻止這淫奔的事情，然而終于無效。這悲傷淒楚受誘的 Olivia 後來被他的父親找到了，然而當他回來的時候，只看

（註）十八世紀的風俗，對於敎士尊稱做 Doctor (=Dr.=博士) 來表示敬意，好比 Thackeray 的"Esmond"裏有個 Dr.Tusher。

見他的房子燒成一片。狠毒的Mr. Thornhill爲要得到他的次女Sophy，于是要挾他，藉着欠債的口實，使他下獄。幸而這毒計被慈心的Mr. Burchell破壞了。Burchell實際上才是所有產業的眞主人，Sir William Thornhill，從獄裏放出這位敎士，跟Sophy結婚，重新恢復這可敬重的一家的安樂。

批評。　照Goethe說，這英國的散文田野詩是英國文學裏的第一篇家庭小說。

雖然這故事的那麼有魔力，可是有幾點却並不是獨創的，他的人物和枝節都是根據別本小說。而且他的情事也有些不甚自然。他的精粹全在他的和諧的幽默，他的田村生活的風度和他的性格描寫。他的文字除了造句法偶然錯誤之外，是簡潔遒勁而且自然的美文。

Herder朗誦這書給Goethe聽，Goethe才第一次引起世界注意他的眞正的偉大。他稱這田野樹林裏的淳樸生活的作品做一個'散文田野詩'(prose idyll)。他在他的"創作與事實"(Dichtung und Wahrheit)一書裏談Frederike事時，裏頭的背境就是模仿他。他在1829年十二月二十五日致Zelter的一張信裏說：'她的健全快樂的哲學把我們從一切錯誤的生活路裏帶回來'。從歐洲文學的別部分我們也能夠追尋出他的影響來，例如Auerbath的故事和George Sand的優美的田野詩(La Mare au Diable)。

Scott的重要小說的概要。

第一類：關于十八世紀的蘇格蘭。

230.

Waverley（1814年）。"Waverley"描寫一個英國的少年官，陸軍上尉Waverley在蘇格蘭高地的冒險，他加進1745年的James黨的叛亂。到了Waverley的朋友蘇格蘭高地的會長Fergus Mc. Ivor和他手下英勇Evan在Carlisle正法之後，他們這歸誠美太子Charlie的悲劇故事就算完了。

"Guy Mannering"講一班遊民(gipsies)被逐的故事，遊民女族長Meg Merrilees詛咒見效，所以地主的少年兒子受人拐誘。

"考古家"(The Antiquary)只是敘述她的中

心人物 Jonathan Oldbuck，他是個古怪的蘇格蘭地主，（像 Scott 自己一般的）對于古玩非常趣味，并且喜歡引用拉丁文。其中幾乎無所謂情節。

"Rob Roy"是1715年 James 黨員的密謀和一個叛徒的故事，包含一個戀愛故事，及一奸雄和描寫許多次想要捕捉蘇格蘭高地的賊魁。但是 Rob Roy 屢屢在千鈞一髮的危險中逃脫，結果還是在很老的時候善終而死，他的同鄉都懷念他是貧民的朋友和富人的危敵。這幽默的材料都是從一個 James 黨員的一個信長老會的園丁得來的。

"Midlothian之心"（The Heart of Midlothian）或者算得是Scott的傑作。開首敘述在 Edinburgh 的 Porteous 暴動，和描寫百姓們攻擊 Tolbooth 監獄來釋放犯人。這本書第二部分說着一個蘇格蘭可憐的女子 Jeanie Deans 如何徒步去倫敦，求 Caroline女王赦宥她已經定了死罪而關在獄裏的姊妹Effie。因爲她曾經在審判時，毅然據實供認，以致定了她的姊妹的罪。

"Lammermoor 的新娘"（The Bride of Lammermoor）是個蘇格蘭的 Romeo 和 Juliet 的悲劇故事。

"Redgauntlet" 描寫 James 黨員活動的終止(約1763年), 和無能的少年冒稱者 (Young Pretender) 終于逃往法國，狂熱地崇仰他，援助他的 Redgauntled 的地主陪着他。

第二類：古代蘇格蘭。

231.

"殘生"(Old Mortality) 是立約黨 (Covenanters) 的故事。

"Montrose 的傳說" (The Legend of Montrose) 本書以 Montrose 伯爵的經歷來做描寫的背景，這伯爵領導蘇格蘭高地人爲 Charles 王戰爭。

"僧寺主持"(The Abbot) 說到蘇格蘭的Mary 女王的冒險，和她從Loch Leven 裏的監獄脫險逃往英國的故事。

"Perth的美女"(The Fair Maid of Perth) 描寫 Robert III 的野蠻時代，1402年蘇格蘭的情形，和部落的械鬥。

第三類：比較古代的英格蘭

232.

"Ivanhoe" 描寫着英格蘭1194年的情形。所以，那是英蘇交界以南的讀者一部非常歡迎的書。

這書敘到 Torquilstone 受圍時爲這篇故事的頂點。英國勇士 Ivanhoe 曾經在從十字軍戰爭(Crusades)回來時，因爲跟人家比武而中傷，他現在正關在 Torquilstone 裏被監禁。這城堡是個險毒的哪曼人 Reginald Front de Boeuf 的，後來被武勇'黑衣勇士'(Black Knight, 他是 Richard Coeur de Lion 所化裝的)和 Locksley (Robin Hood) 以及他的跟人所攻破。Ivanhoe 在病裏時深受美麗的猶太女郎 Rebecca 的看顧。到了這本書的結局，Rebecca 和她的父親回到 Granada 去，而 Ivanhoe 跟他的英國女子 Rowena 結婚。

"Kenilworth" 敍寫 Elizabeth 的朝庭，Leicester 和 Essex 的陰謀，和可憐的 Amy Robsart 的不幸運，因爲他的丈夫 Leicester 怕觸怒 Elizabeth，所以把她棄絕。

“Nigel的命運”(The Fortunes of Nigel)把英國第一個Stuart朝的國王，James I治下的倫敦的情形描寫出來。

“護身符”(The Talisman)雖然與史實乖謬，可是對於基督教徒跟回教徒在Syria的戰爭却寫得精警動人。Saladin和英國的Richard I是互相對峙的英雄。其中的風景是在於Palestine。時代在十二世紀。

“Tam O'Shanter：一個故事”

(Tam O'Shanter: A Tale)

作者Burns。 時：1781年。

233.

題目。 Burns在這一篇幽默的故事敍寫一個農夫叫做Tam O'Shanter，他一次赴夜市從Ayr回來的路上碰着一次的險事。

概要。 Tam在那一天的黃昏，不照他的妻吩咐他回來的時間回家，反到小旅館裏去，坐着飲酒空談。

他很快活，完全忘記時間已晚。後來當他

出來替他的牝馬 Meg 裝馬鞍的時候，他看見已經暗沉沉而且風雨狂驟着。然而他不管有沒有風雨，急促地趕着回家。

在走近 Alloway Kirk 的當兒，他從受暴風搖曳着的樹間看見禮拜堂火色熊熊，許多鬼魔和女妖在那裏舞蹈。然而他喝了那麽多的威士忌酒（Whisky），絲毫不怕這種危險，騎着 Meg 一直跑近那個教堂，在窗外偷看他們。他看見甚麽呢！拉着四絃琴(fiddles)吹着風笛（bagpipes），女妖們的跳舞正舞得發狂，Tam 看得非常快樂，對着那襯衣特別短的少年女妖喝采：'Weel Loupit, Cuttie Sark'——這就是說，'穿短襯衣的喲，你跳得好'。

燈火立即熄滅，於是他慌忙逃走，而所有的女妖在後面追逐。他剛好跑過 Alloway 橋，這才得平安——因爲女妖們不能渡水。這次非常的險，因爲他正要過橋的時，他的馬的尾巴已被跑最先的女巫捉住撕斷。

批評。 這首詩是蘇格蘭生活和傳說的一個很好的描寫。幾乎全都用蘇格蘭土話寫的。

這正可以增高寫實的效力。所以，Burns有一部分放棄這種樸質平民的風調而誤用雅致的英文（如'Pleasures are Like poppies spread'，等等）是一種錯處。這種文句與全篇風格不稱，如畫家所謂配景失當。

"St. Agnes節的前夜"

(St. Agnes' Eve, 1822年)

作者：Keats。

234.

題目。 這首詩敍述好幾世紀以前有個勇士從他的丈人的城堡裏偷着帶他的新娘逃跑，這丈人就是他的死仇。

概要。 一個St. Agnes節的前夜，徧地上白茫茫的雪，一個以祈禱爲業的老和尙正從城堡裏的小教堂回來，聽到男爵和他的賓客聚會的大廳裏發出音樂和過節的歡聲。

除了可愛的Madeleine以外誰都在那裏。她——Madeleine——已經困倦了，在她的寢室裏希望今晚得到愛她的勇士的幻像，跟她的老看護婦所告訴她的傳說一般的。

同時老男爵的深仇少年 Porphyro 因為愛 Madeleine，在這特別日子的晚上，冒險偷進城堡來。那老看護婦告訴她 Madeleine 住着的地方，并且受不了他熱切的請求把他帶到這貴女的寢室。他看見她還沒有倒下去睡覺之前，跪在朦朧的月光之下祈禱，可是她却甚麽也不曉得。過了一會兒，他拏他的琵琶柔和地彈着一個舊曲喚醒她，於是 Madeleine 看見她所夢想着的人在她的旁邊了。

他用極溫存的話安慰她的恐怖。而後告訴她他們現在是多麽危險，勸她在乘着已起的風雨，暗中跟他逃跑。所以這一對情人，乘着喝醉的男爵和正在睡覺的看守者沒有聽見的時候偷出城堡，夜裏奔過荒野去 Porphyro 替她預備下的家。

批評。　這古封建時代的傳奇故事裏的題材是古代情詩裏所常有的——一個情人跟他的死仇的女兒子私奔。她使我們追想到"Romeo Juliet"。

Keats在這里把這種情詩的題目用絕藝的工夫，應用 Spenser 體的詩節寫做一個短英雄史詩，這故事雖然簡約，可是充溢着感覺情緒和熱切。

她的絕妙的把古代傳奇的神仙世界和現代寫實的戀愛故事綴合起來，就是這首詩的藝術本領。

這首詩的主旨照例跟Keats所有其他的詩一樣，純粹是詩的——用老年人（看護婦，以祈禱為業的老人）和人生和自然裏的比較殘酷的方面相映襯，剛剛好來引起我們感到'少年'和'愛'的神祕與優美。

這位詩人為要達到這種目的，很多採用Goth體小說的工具——城堡，冬天，夜晚，狂風，地氈兒飛離了地板——來做他的故事的背境。

"勇士Harold的漫遊"

（Childe Harold's Pilgrimage*, 1812—1817年）

作者：Byron

235.

題目。 這詩有四篇，用Spencer 體詩節寫成的，其中敍述一位少年的英國貴族的遊歷和感想，他在家裏過了一次放蕩生活之後受人家的厭棄，因此到外國去找慰安。

詩人所謂 'Pilgrimage' 只是指 'foreign tour' (旅行外國)的優美的名稱，而這詩是一集用詩寫的旅行見聞錄。

內容。 第一篇，詩人叙述那遊客對于葡萄牙和西班牙的印象。當時那兩個國家很多英國的軍隊，正在謀他們的國家的自由，跟 Napoleon 戰鬥。因此也描寫 Talavera 的戰事。後來，這位詩人就專注意西班牙人的禮節風俗的入畫的描寫和講在Cadiz的鬥牛戲。

第二篇那遊客接着到回教地方——希臘，Albania和希臘的羣島——去，并幻想他們的過

* Childe=Knight=勇士，好比 Charlemagne 的十二個勇士的首領 Orlando, 傳奇裏所述的名都是 Childe Roland。

去和將來。

第三篇，這漫遊詩人再一次離開英國，路過 Belgium 和 Rhine 河到瑞士遊歷去。這使他有機會描寫 Waterloo，和赴戰之前夜，在 Brussels 城所開的跳舞會。他描寫 Rhine 河以及築着城堡的兩岸之後，進而敘述 Geneva 湖，和住在湖畔的偉人們—— Voltaire, Rousseau, Gibbon 等。

第四篇，介紹讀者意大利最古代的城—— Venice, Ferrara, Florence, Rome，和描寫偉大的藝術品以及這些地方的歷史。

批評。 這首詩開頭似乎是一篇古代的故事。然而詩人立即又忘了這種理想，少用 Spenser 體的詞語，刪去伴着遊歷勇士的小地主和侍童這兩個浪漫人物。

全詩的文章同樣的現出草率和缺少和合的毛病。

例如詩人有時候描寫勇士 Harold 以第三者說話，有時候忘記了他的假托，居然用自身的說法了。他常對事物發感慨（所謂 apostrophe 即對死物說話），也常常叫人家厭倦。

這篇詩只寫了四篇，其實明明這樣的一個故事而有這樣的結果并不是邏輯的，很可以一直把世界上各國都描寫一番才停止。然而一班人都渴望着聽他，因爲他們當時正深深地有趣味于她所講的幾國。

Byron 在這首詩裏像別的地方一樣的表現出他是個聰敏的作家，并不是深刻的思想家。也不是善用幻想文字的名家。他的字句常常只有表面上的價值，而 Shakespeare 和偉大的浪漫派詩家的詞語却常常在表面上的意義之外還含着一種神祕而比較深遠的意義。

"古代水手"

(The Ancient Mariner, 1798 年)

作者：Coleridge

236.

題目。 Elizabeth 女王時代一個水手在南海 (South Seas) 的旅行和冒險，和他如何因爲打死一隻鳥而招惹一船的禍患。

概要。 一個憔悴白髮的水手阻住一個正

要去赴婚禮的客人，强迫他聽他的故事。

老水手說：'我們所駛的船一路安順，直到南極海(Antarctic seas)却被冰凍住了，幸而經過許多日子之後，有一隻報佳兆的鳥信天翁(albatross)來，於是冰裂開讓我們駛過去。這信天翁此後就跟着我們的船，到了一天不幸，我才拏我的弩把牠射下來。我們繞過土角(Cape)而駛進一個無名的大冥海。北行許多天，風靜船駛不動了。天空黃銅一般的，太陽像一顆火球，而水呢，青得油似的，汚腐着，而且滿是有足的黏泥的東西'。

這時候衆船員都渴得要命了，於是把我所打死的鳥掛在我的頸上。驟然有一隻魔船泊近我們，船上死神和一個婦人正擲骰子卜我們船上的船員的靈魂。魔船開去了，于是來一陣可怕的昏黑，所有的船員死了，用他的眼睛咒詛我，惟有我不能夠死。七日七夜之後，我看見一些水蛇我的心又重新充滿愛上帝創造的東西，并且重新能够祈禱'。

以後那老水手又說出天神如何看見他的反

悔和可憐他，使那些死了的船員的屍體站起來預備開船；如此，雖然沒有風，而船却駛出靜止着的鬼魅區域，和趨近那水手的故土。一個領港的人要來接他，然而還沒有上船的時候，那隻船却崩裂而沉沒下去。那領港的人從波浪裏把他救起。

他所經過的種種大苦痛的回憶現在迫他不得不像飄泊的猶太人似的，從一個地方流落過別一個地方，并且須要一次一次地申訴這個故事和披露他犯罪的靈魂。於是他吩咐那赴婚禮的客人愛上帝和上帝的創造物之後，又辭別而去。

"老水手"是神祕的詩，并且在或一方面看，也是個人道主義的詩。她表現一個人因爲放縱殘酷而得到驚人的責罰，敎人以愛惜動物的義務。Coleridge 爲着用古雅的文字和歌謠的詩律寫這首詩，所以造成一種很怪異和超自然的格調。這詩是浪漫主義的傑作之一。

"David Copperfield"

1849年

作者：Dickens

237.

題目。 這是一個中等社會的少年從幼年到壼年的生活，以及所有影響他的人的生活。所以是一種 Bildungsroman, 換一句話說就是一種行傳小說（德文 Bildung＝教育，roman＝小說）。她是用第一人的寫法，從許多方面看起來，是作者自身的歷史。

內容。 開場第一章描寫其中主角(David)出世的環境，和他古怪的祖姑母 Miss Betsy Trotwood 看見這新生的嬰兒是個男的的時候的憤怒。

這小孩子全靠着他的寡母及一位慈善看護婦的養育。看護婦名字叫做 Peggotty。對于她的 Yarmouth 漁夫的全家的人物都介紹了。一天不幸，忽然有個所謂 David 的繼父的人叫做 Mr. Murdstone 也登場了。這嚴酷的人于是把這個孩子送進一間沒有價值的寄宿學校裏，後來又把他放在一個裝瓶廠工作，受着慈心但是窮困的

Micawber夫妻的招待。

這小孩子在那裝瓶店裏是這樣的痛苦，所以他跑去 Dover 找他的祖姑母。她保護他，并把他放在Canterbury的一間好的學校唸書。在這城裏，他碰着律師的書記 Uriah Heep, 這就是這書裏陰險虛僞和很卑鄙的壞人。同時也會着溫良的 Agnes Wicksteed。

David 于是選擇法律做職業，受 Spenlow 和 Jorhins 兩個律師的倫敦辦事處的僱。這變遷的大結果是這多感的青年跟他的僱主的女兒Dora Spenlow祕密訂婚。

然而Miss Trotwood已經耗完了他的錢，David 須得自己謀生。所以他學速記，并成爲一個議院訪員。這職業帶他趨進成功的文藝生涯。他於是跟他的嫵媚而不切實際的太太Dora結婚。因爲她死，David 到外國三年去消遣他的愁悶，結果在他的文藝創作找慰安。最後又跟他昔日的情人 Agnes 結婚。

批評。　Dickens照例用這個故事譏諷英國社會生活和道德生活——學校，法律等——種種的短處。

與David往來的人物，可分兩類，一類是滑稽的，一類是可憐悲慘的。這本書所以成爲不朽的作品，就是由於第一類，材料幾乎完全從下等生活採取出來，在其他幾部分，例如關于Uriah Heep的地方，Dickens卽趨于浮靡不實了。

這本書代表他從初期作品的滑稽作風趨進比較成熟的時期的比較深刻和幽默的文體的過渡時期。

在結構上，這部書也顯然勝過他的以前作品。

"福氣的女郎"

(The Blessed Damozel, 1847年)

作者：Rossetti

238.

題目。 這代表"Raphael前期"的詩的題目是愛人誠心要求死後有繼續的生活和愛。

概要。 福氣的女郎在天上倚金牆堵眺望着等她還在地上的愛人。她飾在她的衣上的唯一的粧飾品只是一朵白玫瑰，這就是聖母Mary的奴僕的表記。

從她離謝地球到現在已經十年了，然而在她似乎只是一天。她的四圍都是幸福的夫妻和情人快樂地過着他們天國的生活。只有她孤零零地老在等着她的愛人快來。而後她將要教他聖詩，永遠受着上帝的看顧，而她將請求基督允許唯一的要求—— 使他們可以永遠聚會。

然而，她在所有經過她站着的地方，上天去的魂靈裏總看不見他的愛人喲，于是她把她的頭靠着金牆堵而哭泣。

批評。 這首詩雖然是神祕和中古時代的題目，但以其熱情的强烈而成爲現代的。她的許多具體的譬況，和她的複述同樣的思想，表現出創作她的詩人從畫家的立場來構成他的作品。

有關于英國文學的英國歷史

大事表

紀元前	55年	Julius Caesar侵略不列顛。
西曆	404年	羅馬因受 Alarich 所統轄的哥德人(Goths)的威逼，開始從不列顛召回軍隊。
	410年	羅馬召回最後的防軍。
	449年	柔特人(Jutes)移殖Kent。
	477年	南撒遜人(South Saxons)遷入。
	495年	西撒遜人(West Saxons)侵進。
	520年	盎格羅人(Angles)殖民英格蘭。
	596年	St. Augustine登陸。
	735年	'可敬的'Bede死。
	787年	丹麥人(Danish)開始入寇。
	871—901年	Alfred大帝在位。
	994—1013年	丹麥王Sweyn征服英格蘭，徵收貢稅。
	1017年	丹麥(Denmark)的王 Canute 征服

英格蘭。

1042年 信徒 Edward (Edward the Confessor) 英國王復位。

1066年 Harold 王在 Hastings 戰敗。哪曼地的 William 稱王。

1071年 Hereward the Wake 在 Ely 島抵死反對 William。

1086年 編出 Domesday Book，這是英格蘭的測量圖附有所有地主的名表。

1096年 第一次十字軍。

1100年 Henry I 卽位，號 Beauclerc。

1120年 '白船'(White Ship) 打破。

1135年 懦弱的王 Stephen 在位。政治紊亂。

1154年 Henry II 卽位，號 Plantagenet。

1154年 Thomas à Becket 先爲大法官；繼任 Canterbury的總主教。敎會與君權開始發生衝突。

1170年 à Becket 被謀殺。

1187年 Saladin 佔據耶路撒冷(Jerusalem)。

1189年 Richard Coeur-de-lion 立爲王，開始參加第三次十字軍。

1192年 Richard 在從 Palestine 回國的路上被刼。

1199年 John 繼他的兄 Richard 爲王。

1203年 應該承繼這個王位的太子 Arthur 被害。法國王 Philip 允 Pope 推倒 John 的王位。

1213年 John 屈服 Pope。

1215年 衆男爵以武力强迫 John 承認'大憲章'(Magna Charta)。

1216年 王與衆男爵發生戰爭。John 死。

1216年 Henry III 九歲稱王。

1258—1272年 失政；衆男爵爭戰 (The Barons' War)。

1272年 Edward I 繼位，他是個英國國王中最偉大者之一，一個建國的人。

1282年 維爾司戰爭(Welsh War)。Llewellyn 死。Wales 合併。

1298年 Edward 侵略蘇格蘭。Wallace 戰敗。

1307年 Edward帶兵與 Robert Bruce 決戰，但是死于蘇格蘭與英格蘭的交界。

1307年 Edward II繼位，懦弱無能。

1314年 英人在 Bannockburn 爲Bruce 所敗。

1327年 Edward 被迫讓位，被刺。

1327年 Edward III 卽位。

1337年 跟法國發生'百年戰爭'(Hundred Years' War)。

1349年 黑疫(Black Death)。

1356年 黑太子（Black Prince）勝 Poictiers 之役(Battle of Poictiers)。

1360年 Bretigny 條約(The Treaty of Bretigny)。

1369年 跟法國的重新開戰。

1374年 John of Gaunt 掩護 John Wycliffe。

1377年 Richard II 卽位。

1381年 Wat Tyler 之叛。

1399年 Richard II 爲 Lancaster 的 Henry(Bolingbroke) 所廢。

1399年 Bolingbroke 由國會封他做 Henry IV 王。

1403年 Northumberland 的 Percies 叛變。在 Shrewsbury 之役撲滅。

1413年 Henry V 繼位，重新要求恢復稟握法國王位。

1415年 英國在 Agincourt 大捷。

1422年 Henry V 死于法國，未成年的太子 Henry VI 繼位。

1429年 Joan of Arc 興師圍攻 Orleans。

1431年 Joan of Arc 被捕，受審，并當一個女巫焚死。

1450年 Normandy 失陷。

Jack Cade 作亂。

1455年 '玫瑰戰爭'(The Wars of Roses) 開始。

1461年 (York 的) Edward IV 稱王。

1471年 Barnet 的戰役。立王的人 (King-

	maker) Warwick死。
1477年	Caxton開辦他的印刷所。
1483年	(York的)Edward IV死。
1483年	Edward V繼立，時十二歲。York的Richard先爲攝政王(Protector),後自立爲王。謀害親王于倫敦獄(Tower)。
1485年	Henry Tudor在 Bosworth Field 擊敗Richard III, 幷殺死他。
1485年	Henry VII稱王，是 Tudor 朝的開國者。
1503年	他的女兒子 Margaret跟蘇格蘭的James IV結婚。
1509年	Henry VIII繼王位。
1513年	蘇格蘭人侵伐英格蘭，在Flodden Field敗退。
1530年	大主敎Wolsey失權。
1531年	Henry 被稱爲英國敎會的最高的袖領。與羅馬敎皇決裂。
1535年	Sir Thomas More被殺。

1536—9年 僧院解散。

1547年 Edward VI即位。

1553年 Mary 即位。

1554年 Lady Jane Grey 正法。

1555年 宗教的窘迫。

1558年 Elizabeth女王。宗教自由。

1570年 教皇下詔廢Elizabeth。

1580年 愛爾蘭的Desmond 叛變。

Drake航繞地球一週。

1585年 Raleigh開闢Virginia殖民地。

1587年 Mary Stuart正法。

1588年 戰勝西班牙的無敵艦隊(Spanish Armada)。

1591年 Grenville在'報仇'號艦上(the Reverge)跟西班牙艦隊交戰。

1603年 蘇格蘭人James I立為國王。英格蘭與蘇格蘭從此合併。

1605年 火藥的陰謀(Gunpowder Plot)。

1620年 Mayflower('五月花'號)船上的清教徒(Pilgrim Fathers)始創新英

格蘭(New England)的殖民地。

1621年 James禁止國會討論政治問題。

王權與國會的衝突爭執直到'大叛'(Great Rebellion)才解决。

1625年 Charles I即位。

1629—40年 Charles獨握政權，沒有國會。

1640年 開'長期國會'(the Long Parliament)

Starfford被控，處死刑。

1642年 內訌(Civil War)開始。

1645年 Cromwell的鉄軍(Ironsides)戰勝Naseby之役。

1649年 斬决Charles I。

立清淨教的共和國。

1658年 Oliver Cromwell死。

1660年 Charles II重返英國爲王。

1665年 倫敦瘟疫。

1666年 倫敦大火災。

1677年 拘禁Shaftesbury于倫敦監獄(Tower)裏。

1685年 信羅馬天主教的王James II即位。

1688年 邀請Orange的William做王。

1689年 William III和Mary卽位。

1690年 Boyne（在愛爾蘭）之戰。

1692年 法國艦隊在La Hogue戰敗。

1703年 Anne女王。

1704年 Marlborough在Blenheim大捷。

1707年 英格蘭與蘇格蘭國會聯合。

1715年 George I卽位。

雅各黨反叛(Jacobite Rebellion)。

1727年 George II。Walpole爲其大臣。

1740年 爭奧國的王位的戰爭(War of the Austrian Succesion)。

1745年 第二次的雅各黨的反叛。

1746年 美太子，Charles在Culloden戰敗。

1756年 七年戰爭(Seven Years' War)開始。

1759年 征服Quebec及印度。

1770年 新英格蘭的移民反對納稅。

1773年 茶葉拋落Boston港裏。

1775年 美國的獨立戰爭。

1789年 法國革命發生。

1793年　斬決Louis XVI。跟法國戰。Pitt為首相。

1800年　愛爾蘭國會移去倫敦。

1805年　Nelson死于Trafalgar。

1808年　半島戰爭(Peninsula War)開始。

1813年　Wellington在Vittoria戰勝。

1813年　Napoleon敗于Leipzig。

1815年　Waterloo之役。

1829年　羅馬天主教的解放運動(Catholic Emancipation Act)。

1830年　William IV卽位。

1832年　改革案(Reform Bill)通過。

1837年　Victoria女王卽位。

1846年　取消五穀法律(Corn Laws)。

1848年　新憲派的示威運動(The Chartist Demonstration)。

1850年　發現澳洲的金礦。

1854年　Crimea半島之戰(Crimean War)。

1857年　印度的謀叛(Indian Mutiny)，使英人在印度的勢力愈形鞏固。

1861年　美國發生南北戰爭。

1862年　Lancashire缺乏棉花。

1868年　Gladstone繼Disraeli的職。

1882年　不列顚管轄埃及(Egypt)。

1885年　攻陷Khartoum。

1899年　發生南非洲的Boer人之大戰(Great Boer War)。

1900年　Ladysmith的受攻與解圍。

1902年　Vereenigung和約休戰。

1911年　南非洲的移民聯合而成南非洲合衆國(Union of South Africa)。

敬 啟

“民國專題史”叢書，乃民國時期出版的著名學者、專家在某一專題領域的學術成果。所收圖書絶大部分著作權已進入公有領域，但仍有極少圖書著作權還在保護期内，需按相關要求支付著作權人或繼承人報酬。因未能全部聯系到相關著作權人，請見到此説明者及時與河南人民出版社聯系。

聯系人 楊光
聯系電話 0371-65788063